벤처기업의 법과 세제

LAW AND TAXATION
OF VENTURE BUSINESSES

손영화 · 정석호 · 최성근

박영사

서문

케인스와 함께 20세기 경제학의 양대 산맥으로 평가받는 슘페터는 기술의 혁신(innovation)이 경제적 진보를 이끄는 힘이고 그 혁신을 이끄는 주체가 기업가(entrepreneurs)라고 설파하였다. 그는 기술 혁신을 새로운 생산방법과 새로운 상품개발이라고 정의하고, 기술 혁신을 통해 '창조적 파괴(creative destruction)'에 도전하는 것이 '기업가 정신'이라고 하였다. 오늘날 슘페터가 주창한 '기업가 정신'에 가장 근접하는 기업 유형이 벤처기업이다. 벤처기업은 기업가에게는 도전이고 기회이며, 국가적으로는 역동성이고 성장동력이다.

국가는 경제적, 사회적 필요에 의하여 벤처기업에 대해 다양한 지원을 제공하고 있다. 그렇더라도 벤처기업도 기업이므로 사업을 전개함에 있어서는 법이나 세제가 적지 않은 코스트나 리스크로 작용할 수 있다. 벤처기업이 다양한 지원제도와 법 또는 세제에 따른 코스트나 리스크에 대한 지식과 대응력이 있다면 보다 효율적으로 기업을 운영할 수 있을 것이다. 또한 벤처기업이 사업을 전개함에 있어서는 변호사나 세무사와 같은 전문가 또는 공모주관회사나 투자회사의 조력을 필요로 할 때가 있는데, 이 같은 전문가 등을 제대로 활용하려면 벤처기업 자신이 법이나 세제에 대한 이해가 있어야 한다.

이 책에서는 벤처기업의 주요경영이슈와 관련된 제도가 지니는 코스트와 리스크를 줄이고 벤처기업법 등에서 마련하고 있는 특례를 적극적으로 활용할 수 있도록, 관련 제도를 체계적으로 분석하고 상세하게 설명하고 있다. 이번 판에서 저자들이 선별한 벤처기업의 주요경영이슈는 지배구조와 관련한 복수의결권과 주주 간 계약, 인재유치를 위한 보상수단인 주식매수선택권과 성과조건부주식, 자금조달과 투자회수를 위한 IPO, 그리고 주요경영이슈 전반에 영향을 미치는 비상장주식 평가이다. 이들 이슈 외에도 중요하게 다루어야 할 다른 경영이슈들이 더 있을 터인데, 그것들에 대해서는 다음 판으로 미룬다.

이 책의 발간을 빌려, 출판하는 데 도움을 주신 박영사 관계자 분들과 편집을 맡아 준 박세연 선생님에게 고마움을 표한다.

2025년 7월
공저자를 대표하여
최성근

목차

제1장

서설

벤처기업이란 다른 기업에 비해 기술성이나 성장성이 상대적으로 높아 정책과 제도를 통하여 특별히 지원할 필요가 있다고 인정하는 중소기업을 말한다. 「벤처기업육성에 관한 특별법」(이하 "벤처기업법"이라 한다)은 ① 벤처투자유형(중소기업창업투자회사 등의 투자금액이 5천만 원 이상이고 자본금 중 100분의 10 이상인 기업), ② 연구개발유형(연간 연구개발비가 5천만 원 이상이고 연간 총매출액에 대한 연구개발비의 합계가 차지하는 비율이 100분의 5 이상인 기업), ③ 혁신성장유형(벤처기업 확인기관으로부터 기술의 혁신성과 사업의 성장성이 우수한 것으로 평가받은 기업)의 어느 하나에 해당하는 기업을 벤처기업이라고 정의하고 있다(동법 제2조의2 제1항 제2호 참조).

벤처기업이 사업을 전개함에 있어서는 여느 기업과 마찬가지로 법과 세제가 적지 않은 코스트나 리스크로 작용할 수 있다. 한편 벤처기업에 대해서는 국가의 경제적, 사회적 필요에 의하여 법과 세제에서 다양한 지원제도가 마련되어 있다. 벤처기업이 다양한 지원제도와 법과 세제상의 코스트나 리스크에 대한 지식과 대응력이 있다면 보다 효율적으로 기업을 운영할 수 있을 것이다. 이 책에서는 벤처기업의 주요경영이슈 중 지배구조와 관련한 복수의결권과 주주 간 계약, 인재유치를 위한 보상수단인 주식매수선택권과 성과조건부주식, 자금조달과 투자회수를 위한 IPO, 그리고 경영 전반에 영향을 미치는 비상장주식 평가에 관한 법과 세제의 내용과 법리를 설명하고 실무를 소개한다.

(1) 벤처기업가에게 있어서 투자를 받으면서 경영권을 여하히 확보할 것인가는 초미의 관심사이다. 벤처기업법상 도입된 복수의결권제도는 지분매각에 의한 자금조달에도 불구하고 경영권 상실의 위험 없는 기업경영을 가능하게 한다. 벤처기업법의 복수의결권제도의 규정 내용과 법리를 설명하고, 이 제도를 활용함에 있어 유의해야 할 점들을 제시한다.

(2) 주주 간 계약이 벤처기업에게만 국한된 것은 아니지만, 벤처기업이 특히 유념해야 할 경영이슈이다. 벤처기업에서 주주 간 계약은 주주들 간

의 권리와 의무를 명확히 정의하고, 기업의 안정적 운영과 성장에 기여하는 핵심적인 법적 장치이다. 벤처기업의 성장단계를 고려하면서 주주 간 계약에 관한 법령과 법리를 설명하고 실무를 소개한다.

(3) 주식매수선택권(Stock Option)이란 임직원의 영업상 업적과 회사의 경영상 이익을 연동시켜 소정의 가액으로 회사가 발행하는 신주를 인수하거나 회사가 보유하는 자기주식을 매수할 수 있는 권리를 말한다. 주식회사인 비상장 벤처기업에 대해, 벤처기업법에서는 주식매수선택권제도에 대하여 상법에 대한 특례를 두고 있고, 조세특례제한법에서는 과세특례를 규정하고 있다.

(4) 성과조건부주식제도(Restricted Stock)란 회사의 임직원에게 성과 또는 근무기간과 연동하여 자기주식을 무상으로 교부하는 제도를 말한다. 벤처기업법은 주식회사인 비상장 벤처기업에 대하여 배당가능이익이 없더라도 자본금을 제외한 순자산의 범위 내에서 성과조건부주식으로 교부할 자기주식을 취득할 수 있도록 하는 것을 주된 내용으로 하는 상법에 대한 특례를 규정하고 있다.

(5) 벤처기업에게 있어서 IPO는 계속 성장에 필요한 자금을 조달하는 계기인 동시에 투자자금을 회수하고 투자수익을 실현하는 기회이다. 벤처기업은 주로 코스닥시장에 상장하고, 코스닥시장에의 상장에 대해서는 「코스닥시장 상장규정」 등에서 이를 규율하고 있다. 벤처기업의 코스닥시장 상장에 관한 거래소 규정 등의 내용과 실무를 설명한다.

(6) 주식의 평가는 합병, 분할 등의 경우 대가의 산정, 주식매수청구권의 매수가격 결정, 신주 발행이나 주식의 양도 또는 양수하는 경우 이사의 책임 등의 전제가 된다. 또한 주식의 평가는 주식의 양도, 상속, 증여 등에 따른 조세부담에 직접적인 영향을 미친다. 주식매수선택권제도와 성과조건부계약을 포함하여, 상법, 자본시장법, 조세법 및 벤처기업법에서의 비상장주식에 대한 주식평가방법의 규정 내용과 법리를 설명한다.

제2장

벤처기업의 복수의결권

요약

○ 개요

- 2023년 11월부터 시행된 복수의결권제도는 벤처기업 창업자의 지분 희석에 따른 경영권 상실 우려를 완화하고 기업가정신을 보호하기 위해 마련된 제도이다.
- 해당 제도는 일정 요건을 갖춘 비상장 벤처기업의 창업자가 1주당 최대 10개까지의 의결권을 행사할 수 있는 복수의결권 주식을 발행할 수 있도록 허용하는 한편, 법적 안전장치를 통해 남용 가능성을 제한하고 있다.
- 복수의결권은 기술 기반 또는 자본 유입이 절실한 스타트업의 창업자 보호 수단으로, 외국에서는 이미 널리 활용 중인 제도이기도 하다.

○ 제도 도입의 배경 및 찬반 논의

- 찬성론에서는 창업자의 장기 경영 비전 보호, 단기 수익 압력 완화, 혁신 촉진, IPO 유인 강화 등을 주요 근거로 내세운다.
- 반면 반대론은 주주평등원칙 침해, 소수주주의 권익 훼손, 대기업 승계 악용 가능성 등 부작용을 지적한다.
- 이와 같은 논의를 바탕으로 우리나라는 상법이 아닌 「벤처기업육성에 관한 특별조치법」을 통해 복수의결권제도를 제한적으로 도입하였다.

○ 복수의결권주식 발행 요건

- 발행 대상은 비상장 벤처기업의 창업자에 한정된다.
- 창업자는 회사 설립 시 발기인이며, 현재 이사로서 경영에 종사 중인 자로서 의결권 있는 주식의 30% 이상을 보유하고 있어야 한다.
- 복수의결권주식은 다음 요건 충족 시 발행이 가능하다.
  - (i) 100억 원 이상 투자 유치, 이 중 마지막 투자금이 50억 원 이상일 것
  - (ii) 그로 인해 창업자의 지분이 30% 이하로 하락하거나 최대주주 지위를 상실한 경우
- 발행은 회사 정관에 해당 조항이 포함되어 있어야 하며, 주주총회 발행주식총수의 3/4 이상의 동의가 필요한 가중된 특별결의 방식으로 진행된다.

○ 복수의결권의 내용 및 제한

- 의결권 수는 1주당 최대 10개까지로 제한된다.

- 복수의결권의 존속기간은 최대 10년으로 정하며, 상장 이후에는 3년 이내에 보통주로 전환되어야 한다.
- 다음의 중요 경영사항에 대해서는 복수의결권을 행사할 수 없고, 1주 1의결권 원칙이 적용된다.
  (i) 이사 보수 및 감면 관련 의안
  (ii) 자본금 감소, 해산, 이익배당
  (iii) 감사·감사위원 선임 및 해임
  (iv) 복수의결권 존속기간 연장 등

○ 전환 요건 및 종료

- 다음과 같은 사유 발생 시, 복수의결권주식은 즉시 보통주로 전환된다.
  (i) 존속기한(10년) 경과
  (ii) 창업주의 이사직 상실
  (iii) 상속·양도 또는 증여 시
  (iv) 해당 벤처기업이 공시대상기업집단에 편입될 경우
- 특히, 편법적인 대기업 승계 수단으로 활용될 가능성을 원천 차단하기 위해 상속이나 양도 시 복수의결권은 자동 소멸되며, 공정거래법상 대기업 계열로 편입되는 즉시 보통주로 전환된다.

○ 주금 납입 특례

- 복수의결권주식 인수 시, 창업자가 기존 보통주로 주금을 납입할 수 있도록 허용한다. 이는 현물출자 방식으로 간주되나, 상법상 검사를 면제하며 절차적 간소화가 가능하다.
- 창업주는 주주총회의 결의에 따라 납입기일 내에 보통주를 회사에 인도해야 하며, 정해진 양식의 납입의뢰서를 제출해야 한다.
- 복수의결권주식의 취득을 위하여 보통주를 현물출자하는 겨우에는 양도소득세의 마세를 이연받을 수 있다.

○ 종합 평가

- 복수의결권제도는 자금 조달에 따른 창업자의 경영권 상실 위험을 완화하고, 장기적 비전 기반의 경영을 가능하게 하여 벤처 생태계의 질적 성장을 지원하는 제도로 평가된다.

- 그러나 주주 간 형평성 문제와 대기업 남용 가능성에 대한 우려도 존재하므로, 제도의 적용 대상 및 요건에 대한 철저한 규제와 공시의무, 전환 장치 등이 병행되어야 할 것이다.

Ⅰ 총설

국회는 2023년 4월 27일 본회의에서 참석의원 260명 중 찬성 173명, 반대 44명, 기권 43명으로 벤처기업 창업자에게 1주당 2~10개까지 의결권을 행사하는 복수의결권제도의 도입을 의결했고, 2023년 11월부터 복수의결권제도가 시행되었다.

복수의결권제도의 도입 취지는 벤처기업이 대규모의 투자 유치로 인하여 창업자의 지분이 희석되더라도 복수의결권을 통해 창업자가 안정적인 경영을 할 수 있도록 하기 위한 것으로, 일정한 요건을 갖춘 창업자가 대규모 투자 유치로 인해 경영권에 영향을 받게 되는 경우에만 복수의결권주식을 발행할 수 있도록 하고 있다.[1] 대규모 투자에 의해 창업주의 의결권이 하락한 비상장 벤처기업은 주주의 동의를 얻어 복수의결권주식을 발행할 수 있도록 한 것이다. 복수의결권주식에 대해서는 최대 10년(상장 시 3년)의 존속기한, 상속·양도·대기업 활용 불가, 보고의무 및 관보 고시, 과태료 및 형사처벌 등 안전장치를 마련하고 있다.[2]

복수의결권 또는 차등의결권이라 불리는 이 제도는 빅테크기업과 같이 유니콘을 지향하는 기업들은 물론이고 개발에서 제품화까지 장기간이

1 강지원 외, "벤처기업 복수의결권 주식 제도 국회 본회의 통과와 그 시사점", SHIN & KIM(법무법인(유)세종) 뉴스레터, 2023. 5. 8., 1면.

2 중소벤처기업부, "비상장 벤처기업의 복수의결권주식 제도, 올 11월부터 본격 시행", 2023. 5. 9., 1면.

소요되는 바이오 벤처기업에 이르기까지 지분매각에 의한 자금조달에도 불구하고 경영권 상실의 위험 없이 기업경영을 가능하게 한다. 복수의결권은 창업경영자에게는 참호구축(entrenchment)을 통해서 경영권의 안정성을 부여한다.[3·4] 하지만 대리인 문제 발생으로 감시비용(monitoring cost)이 늘어나는 지배구조 문제가 뒤따른다.[5] 그리하여 그동안 복수의결권의 도입을 둘러싼 찬반 논의가 있어 왔다. 그런 가운데 지난 2023년 4월 이른바 중소기업 창업자의 보호라고 하는 입법 의도하에 벤처기업법에 복수의결권제도가 도입되었다.

이하에서는 현행 벤처기업법에서 인정하고 있는 복수의결권제도를 살펴보고, 복수의결권주식의 상장 여부에 대하여 검토한다.

3 무능한 지배주주와 경영진의 참호구축효과(entrenchment effect)에 대한 우려로 인해 복수의결권주식의 발행을 위한 전제조건으로 '기업의 공시의무 강화'와 복수의결권주식에 부여된 의결권에 대해 '강제적 일몰조항(sunset provision)'의 도입이 논의되었다(김종욱·권한용, "복수의결권 도입에 관한 연구", 동아법학 제97호, 동아대학교 법학연구소, 2022, 315면; 최수정, "차등의결권주식의 도입에 관한 소고", 법학연구 제31권 제1호, 연세대학교 법학연구원, 2021, 169면; 홍경표, "차등의결권제도의 도입에 관한 연구", 가천대학교 박사학위논문, 2016, 141면).

4 한편, 특정 임원 및 창업자에게 더 큰 의결권을 부여하기 위해 복수의결권주식을 발행하는 경우, 즉, 임원이나 창업자 주식의 1/10 의결권을 가지거나 의결권이 전혀 없는 주식을 일반주주에게 발행함으로써 경영권 강화의 보루를 마련한다. 이러한 왜곡된 의결권 구조가 장기적으로 수익률 감소로 이어진다는 충분한 증거가 있는 가운데, 많은 공적 연기금과 기타 기관투자자가 이러한 추세에 맞서고 있다(Blair Nicholas and Brandon Marsh, "Dual-Class: The Consequences of Depriving Institutional Investors of Corporate Voting Rights, Harvard Law School Forum on Corporate Governance", May 17, 2017).

5 박승덕, "[송치승 교수의 경제읽기] 복수의결권제도 시행, 이대로 괜찮은가?", 메트로신문, 2024. 2. 1.

II 복수의결권제도에 대한 찬반 의견과 입법 경위

1. 도입 찬성론

복수의결권제도는 창업자가 외부 투자로 인해 지분이 희석되더라도 경영권을 안정적으로 유지할 수 있도록 돕는 제도로, 특히 벤처기업과 스타트업의 자금 유치 활성화와 장기적 경영 비전 실현을 위한 수단으로 도입 필요성이 제기되었다.[6] 1주 1의결권 원칙하에서는 창업자가 경영권을 잃기 쉬우며, 이는 단기 수익 중심의 경영을 유도하고 혁신 성장에 장애가 될 수 있다는 점이 주요 근거다.[7]

복수의결권을 통해 (i) 경영권 방어비용 절감,[8] (ii) 도전적인 창업가 정신 촉진, (iii) IPO 유인 제공, (iv) 주주계약 보완수단 활용, (v) 불투명한 순환출자 구조 대체 등이 가능하다는 주장도 제기되었다.[9]

2. 도입 반대론

복수의결권제도의 도입 반대 측은 복수의결권이 주주평등원칙을 훼손하고, 기존 소수주주의 의결권을 약화시켜 역차별 우려가 있다고 보았다.[10] 특히 대기업 지배주주가 이를 악용해 경영권을 불공정하게 장기 유지할 수 있는 수단으로 변질될 위험을 강조하였다.

---

6 박재영, “벤처기업 차등(복수)의결권주식 도입, 쟁점과 과제는? - ① 벤처기업 성장과 의결권(議決權)주식 -”, NARS 현안분석 제181호, 국회입법조사처, 2020, 2면; 윤성민, “민주당 “벤처에 차등의결권 검토…창업주 1주당 최대 10표 허용””, 중앙일보, 2019. 2. 11., 12면.

7 김화진, “미국법 상의 복수의결권주식”, 선진상사법률연구 제78호, 법무부, 2017, 35면.

8 권종호, “우리나라 경영권방어법제의 문제점과 개선방안 - 신주인수선택권과 차등의결권주식을 소재로 -”, 선진상사법률연구 제72호, 법무부, 2015, 108면.

9 권종호, 앞의 논문, 108-109면; 유영일, “차등의결권주에 관한 연구-도입필요성을 중심으로-”, 상사판례연구 제21집 제4권, 한국상사판례학회, 2008, 99-103면.

10 박재영, 앞의 논문, 2면.

이에 따라 과거 국내에서는 정치권의 반대와 부정적 여론으로 인해 제도 도입 논의가 오랫동안 정체되었다.[11]

3. 입법 경위와 방향

우리나라의 경우 초기에는 복수의결권을 상장회사에 허용할 것인지보다는 비상장 벤처기업에 한정하여 도입할 수 있을지 여부에 집중되었다.[12] 이후 비상장회사는 M&A의 가능성이 없으므로 복수의결권제도가 도입되더라도 폐해가 발생하지 않을 것이므로 비상장 회사에 복수의결권제도를 도입하자는 주장이 있어 왔고,[13] 나아가 기업가정신의 유지와 지속적 혁신 및 장기적 성장을 촉진하기 위하여 벤처기업, 중소기업, 중견기업 등에 대하여 도입하자는 주장이 이루어진 바 있다.[14]

그 후 혁신과 창업 활성화를 위한 정책 흐름 속에서 벤처기업에 한해 제도를 허용하자는 의견이 힘을 얻었으며, 2019년부터 정부 및 여당이 본격적으로 제도 도입을 추진하였다.

결국 2023년 4월, 「벤처기업육성에 관한 특별법(벤처기업법)」 개정을 통해 국내 회사법 역사상 처음으로 복수의결권 발행이 허용되었으며, 이는 비상장 벤처기업에 한정된 제한적 도입으로 설계되었다.

---

11 이한준, "차등의결권 주식 발행 허용방안에 대한 고찰-홍콩의 사례를 중심으로", 상사판례연구 제32집 제1권, 한국상사판례학회, 2019, 280면; 이한준, "복수의결권제도의 필요성과 구현방안 - 개정 벤처기업육성에 관한 특별조치법의 분석을 중심으로", 기업법연구 제37권 제2호, 한국기업법학회, 2023, 37면.

12 김배정, "복수의결권제도의 도입여부에 관한 소고", 현안보고서 제2022-10호, 한국법학원, 2022, 13면; 윤영신, "비공개회사의 복수의결권주식 도입 방안 및 절차에 관한 연구", 법학논문집 제43집 제3호, 중앙대학교 법학연구원, 2019, 196면.

13 서완석, "차등의결권에 관한 새로운 시도", 경영법률 제27권 제4호, 한국경영법률학회, 2017, 61-62면.

14 유주선, "주주평등원칙의 완화와 차등의결권주식의 도입 가능성", 증권법연구 제16권 제3호, 한국증권법학회, 2015, 144-145면.

이로써 우리나라는 미국, 영국 등 주요국과 유사하게 창업자 중심의 지배구조 선택을 가능하게 하는 제도적 기반을 마련하게 되었다.

III 벤처기업법상의 복수의결권제도

1. 비상장 벤처기업에 한정하여 복수의결권주식의 발행 허용

벤처기업법의 개정을 통해 복수의결권제도를 도입하였기에 동법하에서의 복수의결권제도는 비상장 벤처기업만이 도입할 수 있다. '벤처기업'이란 일반적인 의미로 첨단의 신기술과 아이디어를 개발하여 사업에 도전하는 기술집약형 중소기업을 의미한다.[15]

2. 복수의결권주식의 발행요건 및 대상

복수의결권주식은 상법상 1주 1의결권의 특례로써 하나의 주식에 2개 이상 10개 이하의 의결권이 부여된 주식이다. 복수의결권은 의결권의 일반원칙에 비해 이례적인 특혜인데, 이는 창업주를 위한 항구적인 특권을 창설하는 것이 아니고, 벤처기업 창업의 촉진이라는 정책목적을 위해 창업의 동기를 부여하는 제도라는 성격에 적합한 잠정적인 권리로 설정한 것이다.[16] 복수의결권주식의 발행은 비상장 벤처기업에 한정하며, 창업주로서 현재 회사를 경영하는 자에게만 발행할 수 있다. 이 경우 창업주란 회사설립 시 발기인으로 기재된 자이며(벤처기업법[17] 제16조의11 제5항 제1호), 주주총회에서 선임되어 현재 회사의 상무에 종사하는 이사여야 한다

15 벤처기업이란 「중소기업기본법」 제2조에 따른 중소기업으로서 일정한 요건을 갖춘 기업을 말한다(벤처기업법 제2조의2 제1항).

16 이철송, 「회사법강의」, 제32판, 박영사, 2024, 551면.

17 이하 벤처기업법의 조문을 괄호 속에 인용하는 경우에는 법명의 표기 없이 조문을 표기한다. 또한 동법 시행령의 경우에는 시행령이라고 표기한다.

(동 조 동 항 제2호). 이러한 자격 외에 회사 설립 당시부터 계속하여 의결권 있는 발행주식총수를 기준으로 100분의 30 이상으로서 가장 많은 주식을 가지고 있어야 한다(동 조 동 항 제4호). 만약 둘 이상의 창업자가 존재하는 경우에 이들이 보유한 주식의 합산이 발행주식총수의 100분의 50 이상으로서 가장 많은 경우에 각각을 창업주로 본다(동 조 제6항). 복수의결권주식은 이들 창업주가 대규모 투자로 인하여 주식소유비율을 충족하지 못하게 되는 경우에만 발행할 수 있다.[18]

위 요건에 해당하는 벤처기업의 창업주가 투자를 유치하여 지분이 30% 이하로 하락하거나, 최대주주 지위를 상실하는 경우 복수의결권주식의 발행이 가능해진다. 다시 말해, 특수관계인에 해당하지 아니하는 자로부터 창업 이후 100억 원 이상의 투자를 받았고, 이 경우 가장 나중에 받은 투자가 50억 원 이상인 경우(시행령 제11조의8 제1항, 제2항), 주식회사인 벤처기업 설립 당시부터 가장 나중의 투자(50억 원 이상)를 받기 전까지 창업주가 계속하여 의결권 있는 발행주식 총수의 100분의 30 이상으로서 가장 많은 주식을 소유한 경우(제16조의11 제1항 제2호 → 제5항 제4호, 예컨대 100분의 50)에는 복수의결권주식의 발행이 가능하다.

복수의결권주식을 발행하기 위해선 법률에서 정한 사항을 회사의 정관에 기재하여야 한다(제16조의11). 정관 개정과 복수의결권주식의 발행 모두 발행주식총수 3/4의 동의를 요하는 "가중된 특별결의"를 통하여야 한다(동 조 제4항).

3. 복수의결권주식의 내용

주주총회의 가중된 특별결의에 의하여 회사가 복수의결권주식을 발행하는 경우 주주총회의 결의에서는 일정한 사항을 정하여야 한다(제16조의

18 정병덕, "벤처기업의 복수의결권주식에 관한 연구 – 벤처기업법 개정안의 내용을 중심으로 –", 아주법학 제15권 제3호, 아주대학교 법학연구소, 2021, 148면.

11 제3항). (i) 복수의결권주식을 받을 자의 성명, (ii) 복수의결권주식을 받을 자에 대하여 발행할 수량, (iii) 복수의결권주식 1주의 금액 그리고 (iv) 복수의결권주식의 납입에 관한 사항이 그것이다. 복수의결권주식 1주의 금액은 액면가가 아닌 발행가를 의미하는 것으로 이해된다. 액면가는 정관에 이미 정해져 있고, 한 회사의 액면가는 균일해야 하므로(상법 제329조 제2항), 복수의결권주식의 액면가를 달리 정할 수 없기 때문이다.[19]

복수의결권주식의 내용 중에서 그 핵심적인 사항은 1주당 몇 개의 의결권을 부여할 것인가의 문제라고 생각된다. 벤처기업법은 복수의결권주식에 부여되는 의결권은 정관으로 정하되(제16조의11 제2항), 1주당 10개 이하의 범위에서 의결권을 부여할 수 있도록 정하고 있다(제16조의11 제7항). 한편, 벤처기업법은 복수의결권주식의 1주당 의결권에 상한을 두었을 뿐만 아니라, 발행된 복수의결권주식이 복수의결권을 가질 수 있는 기간에도 제한을 두고 있다. 동법에 따르면 복수의결권주식의 존속기간은 10년 이내의 범위에서 정관으로 정하도록 하고 있다(제16조의11 제1항). 다만, 존속기간 내라 하더라도 일정한 경우 복수의결권주식이 더 이상 존속될 수 없는 경우도 규정하고 있다.

4. 복수의결권주식의 주금의 대용납입

복수의결권주식을 인수한 경우 주주총회에서 정한 복수의결권주식의 납입에 관한 사항에 따라 주금액을 납입하여야 한다. 그런데 복수의결권을 인수한 창업주는 주주총회에서 총주주의 동의를 얻어 주금을 보통주식으로 납입할 수 있다. 이 경우 자기주식 취득, 특정 목적에 의한 자기주식의 취득과 현물출자의 검사에 관한 상법 규정, 즉 「상법」 제341조, 제341조의2 및 제422조는 적용되지 아니한다(제16조의11 제8항). 회사의 보통주식에 의한 주금액의 납입은 현물출자이지만 벤처기업법은 현물출자에 필

19 이철송, 앞의 책, 551면.

요한 검사절차(상법 제422조)를 면제해 주고 있는 것이다.[20]

창업주가 보통주식으로 복수의결권주식의 인수가액을 납입하려는 경우에는 (i) 납입하려는 보통주식의 수량, 납입기일 등이 포함된 납입의뢰서를 주식회사인 벤처기업에 제출하고, (ii) 주주총회에서 결의한 복수의결권주식의 인수가액에 상당하는 보통주식을 납입기일 내에 주식회사인 벤처기업에 인도하여 이행하여야 한다(시행령 제11조의8 제4항).

창업주가 보통주식으로 복수의결권주식에 대한 납입을 함으로써 발생하는 양도차익에 대해서는 해당 복수의결권주식이 보통주식으로 전환될 때까지 양도소득세의 과세를 이연받을 수 있다(조세특례제한법 제47조 제1항).

5. 복수의결권주식의 의결권 제한

주주권익이나 창업주의 사적 이해관계와 관련된 안건에서는 복수의결권주식의 활용이 불가능하다.[21] 즉, 복수의결권주식이라 하더라도 1주당 1의결권으로 제한된다. 복수의결권주식이 1주당 1의결권으로 제한되는 사유는 다음과 같다(제16조의11 제8항).

(i) 복수의결권주식의 존속기간 변경을 위한 정관의 변경에 관한 사항

(ii) 이사의 보수에 관한 사항(상법 제388조)

(iii) 이사의 회사에 대한 책임의 감면에 관한 사항(상법 제400조)

(iv) 감사의 선임 및 해임에 관한 사항(상법 제409조 제1항, 제415조 및 제542조의10)

(v) 자본금 감소의 결의에 관한 사항(상법 제438조)

---

20 이철송, 앞의 책, 551면.

21 벤처기업법은 복수의결권주주가 그 지위를 남용하여 복수의결권주식을 가지지 못한 주주와 채권자의 이익을 훼손할 우려가 있는 경우, 이들의 재산권을 보호하기 위해 일정한 안건에 대하여 1주당 의결권을 1개로 제한하고 있다(중소벤처기업부, “비상장 벤처기업 복수의결권주식 가이드라인”, 2023. 11, 35면).

(vi) 이익배당에 관한 사항(상법 제462조 제2항)

(vii) 해산의 결의에 관한 사항(상법 제518조)

(viii) 감사위원회 위원의 선임 및 해임에 관한 사항(상법 제542조의12)

6. 보통주로의 전환

복수의결권주식은 정관에서 정하는 바에 따라 10년 이내의 존속기간을 갖는다. 존속기한이 경과한 복수의결권주식은 즉시 보통주로 전환된다(제16조의12 제1항[22] 제1호). 또한, 편법 경영권 승계에 악용하지 못하도록 상속·양도(동 조 동 항 제2호), 창업주의 이사직 상실(동 조 동 항 제3호) 즉시 보통주로 전환되도록 한다.[23] 또한, 공시대상기업집단에 편입되는 즉시 보통주로 전환되므로 대기업 활용도 불가능하도록 되어 있다. 공정거래법에 의하여 공시대상기업집단 지정 사실의 통지를 받거나 공시대상기업집단 국내 계열회사 편입의 통지(공시대상기업집단의 국내 계열회사 또는 특

---

22 제16조의12(복수의결권주식의 전환 등) ① 복수의결권주식은 다음 각 호의 어느 하나에 해당하는 경우에는 해당 호에서 정한 날에 같은 수의 보통주식으로 전환된다.

1. 복수의결권주식의 존속기간이 만료된 경우: 만료일의 다음 날
2. 창업주가 복수의결권주식을 상속하거나 양도한 경우: 상속일이나 양도일
3. 창업주가 제16조의11 제5항 제2호에 따른 이사의 직을 상실한 경우: 상실일
4. 주식회사인 벤처기업이 「자본시장과 금융투자업에 관한 법률」 제8조의2 제4항 제1호에 따른 증권시장에 상장된 경우: 해당 벤처기업이 상장된 날부터 3년이 지난 날(복수의결권주식의 존속기간이 그 던에 만료되는 경우에는 그 만료일의 다음 날로 한다)
5. 주식회사인 벤처기업이 「독점규제 및 공정거래에 관한 법률」 제31조 제1항에 따라 공시대상기업집단 지정 사실의 통지를 받거나 같은 법 제32조 제1항에 따라 공시대상기업집단 국내 계열회사 편입의 통지(같은 법 제33조에 따라 공시대상기업집단의 국내 계열회사 또는 특수관계인으로 편입·통지된 것으로 보는 경우를 포함한다)를 받은 경우: 통지일
6. 주식회사인 벤처기업이 「독점규제 및 공정거래에 관한 법률」 제32조 제1항에 따라 공시대상기업집단의 국내 계열회사로 편입되어야 할 사유가 있음에도 불구하고 대통령령으로 정하는 경우에 해당하여 제외 통지를 받은 경우: 통지일

23 이러한 규정은 복수의결권주식의 도입에 대하여 반대하는 대표적인 사유 가운데 하나인 복수의결권주식을 회사 경영권의 승계 수단으로 활용할 수 있다는 비판을 반영한 것으로 생각된다(정병덕, 앞의 논문, 151면).

수관계인으로 편입·통지된 것으로 보는 경우를 포함)를 받은 경우에는 그 통지일부터 보통주로 전환된다(동 조 동 항 제5호). 벤처기업이 공정거래법상 공시대상기업집단의 국내 계열회사로 편입되어야 할 사유가 있음에도 불구하고 친족분리, 임원독립경영 등 공정거래법 시행령 제5조에 해당하여 제외 통지를 받는 경우에도 통지일을 기준으로 보통주로 전환되도록 하고 있다(동 조 동 항 제6호). 이 경우에도 공시대상기업집단에서는 제외되어 있지만 벤처기업법상 창업주로서의 경영권을 보호해야 할 대상으로는 생각되지 않기 때문이다.

또한, 복수의결권주식을 발행한 비상장 벤처기업이 상장하는 경우, 기존에 설정되어 있던 존속기한과 상장된 날부터 3년 중 짧은 기간으로 존속기간이 변경된다(동조 동항 제4호). 상장 즉시 보통주로 전환될 경우 경영권 불안정이 더 심각해질 수 있으며, 이를 우려한 벤처기업들이 상장을 꺼릴 우려가 있다는 점을 고려하여 3년의 유예기간을 부여하고 그 후에 보통주로 전환되도록 하고 있다.[24]

[그림 1] 상장 후 복수의결권주식의 보통주 전환(예시)[25]

	발행	상장		보통주 전환시기
A사	2024년 발행 존속기간: 10년	2025년	→	**2028년** 정관상 존속기간이 5년(~2033년) 남았지만, **"상장 후 보통주 전환"요건으로 2028년 전환**
B사	2024년 발행 존속기간: 5년	2028년	→	**2029년** 보통주 전환 유예는 3년(~2031년)이나 **"정관상 존속기간 만료"로 2029년 전환**

24 중소벤처기업부, 앞의 가이드라인, 42면.

25 중소벤처기업부, 앞의 가이드라인, 43면 참조.

7. 복수의결권주식의 허위발행

복수의결권주식을 허위로 발행하는 경우 허위발행죄가 적용되어 10년 이하의 징역 또는 5천만 원 이하의 벌금형에 처할 수 있다(제32조). 복수의결권주식이 허위 또는 부정한 방법으로 발행된 경우에는 그 발행일에 같은 수의 보통주식으로 발행된 것으로 본다(제16조의12 제2항). 이는 복수의결권주식제도의 적법성을 엄격하게 관리하겠다는 취지가 반영되어 있다고 한다.[26] 그러나 벤처기업법의 복수의결권주식의 허위발행과 관련한 규정은 몇 가지 문제가 있다. (i) 우선, 「허위 또는 부정한 방법」으로 신주를 발행하는 경우 이는 상법상 당연히 무효사유가 된다. 그러나 벤처기업법은 무효로 하지 않고 보통주식으로서의 효력을 인정한다. 벤처기업법 제16조의12 제2항이 상법 제429조 및 제431조 제1항에 대한 특례규정인지가 다소 불명확하다. (ii) 「허위 또는 부정한 방법」으로 복수의결권주식이 발행되었다고 다투는 경우 결국 소송과 판결에 의해 해결될 것이다. 그 경우 신주발행 무효의 소(상법 제429조)에 의하여야 하는가, 일반 확인의 소에 의하여야 하는가. (iii) 복수의결권주식이 허위 또는 부정한 방법으로 발행된 경우에는 그 발행일에 같은 수의 보통주식으로 발행된 것으로 본다는 규정은 법원 판결에 의하여 복수의결권주식이 허위 또는 부정한 방법에 의하여 발행되었음이 확인된 이후 소급하여 보통주식으로 보게 된다. 그러면 법원 판결 이전에 복수의결권을 행사하여 이루어진 결의의 효력은 어떻게 되는지 등이 문제 된다. 입법적 보완을 요한다.[27]

8. 복수의결권주식 발행 보고 및 공시

복수의결권주식을 발행한 기업은 중소벤처기업부에 보고할 의무를 가진다. 또한, 언제든지 관련 사항을 열람할 수 있도록 정관을 본점과 지점

---

26 중소벤처기업부, 앞의 가이드라인, 44면.

27 이철송, 앞의 책, 552-553면.

에 비치 및 공시하여야 한다. 개정 벤처기업법은 복수의결권주식의 발행에 대하여 동법의 주관부서인 중소벤처기업부에서 직접 관리하도록 하는 방식을 채택하고 있다. 그중 가장 중요한 내용은 복수의결권 발행 사실에 대한 발행회사의 보고제도이다.

주식회사인 벤처기업은 복수의결권주식을 발행한 때에는 정관의 변경사항 등 대통령령으로 정하는 사항을 중소벤처기업부장관에게 보고하여야 한다(제16조의14 제1항 제1문). "정관의 변경사항 등 대통령령으로 정하는 사항"이란 (i) 법 제16조의11 제2항에 따라 정관으로 정한 사항, (ii) 복수의결권주식을 받은 자의 성명, (iii) 복수의결권주식의 발행일 및 발행수량을 말한다(시행령 제11조의10 제1항).

보고한 사항 중 대통령령으로 정하는 중요한 사항을 변경한 때에도 또한 같다(제16조의14 제1항 제2문). "대통령령으로 정하는 중요한 사항"이란 (i) 제1항 제1호의 정관으로 정한 사항 중 변경 사항, (ii) 복수의결권주식을 받은 자의 성명, (iii) 복수의결권주식의 발행일 및 발행수량, (iv) 복수의결권주식이 보통주식으로 전환된 경우 그 전환에 관한 사항을 말한다(시행령 제11조의10 제2항).

주식회사인 벤처기업은 복수의결권주식을 발행한 때에는 복수의결권주식의 발행 내역 등 대통령령으로 정하는 사항을 본점과 지점에 비치 및 공시하여야 한다(제16조의14 제2항). 중소벤처기업부장관은 제1항에 따라 보고를 한 벤처기업의 명단을 관보에 고시하여야 한다(제16조의14 제3항). 중소벤처기업부가 관보를 통해 복수의결권주식 발행을 보고한 벤처기업의 명단을 고시하므로 누구든지 벤처기업의 복수의결권주식 발행 여부를 확인할 수 있다.

IV 복수의결권주식의 상장 여부에 대한 검토

1. 상장 허용의 필요성

개정 벤처기업법상의 복수의결권제도는 벤처기업의 육성 및 활성화를 위한 것이다. 벤처기업의 육성 내지 활성화의 궁극적 지향점은 상장을 통해 대규모 기업으로 성장하고, 이 과정에서 고용 창출 등의 경제적 효과를 사회 전체에 가져다 주도록 하는 것에 있다.[28] 벤처기업의 지속적인 발전에 창업자의 존재와 역할은 매우 핵심적이다. 즉, 전반적으로 스타트업이나 조직에서 창업자의 역할은 전략적, 운영적, 대인 관계 차원을 포괄하며 다면적이고 역동적이다. 창업자의 비전, 리더십 및 인내는 회사의 발전을 주도하고 회사의 유산과 세상에 미치는 영향을 형성하는 데 중요한 역할을 한다. 벤처기업의 창업자가 지배권의 희석에 대한 우려 없이 적극적으로 회사를 상장하고, 상장 이후에도 다수 투자자의 단기적 재무 성과 압박에 일방적으로 경도되지 아니하고 경영 리더쉽을 유지할 수 있게 하는 제도적 장치의 마련은 의미 있다 할 것이다. 그 한 예로 미국의 신기술 기업인 Facebook이 WhatsApp을 인수하였을 때 재무적 투자자들의 반대에도 불구하고 동사의 경영진이 복수의결권주식에 의해 형성된 지배구조를 통하여 적극적인 의사결정을 할 수 있었다.

기본적으로 어떠한 회사를 상장시킬지의 여부는 법률의 규정에 의하여 일률적으로 정하는 것이 아니라 증권거래소가 자발적으로 스스로의 상장규칙을 통해 이를 결정한다. 그러므로 복수의결권주식의 상장과 관련한 논의는 어떤 면에서는 각 거래소 간 경쟁으로 이어지는 개별 증권시장에서 시장논리에 의하여 이루어져야 할 것이다. 복수의결권은 시장의 흐

28 벤처 규모의 스타트업은 혁신적인 기술이나 비즈니스 모델을 통해 대규모 시장을 파괴적으로 공략하여 10년 이내에 10억 달러의 평가를 목표로 한다. 이러한 "유니콘(unicorns)"을 꿈꾸는 스타트업들은 많은 벤처 자본가들과 엔젤 투자자들의 관심을 끌며, 구글, 메타, 에어비앤비와 같은 성공 사례가 존재한다(Benjamin Hallen and Ed Hallen, "Scaling a Midsize Startup", Harvard Business Review, May 23, 2024).

름에 따라 각국에서 허용과 금지를 반복해 왔다. 해외 선진국의 경우에도 복수의결권주식을 당연히 인정한 것은 아니다. 국내와 마찬가지로 과거에는 엄격하게 규제하는 태도를 취하고 있었다. 다만 최근 들어 유니콘 기업(기업가치 1조 원 이상의 비상장 스타트업)이 상장 당시 복수의결권주식을 발행하기 원하면서 이를 허용하는 분위기로 전환되고 있다.[29] 이하에서는 최근 복수의결권주식의 상장과 관련된 외국의 제도를 간략히 살펴보고자 한다.

2. 미국

미국 주식시장의 현대 역사 대부분에서 뉴욕증권거래소(NYSE)는 이른바 의결권에 있어서 서로 다른 이중적인 주식을 가진 회사를 상장하지 않았다. 이는 기업 민주주의와 책임에 대한 증권거래소의 약속이 대공황 이전으로 거슬러 올라가기 때문이다.

복수의결권주식의 상장 금지

1926년, 뉴욕증권거래소가 도지 모터 회사의 무의결권 주식을 상장한 것은 대중의 반발을 일으켰다. 이에 대응하여 거래소는 상장 결정 시 의결권 통제를 고려할 것이라고 발표했으며, 1940년에는 뉴욕증권거래소가 무의결권 보통주에 대한 단호한 정책을 발표했다. 이러한 사건들 이전에는 주주 의결권에 대한 제한이 더 흔했다(Stephen Bainbridge, "Understanding Dual Class Stock Part I: An Historical Perspective", ProfessorBainbridge.com, September 9, 2017). 1926년부터 1985년까지 복수의결권주식을 발행한 기업의 시장 상장은 금지되었다.

이전에 이미 상장했던 Ford는 예외적으로 클래스 A와 클래스 B 주식의 공동

29 미국 뉴욕증권거래소와 홍콩, 싱가포르 등의 거래소에서 복수의결권 구조를 채택한 회사의 상장을 허용하고 있는데, 이를 허용할지 여부를 고려하는 것은 국경 간 IPO에서 경쟁성을 유지하기 위한 필수 과정으로 여겨지고 있다(김배정, 앞의 보고서, 2면).

상장을 유지해 왔다(Jason W. Howell, The Survival of the US Dual Class Share Structure, Journal of Corporate Finance, Vol. 44, 2017, pp. 440-450). 복수의결권주식제도를 활용하여 Ford 가족은 회사 전체 지분의 약 4%만으로 주주 의결권의 40%를 통제할 수 있었다(Ben Mcclure, "The Two Sides of Dual-Class Shares", May 25, 2022).

그러나 1980년대 인수전이 한창이던 와중에, "자기 회사가 인수에 취약하다고 본 기업 내부자들은 주주 의결권에 대한 규정을 자유화하기 위해 거래소에 로비를 하기 시작했다."[30] 기업 경영진과 동료 거래소의 압력에 직면하여 NYSE는 방향을 바꾸었고 오늘날 기업이 한때 금지되었던 구조를 공개하는 것을 허용하고 있다.[31]

1994년 NYSE의 복수의결권주식 보유 기업의 상장 허용

1985년부터 1994년까지 NYSE에서는 다양한 종류의 주식을 보유한 기업의 기업공개(IPO)가 법적으로 금지되었다. 1994년에는 NYSE, AMEX 및 NASD 주식시장 간에 도입 조건을 균질화하기 위한 합의가 이루어졌다. 이는 복수의결권주식을 보유한 기업의 상장을 허용하게 되었다. 현재 이들 기업은 전체 상장기업의 5%, 미국 시가총액의 10%를 차지하고 있다. 복수의결권주식은 이상 현상으로 분석될 수 없다(Lucian A. Bebchuk and Kobi Kastiel, The Untenable Case for Perpetual Dual-Class Stock, Virginia Law Review, Vol. 103, No. 4, 2017, pp. 585-631).

---

30 Robert J. Jackson, "Perpetual Dual-Class Stock: The Case Against Corporate Royalty", U.S. Securities and Exchange Commission, February 15, 2018.

31 미국의 증권거래위원회(SEC)는 그러한 기본적인 원칙이 존재함에도 불구하고 1987년에 상장회사가 주주들의 의결권을 차등하는 것을 내용으로 자본구조를 재편하는 것을 금지하는 규칙(Rule 19c-4)을 제정한 바 있는데 이 규칙은 상장회사가 보통주주가 보유하는 의결권을 소멸시키거나 제한하거나 비례에 맞지 않게 감소시키는 것을 금지하였다(김순석, "차등의결권주식의 도입에 관한 법적 쟁점", 기업법연구 제29권 제4호, 한국기업법학회, 2015, 31면; 김화진, "미국법 상의 복수의결권주식", 선진상사법률연구 제78호, 법무부, 2017, 31면).

미국에서는 신규 상장(IPO) 시 복수의결권주식을 발행한 채로 상장하는 경우가 드물지 않다. 특히 IT·기술 기업들은 복수의결권주식을 통해 창업자 등의 경영권을 보존하는 경우가 증가하고 있다. IT·기술 기업과 그렇지 않은 기업 간에는 IPO 시 복수의결권주식의 사용에 상당한 차이가 있음을 알 수 있다.

과거, 복수의결권주식은 외부로부터의 경영 개입을 원치 않는 언론 기업 등에서 창업자 등의 장기적인 경영권을 보호하고 언론의 자유를 지키는 도구로 사용되었다. 최근에는 단기적 이익을 추구하는 투자자의 영향을 배제하고, 창업자의 비전과 이상에 따른 경영을 가능하도록 하기 위해 사용되고 있는 것으로 보인다. 복수의결권주식 발행기업으로는 뉴욕 타임스, 포드, 구글의 모회사 알파벳 등 미국을 대표하는 기업들의 이름이 거론된다.

미국에서는 기업이 주식을 자유롭게 설계하는 것이 기본적으로 가능하지만, 상장제도에 의해 기존 주주의 의결권을 감소하거나 제한하는 것은 금지되어 있다. 미국에서는 복수의결권주식이 널리 사용되고 있는데, 이러한 발행은 IPO 이전이나 IPO와 동시에 이루어진다.[32] IPO 이후에는 복수의결권주식이 발행되지 않는데, 주식을 구매한 사람의 지배력이 약화될 수 있기 때문이다. IPO 시 복수의결권주식이 발행되어 있다는 사실이 널리 알려져 있다면, 보통주식을 구매한 사람에게 갑작스럽게 놀라운 일이 될 것이 없다. 기업 창업자들에게는 보통주식(또는 의결권이 없는 주식)

---

32 신규 기업으로부터의 IPO의 총수가 감소하고 있는 상황에서 복수의결권주식을 가진 테크놀로지 업계(「기술」 부문)로부터 기업공개는 강력한 증권거래소 매력의 예를 제공하고 있다. 일부 주주는 법에 따라 시장에서 표준 투자자에 비해 우월한 권리를 부여받는다. 복수의결권주식을 가진 IPO가 증가하고 있다는 증거는 Ritter에 의해 오랫동안 문서화되어 있다. 2021년에는 '테크놀로지' IPO의 46%가 복수의결권 주식회사를 위한 것이었다. 이러한 경향은 과거 40년간(1980~2022년) 가속하여 복수의결권 기업은 IPO의 9.7%에 머물렀다(Hubert de La Bruslerie, Multiple Class Shares and Double Voting Rights: Literature Review and Research Prospects, Finance Contrôle Stratégie, Vol. 26, No. 3, 2023, para. 5).

을 상장시킴으로써 자금조달 옵션이 확대되지만, 비상장 복수의결권주식이 있다면 지배력을 잃지 않게 된다.[33]

창업자들의 지배력을 확보함으로써 기업이 성장하고 주가가 상승하면, 연금·기금 등이 보유한 주식 가치가 증가하고, 확정기여제도에서 주식 펀드를 구매하는 종업원의 자산 가치도 증가한다. 다시 말해, 기업 가치라는 파이의 크기를 확대하는 효과를 기대할 수 있다. 미국에서는 복수의결권주식의 사용이 증가하는 한편, 모든 IPO의 상장 첫날 시가총액이 크게 증가하고 있으며, 경제의 활성화에 기여하고 있다. 결과적으로 연금제도 등을 통해 폭넓게 금전적 이익을 분배할 수 있다. 즉, 사회에 제공되는 기업가치라는 파이의 크기를 확대할 수 있는 효과를 기대할 수 있다.

3. 영국

미국이 성장 잠재력이 뛰어난 IT·기술 기업의 복수의결권주식 상장을 지속하고 있는 것은 이러한 기업을 잘 상장 유인하지 못하고 있는 런던증권거래소의 변화를 촉진하게 되었다. 런던증권거래소는 2021년 12월에 상장규칙을 개정하여 최상위 시장인 프리미엄 시장에서 복수의결권주식 발행기업의 상장을 허용했다. 규칙 개정을 위한 검토에서는 "Finding the British Google"이라는 슬로건이 사용되었다. 구글과 같은 급성장 가능성이 있는 기업을 영국 증권시장으로 유치하기 위해 기업의 성장을 견인하는 창업자 등의 경영 권한을 보호하고 장기적인 시각에서의 경영을 가능하게 하는 체계 구축을 목표로 하고 있다. 구글은 창업자 등에게 비상장 복수의결권주식을 부여하고 있으며, 상장된 보통주를 대량으로 보유하고 있다고 하여도 경영에 관여하는 것은 거의 불가능하다. 복수의결권

---

33 John Kong Shan Ho, Allowing Dual Class Share Structure Companies in the Premium Listing Segment of the London Stock Exchange: Appreciating International Experiences and Recognizing Local Conditions, Capital Markets Law Journal, Vol. 16, No. 3, 2021, p. 357.

주식 발행기업의 상장을 영국 프리미엄 시장에서는 인정해 오지 않았는데, 이를 변경해 영국판 구글이 상장할 수 있도록 하겠다는 것이다. 영국에서도 스탠더드 시장에서는 종래부터 복수의결권주식 발행기업의 상장이 가능했다.

영국 금융행정청(Financial Conduct Authority)은 2023년 12월 20일 새로운 상장규칙을 발표했다. 이 상장규칙개정은 런던을 주요 자본상장 및 자금조달의 장으로서의 지위를 되찾기 위한 중요한 조치였다. 그동안 런던은 뉴욕증권거래소와 나스닥에 대규모 상장을 빼앗겼으며, 기대했던 IPO의 성과도 매우 저조하였다. 이에 새로운 상장규칙을 발표한 것인데, 동 규칙에는 다음과 같은 4가지가 포함되어 있다. (i) 프리미엄 및 스탠더드 상장 부문을 단일 범주로 통합한다. (ii) IPO의 3년간의 추적 레코드 요구사항을 제거한다. (iii) 복수의결권주식 종류의 채택을 용이하게 한다. (iv) 중요한 거래 또는 관련 당사자 거래에 대한 주주 투표 또는 공고의 필요성을 없앤다.[34]

영국의 상장규칙 개정은 미국 주식시장의 활기와 경제 전반에 미치는 긍정적인 영향을 목격하면서, 영국 주식시장의 재기를 목표로 한 시장 간 경쟁이라고 볼 수 있다.

2023년 독일 미래금융법(ZuFinG)상 복수의결권제도의 도입

2023년 12월 14일, 독일 미래금융법(Zukunftsfinanzierungsgesetz, ZuFinG)이 발효되었다. 이 법은 자본 시장을 통한 기업 자금조달을 촉진하고 주식을 대중에게 더 매력적으로 만드는 것을 목표로 하고 있다. ZuFinG는 일반 주식의 최대 10배의 의결권을 허용하는 이중 클래스 주식(Dual-Class Shares)을 다시 도입하고 있다. 이는 주로 신생 기업과 고성장 기업이 상장을 보다 쉽게 하는 동시에 설

34 Craig Coben, "Scrutinising the UK's New 'Match Fit' Listing Rule Book", Financial Times, January 2, 2024.

립자의 통제권을 확보하기 위한 것이다. 주주총회는 기존 등록 주식에 복수의결권을 부여하거나 자본 증가를 통해 새로운 복수의결권주식을 발행할 수 있다(Georg Haas and David Santa, Financing for the Future Act - Significant Changes (also) to German Corporate Law, 20. Dezember 2023).

4. 일본

일본에서는 현재 도쿄증권거래소(TSE)의 유가증권 상장규정상 복수의결권주식을 발행하더라도, 신규 상장 시에 의결권이 적은 주식(일주일 의결권의 일반 주식)을 상장하는 것이 주주 공동 이익의 관점에서 필요성과 적절성이 인정되면 가능하다. 그러나 지금까지 복수의결권주식을 활용한 사례는 사이버다인 주식회사의 1건뿐이다. 이 회사는 2014년 TSE 모더스 상장 시에 보통주식의 10배의 의결권을 가진 종류주식(B 종류주식)을 창업자이자 사장에게 할당했다.[35] 창업자가 이 회사의 주력 사업인 사이버닉스(로봇 기술의 일종)의 선구자이며, 창업자에 의한 안정적인 경영이 주주 공동 이익에 필요하다고 여겨졌기 때문이다. 그러나 그 후 유사한 체계를 사용한 신규 상장은 없었다. 그 이유는 명확하지 않지만 다음과 같은 4가지를 생각할 수 있다. (i) 복수의결권주식 자체가 잘 알려져 있지 않았기 때문이다. (ii) 창업자 등의 지배권에 영향을 미치지 않으면서 자금조달이 필요하다면 대출이 더 용이할 수 있기 때문이다. (iii) 경영의 경직화 가능성에 대한 투자자의 불안이 있을 수 있기 때문이다. (iv) 증권거래소의 상장 심사가 복잡해질 수 있기 때문이다.

---

35 2014년, 대학 출신 벤처 기업인 CYBERDYNE 주식회사(이하 사이버다인)는 도쿄증권거래소 모더스에 상장했지만, 상장된 보통주와 별도로 사실상 의결권이 10배인 비상장 B종류주식도 발행했다. 이는 보통주와 B종류주식의 단위주식 수에 10배의 차이를 둔 것으로, B종류주식은 창업자이자 회장 및 관련 두 재단이 소유하고 있다. 상장 시, 창업자 및 회장 등의 소유주식 수는 전체의 약 43%에 비해 의결권은 약 88%였다(勝部伸夫, "勝部伸夫, "種類株式の多様化とコーポレート·ガバナンス - 議決権種類株式を中心にして", 商学論究 第64巻 第3号, 関西学院大学商学研究会, 2017, 113-114面).

개선과제

○ 복수의결권주식 상장제도 개선

벤처기업법에서 벤처기업 창업주의 경영권 보호를 위하여 복수의결권주식제도가 도입되었다. 특히 그간 복수의결권주식제도의 반대론의 입장에서 주장되어 온 (i) 지배권 거래의 혼란이나 (ii) 제도의 악용 가능성과 관련하여 복수의결권주식이 양도되거나 상속되는 경우 보통주식으로의 전환규정을 두고, 보통주식 주주와의 이익상반 가능성이 있는 주주총회 의안에 대하여 복수의결권이 제한되도록 하는 등 상당한 정도로 그 우려를 불식하는 입법적 조치가 이루어져 있다고 할 것이다.

종래 복수의결권이 인정되지 않는 우리의 제도로 인해 국내 초대형 유니콘(쿠팡)이 한국이 아닌 미국의 증시에 상장하는가 하면, 유수한 세계의 유니콘들은 이미 복수의결권의 보호를 두텁게 얻고 있는 현실을 바라볼 때, 국내 스타트업들의 간절한 바램을 외면하긴 어려울 수밖에 없었다. 사실 해외의 경우 미국, 영국, 프랑스, 독일 등 많은 나라들이 복수의결권주식을 허용하고 있고, 일본도 단원주제도(単元株制度)라는 것을 통해 복수의결권주식과 비슷한 효과를 내고 있다. 결국, 기업법제의 글로벌화 관점에서도 복수의결권제도의 도입은 피할 수 없는 면이 있는 것이다.

다만, 벤처기업법에 의하더라도 벤처기업의 창업주에게 인정되는 복수의결권주식의 인정기한은 10년으로 한정되어 있고, 특히, 벤처기업이 상장되는 경우에는 최장 3년까지만 복수의결권이 인정되도록 규정하고 있어 그 한계가 있다. 외국의 경우, 회사의 상장 시에도 복수의결권제도를 그대로 인정하며 상장을 인정하거나(미국 및 홍콩 등) 복수의결권주식을 인정하면서 의결권이 적은 주식의 상장만을 인정하는(일본) 등 복수의결권주식제도를 상장에 의하여 종료하고 있지는 않다. 앞으로 입법과제로서 검토할 필요가 있다.

제3장

벤처기업의 주주 간 계약

요약

○ 개요

- 벤처기업에서 주주 간 계약은 회사의 설립 목적 유지 및 경영 안정성 확보에 매우 중요한 역할을 한다.
- 창업자, 주요 투자자, 공동창업자 사이에 체결되는 이 계약은 주식양도제한, 동반매도청구권, 우선매수권, 경업금지 등의 조항을 포함하여 주주 간 권리·의무를 명확히 하고 분쟁을 예방하는 기능을 한다.
- 벤처기업에서 주주 간 계약은 각 기업의 성장 단계에 따라 다양한 방식으로 활용될 수 있다. 초기 단계에서는 창업자의 경영권 보호와 투자자 간 역할 구분을 통해 기업의 방향성을 유지하는 데 집중된다. 이 과정에서 창업자가 경영에 독립적으로 집중할 수 있도록 하고, 투자자에게는 자신의 권리를 명확히 행사할 수 있는 구조를 제공한다. 성장 단계에서는 추가 자본조달 시 기존 주주의 권리를 보호하고, 자본구조의 균형을 유지하며, 회사의 안정적 발전을 지원한다.

○ 주주 간 계약의 법적 성격

- 상법에 별도 규정이 없지만, 사적 자치의 원칙에 따라 계약 자유가 인정되며 민법의 일반원칙과 상사법의 해석으로 유효성이 인정된다.
- 단, 제3자에 대한 효력, 강행법규 위반 여부 등은 계약 내용과 상황에 따라 한계가 존재할 수 있다.

○ 주요 계약 유형과 조항

- 이 계약은 주식양도제한, 의결권 조정, 투자자 보호 등의 주요 조항을 포함하며, 이를 통해 기업의 경영권을 안정화하고 지속가능한 성장을 지원한다.
  (i) 주식양도제한 조항은 벤처기업의 경영권 보호에서 핵심적인 역할을 한다. 이는 특정 주주가 자신의 주식을 제3자에게 양도하려는 경우, 기존 주주나 창업자가 우선적으로 매수할 수 있는 권리를 부여하는 내용을 담고 있다. 이러한 조항은 경영권이 외부로 넘어가는 것을 방지하고, 창업자의 리더십과 비전을 안정적으로 유지할 수 있도록 돕는다. 실제로 대법원 판례(2019다274639)에서는 주식양도제한 조항의 적법성과 유효성을 인정하며, 벤처기업에서 이러한 장치가 경영권 보호에 필수적임을 보여 주었다.

(ii) 우선매수권은 투자자 보호의 또 다른 핵심 요소이다. 이 조항은 벤처기업이 추가 자본을 조달하기 위해 새로운 주식을 발행할 경우, 기존 투자자들이 새로운 투자자보다 우선적으로 주식을 매수할 수 있는 권리를 보장한다. 이를 통해 기존 주주들은 지분율 희석을 방지하고, 회사의 주요 의사결정에서 자신의 영향력을 유지할 수 있다. 이는 특히 창업 초기 단계에서 큰 리스크를 감수한 투자자들에게 안정적인 투자 환경을 제공하는 데 중요한 역할을 한다.

(iii) 의결권 조정은 벤처기업에서 발생할 수 있는 주주 간 갈등을 예방하는 효과적인 방법이다. 벤처기업의 경우, 창업자와 투자자 간 경영 방침에 대한 의견 차이가 발생할 수 있으며, 이를 조정하지 못하면 심각한 경영 위기가 초래될 수 있다. 이를 방지하기 위해 특정 의사결정에 대해 모든 주주의 동의를 필요로 하는 특별결의사항을 설정하거나, 복수의결권제도를 도입해 창업자가 적은 지분으로도 경영권을 안정적으로 유지할 수 있도록 하고 있다. 복수의결권은 특히 외부 투자자들로 인해 창업자의 지분이 희석되는 상황에서 경영권을 보호하는 데 유용하다.

(iv) 동반매도청구권(Drag-Along)과 공동매도참여권(Tag-Along)은 벤처기업의 성장 단계에서 대규모 투자회수나 M&A 시 주주들의 권리를 보호하는 데 중요한 장치이다. 동반매도청구권은 대주주가 자신의 지분을 매각할 때 소수자주주가 동일한 조건으로 매각에 참여하도록 보장한다. 반대로 공동매도참여권은 대주주가 제3자에게 주식을 매각할 때 소수자주주가 동일한 조건으로 매각에 참여할 수 있는 권리를 보장하여, 소외되거나 불리한 상황에 처하는 것을 방지한다.

(v) 분쟁 해결 메커니즘을 주주 간 계약에 사전에 포함하여 법적 갈등을 예방하고 신속히 해결할 수 있도록 한다. 벤처기업은 설립 이후 변화가 많기 때문에 주주 간 이해관계 충돌이나 지분 매각과 같은 문제를 피하기 위해, 조정 및 중재 절차 등을 명확히 규정해 운영의 불확실성을 줄일 수 있다. 특히, 특정 주주가 회사를 떠날 경우 그 지분을 처리하는 방식을 계약에 명시함으로써 갈등을 최소화할 수 있다.

○ 성공적인 주주 간 계약

벤처기업에서 주주 간 계약은 주주들 간 권리와 의무를 명확히 정의하고, 기업의 안정적 운영과 성장에 기여하는 핵심적인 법적 장치이다. 창업 초기 단계에서부터 주주 간 계약을 체결해 경영권을 보호하고, 갈등 예방과 기업의 지속가능한 발전을 도모해야 할 것이다. 각 기업의 특성에 맞춘 유연한 조항 설정과 법적 유효성 확보가 성공적인 주주 간 계약의 핵심 요소라고 할 수 있다.

I 총설

벤처기업은 불확실성과 가능성이 공존하는 기업 형태로, 기술 혁신이나 새로운 시장 창출을 통해 급성장을 꾀할 수 있다는 특성을 지닌다. 그러나 이러한 잠재력 이면에는 자본 조달, 지분 구조의 복잡성, 창업자 간 갈등, 경영권 분쟁 등 다양한 법적·경영적 리스크가 존재한다. 특히 벤처기업은 일반적인 중소기업이나 대기업과는 달리, 설립 초기부터 외부 투자자와의 관계를 맺는 경우가 많으며, 이 과정에서 창업자와 투자자 간 이해관계의 충돌이 발생하기 쉽다. 따라서 벤처기업의 성공적인 성장과 안정적인 경영을 위해서는 이들 이해관계를 미리 조율하고 갈등을 예방할 수 있는 법적 장치가 필요하다.

이러한 맥락에서 '주주 간 계약(Shareholders' Agreement)'은 벤처기업 경영의 핵심적인 법적 수단으로 기능한다. 주주 간 계약은 회사의 정관이나 상법상 규정으로 포섭되기 어려운 구체적인 지배구조 운영, 주식양도 제한, 경영권 보호, 투자회수 방식 등에 대해 주주 간의 합의를 통해 정리하는 계약이다. 특히 벤처기업은 기업 내부의 역학관계가 급변하고, 지분 구조가 투자유치에 따라 변화하기 쉬우며, 창업자의 비전이나 사업 방향이 기업 성장의 주요 요소로 작용하기 때문에, 정관과는 별개로 세밀한 운영 규칙을 설정할 필요성이 크다.

주주 간 계약은 이러한 목적을 달성하기 위해 (i) 지분 보호 조항(우선매수권, 동반매도청구권), (ii) 경영권 안정화 조항(의결권 사전 합의, 이사회 구성, 중요 의사결정 기준 등), (iii) 지분 이전 및 Exit 전략(IPO, M&A, 풋옵션 등), (iv) 경업금지, (v) 기밀유지, (vi) 비밀보호 등 행위제한 조항을 포함하는 경우가 일반적이다. 이는 단순히 투자자와 창업자 사이의 협력을 위한 장치를 넘어서 기업의 거버넌스를 계약적 수준에서 설계하고 리스크를 제어하는 수단이 된다.

또한, 주주 간 계약은 분쟁 발생 시 중요한 해석 근거가 되며, 법원도 정관에 비해 주주 간 계약의 사적 자치성과 당사자 간 합의의 구속력을 높게 평가하는 경향을 보인다. 특히, 외국계 투자자나 벤처캐피탈이 참여하는 경우에는 국제 표준화된 주주 간 계약 양식을 요구하는 사례도 많아 벤처기업이 글로벌 자본시장과 연계되기 위해서도 필수적인 계약이라고 평가할 수 있다.

그럼에도 불구하고 국내에서는 주주 간 계약의 활용이 제도적으로 표준화되어 있지 않고, 창업 초기 기업들은 이를 정관만으로 대체하거나 생략하는 경우도 많아서 경영권 분쟁이나 투자회수 갈등으로 이어지는 경우가 빈번하다. 특히 계약서 작성 시 법적 구속력이나 해석 기준에 대한 이해 부족으로 실효성 문제가 발생하기도 하며, 이로 인해 벤처기업의 성장성과 지속가능성이 위협받는 사례도 존재한다.

이하에서는 이러한 문제의식에서 출발하여, 벤처기업의 성장 단계에서 주주 간 계약이 갖는 법적·경영적 기능을 분석하고, 이를 통해 벤처 생태계의 안정적 확장을 위한 제도적·실무적 개선 방향을 제시하고자 한다. 특히, 주주 간 계약이 단순한 법률문서를 넘어 창업자와 투자자 간 신뢰를 구축하고 기업의 전략적 지배구조를 형성하는 중심축으로 기능할 수 있음을 밝히고자 한다.

II 주주 간 계약의 법적 규범성

1. 주주 간 계약의 법적 효력

주주 간 계약은 회사의 주주들 간에 체결되는 사적 합의로서, 회사 운영과 관련된 주주의 권리와 의무를 구체적으로 규정하는 법적 계약이다.[1] 주주 간 계약의 효력은 기본적으로 계약 당사자인 주주들 사이에서만 인정되며, 회사 전체에 적용되는 정관과는 법적 지위와 효력의 범위에서 차이가 있다.[2]

가. 주주 간 계약과 정관의 관계

정관은 법적으로 모든 주주와 회사에 구속력을 가지며, 회사 운영의 기본 규범으로 기능한다. 반면, 주주 간 계약은 계약 당사자인 주주들 간의 합의에 국한되어 회사 외부나 기타 주주들에게 직접적인 효력을 미치지 않는다.

주주 간 계약의 내용이 회사 정관과 충돌하거나 상법과 모순될 경우, 법적 효력이 제한될 수 있다. 특히 주식양도제한이나 의결권 제한과 같은 조항은 상법의 기본 원칙을 위반할 가능성이 있으며, 이 경우 법원에서 효력을 부정당할 수 있다.[3]

---

1 주주 간 계약이 소수주주의 권한 확보에 기여한다는 점은 결과적으로 다수의 잠재적 투자자로부터 투자를 유인하는 역할을 한다(이동건·류명현·이수균, "주주 간 계약의 실무상 쟁점 – 작성 시 주의사항을 중심으로 –", 「BFL」 제67호, 서울대학교 금융법센터, 2014, 77면).

2 주주 간 계약은 주식회사법이 규율하고 있는 회사관계질서에 대하여 주주의 형성의 자유를 실현할 수 있는 수단으로서의 기능을 갖는다. 따라서, 주주 간 계약의 효력에 관한 논의는 결국 주식회사법의 강행법규적 성질 하에서 주주들에게 어떠한 범위까지 회사관계질서를 형성할 자유를 인정할 수 있는가와 표리의 관계에 있다(권오성, "주주 간 계약의 효력에 관한 연구", 「홍익법학」 제10권, 제3호, 홍익대학교 법학연구소, 2009, 421면).

3 주주 간 계약과 정관의 주요 차이점 중 하나는 법적 지위와 구속력에 있다. 주주 간 계약은 회사 주주가 자발적으로 체결하는 계약이다. 이는 법률에 의해 요구되지 않으며 일반적으로 관련 당사자 간

주주 간 계약에서 흔히 포함되는 주식양도제한 조항은 주식의 자유로운 거래를 제한하여 경영권 변동을 방지하는 데 목적을 두고 있다. 그러나 이는 상법상 "주식의 자유로운 양도 원칙"과 충돌할 가능성이 크다. 예를 들어, 대법원 판례에서는 주주 간 계약에 따라 주식 양도를 제한하려는 조항이 상법의 원칙과 충돌하는 경우, 계약 당사자 간의 채권적 효력만을 인정하고 회사나 제3자에게는 효력을 미치지 않는다고 판결한 바 있다.[4] 이로 인해 주주 간 계약의 제한 조항은 실질적인 집행력이 떨어질 가능성이 있다.

주주 간 계약이 정관과 충돌하거나 상법의 강행 규정을 위반할 경우 회사에 대한 효력과 당사자 간의 효력을 구분하여 논할 필요가 있다. 주주 간 계약은 당사자 간 사적 자치에 의한 계약으로 채권적 효력을 갖는다. 주주 간 계약의 내용이 정관이나 상법의 강행규정과 충돌하는 경우 해당 조항은 무효가 될 수 있다.[5] 특히 상법 제335조 제1항 단서에 따라 주식

에 집행 가능하다. 반면 정관은 회사의 내부 운영 및 관리를 관장하는 법적 문서이다. 이는 법적 근거가 있으며 모든 주주와 회사 자체에 구속력이 있다(Malcolm Zoppi, Shareholder agreement vs articles of association, ZOPPI & CO, Fri Oct 11 2024. 〈https://www.zoppi.co.uk/blog/shareholder-agreement-vs-articles-of-association〉).

4 주식의 양도를 제한하는 방법으로 이사회 승인을 받도록 정관에 정할 수 있다는 상법 제335조 제1항 단서의 취지에 비추어 볼 때, 주주 사이에서 주식의 양도를 일부 제한하는 약정을 한 경우, 그 약정은 주주의 투하자본회수 가능성을 전면적으로 부정하는 것이 아니고, 선량한 풍속 그 밖의 사회질서에 반하지 않는다면 당사자 사이에서는 원칙적으로 유효하다(대법원 2022. 3. 31. 선고 2019다274639 판결).

5 주식양도제한약정이 회사법적 효력을 갖지 못하므로 그러한 약정의 효력이 미치지 않는 회사는 그 약정을 위배하여 주식을 양수한 제3자에 대하여도 명의개서절차를 이행해야 한다고 판단하면 충분함에도 불구하고, 대법원이 해당 주식양도제한약정이 주주의 투하자본회수 가능성을 전면적으로 부정한 것으로서 무효라고 설명한 것은 사족에 불과하거나 불필요했다는 비판이 가능하다(안태준, "주식양도제한 약정의 효력 및 그 약정에 위반한 주식양도행위에 따른 법률관계 · 대법원 2022. 3. 31. 선고 2019다274639 판결에 대한 평석을 포함하여", 「사법」 제1권 제64호(사법발전재단, 2024), 402면). 과거 대법원은 5년간의 양도제한이 주주의 투하자본의 회수가능성을 전면적으로 부정한 것이라고 판단하였으나(대법원 2000. 9. 26. 선고, 99다48429 판결), 최근의 판례에서는 13년간에 걸친 양도제한을 합리적이라고 하므로(대법원 2022. 3. 31. 선고, 2019다274639 판

의 양도는 원칙적으로 자유이다. 다만, 정관에 규정을 두어 이사회의 승인을 요하는 방식으로 제한할 수 있다. 따라서 주식의 전면적인 양도금지 조항은 무효이며, 제한적으로 우선매수권[6]이나 이사회 승인 등의 방법으로 조정해야 한다.

주주 간 계약서의 샘플

제10조 (우선매수권)

① 각 주주는 본인의 주식을 제3자에게 양도하고자 할 경우, 먼저 서면으로 다른 주주들에게 동일 조건으로 제안하여야 한다.

② 다른 주주는 제안일로부터 30일 이내에 매수 의사를 통지하여야 하며, 이 기간 내 응답이 없을 경우 거절한 것으로 본다.

제12조 (동반매도청구권)

① 최대주주는 자신의 보유 지분 50% 이상을 제3자에게 매각할 경우, 다른 주주에게도 동일 조건으로 지분 매각 기회를 제공하여야 한다.

② 동반매도 비율은 해당 주주의 지분율에 비례한다.

결) 그 기준을 가름하기 어렵다(이철송, 「회사법강의」, 박영사, 2024, 410면).

6 우선매수권(Right of First Refusal)이란 경영 주주가 제3자에게 제시한 것과 동일한 조건으로 해당 주주의 주식을 우선적으로 매수할 수 있는 권리를 의미하며, 반드시 매수해야 할 의무가 있는 것은 아니다. 창업자 등 경영 주주가 제3자에게 자신의 주식을 매각하려 할 경우, 우선적으로 발행회사(자기주식 취득 가능 회사)가 해당 주식을 취득할 수 있는 권리가 있다. 그리고 발행회사가 그 주식을 취득하지 않는 경우에 한해, 투자자가 해당 주식을 취득할 수 있다(喜多野恭夫, "アメリカのベンチャー投資における株主間契約の概要", 「Business Lawyers」, 2020. 5. 29. 〈https://www.businesslawyers.jp/practices/1237〉). 벤처기업이나 비상장회사에서 지분 구조를 안정적으로 유지하고 경영권을 보호하는 데 매우 중요한 장치이다. 특히, 상법상의 신주 인수 시의 신주인수권과는 다름에 주의하여야 한다.

정관에 반영할 수 있는 우선매수권 조항 예시

제XX조 (주식의 양도 제한)

① 회사의 주식을 제3자에게 양도하고자 하는 주주는 사전에 다른 주주에게 우선적으로 매수할 기회를 부여하여야 하며, 우선매수권의 조건 및 절차는 별도 주주간 계약에 따른다.

② 본 조항에 위반하여 이루어진 주식 양도는 회사 또는 다른 주주에 의해 무효를 주장할 수 있다.

나. 주주 간 계약과 회사법의 관계

주주 간 계약은 회사법의 테두리 안에서 유효하며, 계약 내용이 회사법과 상충하지 않는 경우에만 법적 효력을 가진다. 이러한 계약은 주로 회사의 투명성과 안정성을 유지하고, 주주들 간의 권리와 의무를 명확히 함으로써 경영 갈등을 예방하는 데 기여한다.

주주 간 계약은 회사법의 기본 원칙을 준수하면서도, 주주의 개별적인 요구와 회사 상황에 맞춘 구체적인 조항을 추가로 규정하는 방식으로 활용되고 있다. 예를 들어, 회사의 정관에서 규정되지 않은 의결권 제한, 주식 매도 조건, 또는 특정 투자자 보호 조항 등이 주주 간 계약을 통해 추가로 설정될 수 있다. 이러한 조항은 상법과의 충돌 가능성을 최소화하며, 회사 운영의 유연성을 높이는 역할을 한다.

종래, 우리나라 대법원은 주주 간 계약에서의 주식양도제한 조항이 강행법규를 위반하지 않는 한 채권적 효력은 인정된다고 판시한 바 있다. 이는 계약 당사자 간의 약속으로는 유효하지만, 회사나 제3자에게 강제할 수 없음을 의미한다.[7]

7 상법 제335조 제1항 단서는 주식의 양도를 전제로 하고, 다만 이를 제한하는 방법으로서 이사회의 승인을 요하도록 정관에 정할 수 있다는 취지이지 주식의 양도 그 자체를 금지할 수 있음을 정할 수 있다는 뜻은 아니기 때문에, 정관의 규정으로 주식의 양도를 제한하는 경우에도 주식양도를 전면

한편, 미국 델라웨어 법원에서는 주주 간 계약이 회사 운영에 실질적인 영향을 미치는 경우, 회사 정관에 계약 내용을 반영해야 한다고 판결한 바 있다.[8] 이는 주주 간 계약의 법적 지위를 강화하려는 접근으로,[9] 우리나라에 시사점을 제공하는 것이다.[10]

다. 주주 간 계약의 역할과 한계

주주 간 계약은 주주들 간의 협력과 신뢰를 기반으로 회사 운영의 안정성을 확보할 수 있는 강력한 도구이다. 그러나 법적 구속력이 제한적

적으로 금지하는 규정을 둘 수는 없다(대법원 2000. 9. 26. 선고 99다48429 판결). 회사와 주주들 사이에서, 혹은 주주들 사이에서 회사의 설립일로부터 5년 동안 주식의 전부 또는 일부를 다른 당사자 또는 제3자에게 매각·양도할 수 없다는 내용의 약정을 한 경우, 그 약정은 주식양도에 이사회의 승인을 얻도록 하는 등 그 양도를 제한하는 것이 아니라 설립 후 5년간 일체 주식의 양도를 금지하는 내용으로 이를 정관으로 규정하였다고 하더라도 주주의 투하자본회수의 가능성을 전면적으로 부정하는 것으로서 무효라는 이유로 정관으로 규정하여도 무효가 되는 내용을 나아가 회사와 주주들 사이에서, 혹은 주주들 사이에서 약정하였다고 하더라도 이 또한 무효(이다)(대법원 2000. 9. 26. 선고 99다48429 판결).

8 미국 델라웨어 형평법원(Delaware Court of Chancery)은 2024년 2월 23일 West Palm Beach Firefighters' Pension Fund v. Moelis & Company 사건에서, 주주 간 계약이 이사회의 고유 권한을 침해하는 경우 해당 계약 조항은 델라웨어 회사법에 위배되어 효력이 없다고 판결하였다(West Palm Beach Firefighters' Pension Fund v. Moelis & Company, C.A. No. 2023-0309-JTL (Del. Ch. Feb. 23, 2024)).

9 KBLN - Korea Business Law Network, "신종 주주 간 계약의 효력을 부인한 델라웨어형평법원 판결". 〈https://kbln.org/archives/2035?utm_source=chatgpt.com〉. 이 사건에서 주주 간 계약은 CEO에게 이사회 결정에 대한 포괄적인 권한을 부여하였으며, 이는 이사회의 권한을 제한하는 효과를 가졌다. 법원은 이러한 조항이 델라웨어 회사법이 정한 이사회의 권한 분장 원칙을 위반한다고 판단하였다(최문희, "이사회의 권한에 관한 주주 간 계약의 효력과 미국 Moelis 판결", 법률신문, 2024. 09. 18. 〈https://www.lawtimes.co.kr/opinion/201389〉).

10 다만, 우리 회사법에 명문의 규정이 없기 때문에 민법과의 관계 속에서 주주 간 계약의 효력과 구제수단을 고려해야 하며, 미국법을 그대로 적용할 수 없음에 주의하여야 한다. 미국법에서 주주간 계약의 효력이 인정되고 있지만, 우리 회사법상 주주간 계약의 효력은 강행규정의 성격을 지닌 조항들과 충돌할 가능성이 크다. 따라서 계약의 구체적인 내용과 회사법적 조항의 관계에 따라 개별적으로 효력을 판단해야 한다(최승재, "주주간 계약의 회사법상 효력에 대한 계약유형별 쟁점", 「증권법연구」 제26권 제1호, 한국증권법학회, 2025, 5면, 9면).

이라는 점에서 정관이나 상법과의 조화를 통해 효력을 극대화해야 한다.

계약이 법적 효력을 상실하지 않으려면, 상법의 원칙에 반하지 않는 범위 내에서 내용을 설계하고, 회사 정관과의 연계를 강화할 필요가 있다.

2. 소결

주주 간 계약은 주주의 권리와 의무를 명확히 하고, 회사 운영을 안정적으로 유지하는 데 중요한 역할을 하지만, 법적 효력이 제한되는 경우가 많다. 이를 극복하기 위해 다음과 같은 개선 방향이 필요하다.

첫째, 정관과 주주 간 계약의 통합 설계가 필요하다. 주주 간 계약의 핵심 조항을 정관에 반영하여 법적 구속력을 강화할 수 있을 것이다. 예를 들어, 주식양도제한 조항을 정관에 포함시키면 계약이 상법에 의해 무효화되는 위험을 줄일 수 있다.[11]

둘째, 계약 내용의 세분화와 합법성의 검토가 필요하다. 계약 내용을 구체적으로 설계하고, 상법 및 관련 규정과의 충돌 가능성을 사전에 검토해야 한다. 그렇게 함으로써 사후의 법적 분쟁을 예방할 수 있을 것이다.

셋째, 주주 간 계약의 집행력을 강화하기 위해 계약 위반 시 손해배상 또는 위약금 또는 위약벌 조항을 명확히 규정할 필요가 있다.[12]

---

11 최근 미국 델라웨어주의 모엘리스(Moelis) 판결에서도 주주 간 계약이 허용 가능한 범위를 초과하며 이사회의 권한에 대한 제한이 정관 조항을 통해 시행되어야 유효하다고 판단했다(W. Palm Beach Firefighters' Pension Fund v. Moelis & Co., 311 A.3d 809 (Del. Ch. 2024)).

12 예를 들어, 어느 주주가 다른 주주의 우선매수권 조항을 위반하고 제3자에게 자기 보유주식을 양도한 경우를 가정해보자. 주주의 우선매수권은 회사 주주의 수가 갑자기 많아지거나 불특정한 자들로 확대되어 경영권 행사 또는 향후 투자유치에 부정적인 영향을 끼치지 못하도록 방지하는 계약상 장치이다. 그런데 이러한 우선매수권을 위반하고 어느 주주가 제3자에게 주식을 양도한 것이다. 그래서 결국 그 제3자가 회사의 주주명부에도 기재가 되고 주주권을 행사하게 된다면 다른 주주들은 피하고 싶은 최악의 상황이 되었음에도, 법률적으로 손해배상을 청구할 수 없거나 하더라도 큰 금액의 배상을 받지 못할 수 있다. 이를 해결할 수 있는 한 방안이 위약금과 위약벌 조항이다(서나영, "[최앤리의 스타트업×법] 주주 간 계약을 템플릿에만 의지하면 큰일 나는 이유, 우선매수권 중심으로", Platum, 2022. 03. 10. 〈https://platum.kr/archives/182141〉).

결론적으로, 주주 간 계약은 회사 운영의 안정성과 주주 간 협력에 기여하는 중요한 도구이지만, 법적 효력과 구속력이 제한될 수 있다. 따라서 정관 및 회사법과의 연계를 강화하고, 계약의 실효성을 높이기 위한 구체적인 설계와 정책적 지원이 필요하다.

III 벤처기업에서의 주주 간 계약의 필요성

벤처기업에서 주주 간 계약은 기업의 성장과 성공을 위해 매우 중요한 법적 장치이다. 벤처기업은 초기 단계에서 자본 구조가 불안정하고, 투자자와 창업자 간의 이해관계가 상이할 수 있기 때문에 이를 조정하고 명확히 규정하는 것이 필요하다. 벤처기업은 일반적으로 고위험, 고수익을 목표로 하는 투자 구조를 가지고 있어, 주주들 간의 이해관계가 매우 복잡하고 이익 배분과 경영 참여에 대한 분쟁이 발생할 가능성이 크다. 주주 간 계약은 주주 간의 권리와 의무를 명확히 하고, 분쟁 발생 시 해결 방법을 제공하는 역할을 한다. 주주 간 계약의 주요 필요성을 다음과 같이 정리할 수 있다.

1. 경영권 안정화

벤처기업은 경영진의 창의성과 리더십이 매우 중요하다. 주주 간 계약을 통해 창업자의 경영권을 보호할 수 있는 조항을 설정하면, 과도한 외부 개입으로부터 벤처기업의 방향성을 유지할 수 있다. 벤처기업은 초기 단계에서 창업자와 투자자 간의 경영권 분쟁이 발생할 가능성이 크다. 주주 간 계약을 통해 주요 의사결정 과정에서의 의결권, 이사회 구성, 의사결정 구조 등을 명확히 규정함으로써 경영권을 안정화할 수 있다. 이는 창업자가 자신이 원하지 않는 상황에서 경영권을 잃지 않도록 보호하는 역할을 하기도 한다. 한편 미국 델라웨어주에서 최근 모엘리스 판결이 주주 간 계약을 일부 제한하였다.[13] 그러나 델라웨어주는 빠른 입법으로 주주 간 계약의 유효성을 확보하여 주고 있다. 매우 흥미로운 전개라고 할 수 있다.[14]

---

13 2024년 2월 23일, 델라웨어 형평법원은 West Palm Beach Firefighters' Pension Fund v. Moelis & Co.(Moelis) 사건에서 주주계약의 (1) 이사회가 다양한 조치를 취하기 위해서는 회사 창업자이자 최대주주(창업자 주주)의 사전 서면동의가 필요하다는 규정, (2) 주창업자 주주가 이사회 구성원의 과반수를 선출할 수 있도록 허용한다는 규정, (3) 이사회 위원회가 회사 이사회의 전반적인 구성에 비례하여 창업자 주주가 지정한 사람들로 구성되어야 한다는 규정의 유효성에 이의를 제기했다. 원고는 DGCL 제141조(a)에 따라 해당 계약이 (a) 회사 정관에 규정되지 않은 권리와 의무를 부여하는 것으로 추정되는 내부 거버넌스 협정을 포함하고 있으며, (b) 회사 이사회가 제141조(a)에 따라 의무를 수행하는 것을 부당하게 방해한다는 이유로 해당 계약에 이의를 제기했다.
DGCL의 제141조(a)은 "이 장에 따라 조직된 모든 법인의 사업 및 사무는 이 장 또는 정관에 달리 규정된 경우를 제외하고 이사회의 지시에 따라 관리되어야 한다."고 규정하고 있다. 델라웨어의 이사회 중심 거버넌스 시스템의 초석인 제141조(a)은 이사회에 회사를 관리할 권리를 유보하고 있다. 이 권한을 행사할 때 이사는 법인과 주주에 대한 신인의무와 충성의무를 져야 한다.
델라웨어주 형평법원은 모엘리스 계약의 특정 조항이 전통적으로 기업 이사회가 보유했던 경영권을 창업자-주주에게 위임함으로써 제141조(a)를 위반하여 회사 이사회가 법령에 의해 부여된 권한의 상당 부분을 박탈했다고 판결했다. 구체적으로, 법원은 이 계약이 제141조(a)에 따라 표면적으로 무효라고 판결했다. 그 이유는 이 계약이 이사들이 최상의 판단을 행사하는 것을 효과적으로 막고 경영 결정에 대한 재량권에 (절차적 제한이 아닌) 실질적 제한을 부과했기 때문이라고 한다(Matthew DiRisio, James P. Smith III, Oriana Pietrangelo and Dominique S. Fry, Delaware Passes Controversial Amendments to the Delaware General Corporation Law, Winston & Strawn LLP, July 31, 2024. 〈https://www.winston.com/en/blogs-and-podcasts/capital-markets-and-securities-law-watch/delaware-passes-controversial-amendments-to-the-delaware-general-corporation-law〉).

14 개정안은 그러한 계약에 포함될 수 있는 조항의 비독점적 목록을 포함하고 있으며, 여기에는 (i) 법인이 계약에서 명시한 조치를 일반적으로 제한하거나 방지하는 조항(1인 이상의 인물 또는 기관의 동의가 없을 경우 포함)과 (ii) 법인 또는 1인 이상의 인물이 계약에서 명시된 조치를 취하거나 취하지 않겠다는 약속이 포함되어 있다. 1인 이상의 이사의 동의가 없으면 계약이 법인의 행동을 제한할 수 있도록 함으로써, 개정안은 이러한 계약적 동의 권리가 DGCL 제141조(d)를 위반하지 않는다는 점을 확인하고 있다(Client Alert, Proposed Amendments to the Delaware General Corporation Law Would Address Recent Caselaw Regarding Stockholder Agreements and Merger Agreements, Morris, Nichols, Arsht & Tunnell LLP, 03. 28. 2024. 〈https://www.morrisnichols.com/insights-proposed-2024-amendments-delaware-general-corporation-law〉).

델라웨어주 형평법원의 모엘리스 판결[15]

1. 사건의 개요

미국 델라웨어주 형평법원(Court of Chancery)에서 다뤄진 West Palm Beach Firefighters' Pension Fund v. Moelis & Company 사건에서, 원고(즉, Moelis & Company의 주주)는 회사와 CEO인 Ken Moelis 간 체결된 주주 간 계약의 특정 조항들의 유효성에 이의를 제기하였다.

이 계약은 Ken Moelis에게 회사 이사회의 의사결정에 대한 광범위한 사전 승인권(pre-approval rights)을 부여하고, 이사회의 과반수 구성원을 지명할 수 있는 권한 및 이사회 내 위원회 구성까지 결정할 수 있는 권한까지 부여하고 있었다.

이에 대해 원고는 이러한 조항들이 델라웨어 일반회사법(Delaware General Corporation Law, DGCL) 제141조(a)를 위반하였다고 주장하였다.

해당 조항은 "회사의 사업과 업무는 원칙적으로 이사회가 직접 또는 그 지시에 따라 운영해야 하며, 예외는 DGCL이나 회사 정관에 명시된 경우에만 허용된다"고 규정하고 있다.

2. 법원의 판단

델라웨어주 형평법원은 원고의 주장에 동의하였다. 재판부는 다음의 조항들이 DGCL 제141조(a)에 명백히 위반된다(facially invalid)고 판단하였다.

(i) 사전 승인 요건(Pre-Approval Requirements)

(ii) 이사회 구성 관련 조항 중 3가지(Board Composition Provisions)

(iii) 위원회 구성 조항(Committee Composition Provision)

재판부는 이들 조항이 회사의 실질적인 경영권을 Ken Moelis 개인에게 이전하는 결과를 초래하였으며, 이는 DGCL 제141조(a)에 명백히 반하는 행위라고 보았다. 법원은 델라웨어 법이 일반적으로 계약에 의한 자율적 구조(private ordering)를 허용한다는 점을 인정하면서도, 그러한 자율 구조는 DGCL이 정한 법적 한계 안에서만 가능하다는 점을 분명히 하였다.

법원의 결정은 두 가지 명확한 근거에 기초하였다. 첫째, 주주계약이 허용 가능

---

15 W. Palm Beach Firefighters' Pension Fund v. Moelis & Co., 311 A.3d 809 (Del. Ch. 2024).

한 범위를 초과하며, 이사회의 권한에 대한 제한은 정관 조항을 통해 시행되어야 유효하다고 판단했다. 이 정관 조항은 회사의 의결권을 보유한 주주들에 의해 승인되어야 한다. 둘째, 법원은 이사회 권한에 대한 일부 제한이 정관에 포함되어 있을지라도 무효일 수 있다고 언급하며, "정관 조항조차도 DGCL의 강행규정을 무효화할 수 없다"고 판시하였다. 현재 사건의 어떤 조항도 회사의 정관에 포함되어 있지 않기 때문에 법원은 이 후자의 질문은 추후에 다루기로 하였다.[16]

DGCL 제122조에 새로운 제18항("특정 권한")을 추가

2024년 3월 28일, Moelis 판결이 발표된 지 약 5주 후 델라웨어주 변호사협회(DSBA)의 법인법 섹션 위원회는 Moelis 판결을 직접 다루는 DGCL에 대한 제안된 개정안을 발표했다. 이 개정안은 DGCL의 제122조에 새로운 제18항("특정 권한")을 추가하여 DGCL의 제141조(a)에도 불구하고 회사 헌장에 규정되어 있든 없든, 회사는 현재 또는 잠재 주주와 계약을 체결하여 주주에게 Moelis에서 다루는 거버넌스 권리[기업 조치 및 경영 결정에 대한 동의권(또는 거부권)을 포함하되 이에 국한되지 않음]를 위임할 수 있다고 규정하고 있다.

개정안은 11일 후인 2024년 4월 8일에 DSBA 내 특별위원회에서 승인되었고, 2024년 5월 23일에 델라웨어주 상원 법안 313(SB 313)으로 델라웨어주 의회에 제출되었다. 의회는 2024년 6월 20일에 SB 313을 통과시켰고, 이 법안은 2024년 7월 17일에 카니 주지사에 의해 법률로 서명되었다. DGCL 개정안은 2024년 8월 1일부터 발효되고 있다.

또한, 벤처기업은 빠르게 성장하면서도 자금이 수시로 필요한 특성이 있어, 주식 구조가 불안정해질 수 있다. 주주 간 계약을 통해 주식의 매도나 양도 시 제한을 두거나 우선매수권을 설정함으로써, 주주 간의 갈등

---

16 Jill E. Fisch and Anat Alon-Beck, Does the Moelis Decision Warrant a Quick Legislative Fix?, June 10, 2024. 〈https://clsbluesky.law.columbia.edu/2024/06/10/does-the-moelis-decision-warrant-a-quick-legislative-fix/〉.

을 예방하고 기업의 지배구조를 안정적으로 유지할 수 있다(주식 구조 안정화). 벤처기업의 주식은 보통 유동성이 낮으며, 주주가 자신의 지분을 외부에 매각할 경우 회사의 운영에 큰 영향을 미칠 수 있다. 주주 간 계약에서는 주식양도제한(예: 다른 주주에 대한 우선매수권 부여)을 규정하여 불필요한 외부 개입을 방지하고, 기업의 전략적 방향이 변하지 않도록 보호할 수 있다(주식양도제한).

2. 초기 투자자 보호

벤처기업은 대부분 외부 투자자의 자본으로 시작된다. 이 과정에서 투자자는 자신의 자본이 제대로 보호될 수 있도록 주주 간 계약을 통해 권리와 의무를 명확히 하고, 경영진이 자본을 어떻게 활용할 것인지에 대한 명확한 지침을 요구한다. 예를 들어, 의결권,[17] 주식매수청구권(call option),[18] 신주인수권(preemptive rights) 등을 계약에 포함시켜 투자자의 권익을 보장하고자 한다.

또한, 벤처기업은 자본조달이 지속적으로 필요하다. 주주 간 계약은 추가 자본조달 시 기존 주주들의 권리를 보호하는 조항(예: 신주인수권)을 포함할 수 있다. 이를 통해 창업자나 기존 주주들이 자신들의 지분 희석을 최소화하고, 기업의 자본 구조를 안정적으로 관리할 수 있다.

---

17 의결권은 주주들이 회사의 전략적 결정에 참여할 수 있는 권리로, 벤처캐피털 투자자는 보통 이사회를 통해 일정한 수준의 의결권을 갖는다. 이를 통해 회사의 방향성을 통제하거나 모니터링할 수 있다(Abi Tyas Tunggal, Preemptive Rights in Shareholder Agreements: Ensuring Your Stake, December 30, 2023. 〈https://venturecapitalcareers.com/blog/preemptive-rights〉).

18 회사와 주주가 계약을 정한 주식매수청구권은 상법 제341조에 의한 배당가능이익, 주주에게 공평한 매도 기회 제공 등의 요건을 충족한 경우에 한하여 회사가 그 주식을 적법하게 매수할 수 있는 것이다(변승규, "[스타트업 법률 케이스 스터디] #30. 주식매수청구권 (2)", SEUM(세움), 2023. 12. 26. 〈https://www.seumlaw.com/insights/publications/1225〉).

3. 경영진과 투자자 간의 역할 조정

벤처기업의 창업자와 초기 투자자 간에는 경영과 투자, 각자의 역할에 대한 명확한 구분이 필요하다. 주주 간 계약을 통해 창업자는 경영에 집중할 수 있고, 투자자는 일정한 조건하에 자신의 권리를 행사할 수 있다. 이렇게 역할을 명확히 하면 경영권 다툼을 방지하고 기업의 안정적 성장을 도모할 수 있다.

벤처기업은 초기 단계에서 자본과 인력 부족으로 인해 외부 자본에 크게 의존하지만, 주주 간 계약을 통해 각 주주의 역할을 명확히 하고 경영 의사결정을 체계화할 수 있다. 이는 기업이 성장 단계에 접어들었을 때도 안정적으로 발전할 수 있는 기반이 된다(회사의 지속 가능한 성장).

4. 분쟁해결 메커니즘

기업 운영 중에는 주주 간의 이해관계가 충돌할 수 있다. 주주 간 계약은 이러한 분쟁이 발생할 경우의 해결 방법(중재, 소송 등)을 미리 규정함으로써 분쟁이 법정까지 가지 않고도 신속하게 해결될 수 있는 길을 열어준다.[19] 이는 회사 운영에 대한 불확실성을 줄이고, 분쟁이 장기화되는 것을 방지할 수 있다.

또한 벤처기업은 설립 이후 여러 변화를 겪게 된다. 주주 중 한 명이 회사를 떠날 때, 그의 지분을 어떻게 처리할지에 대한 사전 합의가 없으면 분쟁이 발생할 수 있다. 주주 간 계약에서는 퇴사 시 주식 매각 조건, 평가 방식, 우선매수권 등을 규정함으로써 이러한 상황을 대비할 수 있다(퇴사 및 지분 처리).[20]

---

19 주주 간 계약에 관한 분쟁은 중재판정이나 가처분 결정으로 종결되는 예가 많으므로 대법원 판단을 받은 경우는 적다. 기껏 주식양도제한 약정에 관하여 채권적 효력을 제한적으로 인정한 판례도 회사가 그 약정 당사자인지와 상관없이 회사에 대한 구속력을 인정하지 않는다. 주주 의결권구속계약의 경우 명확한 대법원 판결은 없다(최문희, “이사회의 권한에 관한 주주 간 계약의 효력과 미국 Moelis 판결”, 법률신문, 2024. 09. 18. 〈https://www.lawtimes.co.kr/opinion/201389〉).

20 주주 간 계약은 다음과 같은 기업에서 특히 필수적이다(Raymond Panneton, The Basics of

5. 기업 인수합병 및 출구전략

벤처기업은 성장하면서 인수합병(M&A)이나 상장(IPO) 등의 출구(Exit) 전략을 고려하게 된다.[21] 주주 간 계약은 이러한 중요한 이벤트에 대한 사전 규정을 포함하여, 모든 주주들이 합리적인 조건에서 출구전략을 행사할 수 있도록 도와준다. 예를 들어, Drag-Along(동반매도청구권)과 Tag-Along(공동매도참여권) 조항을 통해 주주들이 특정 상황에서 자신들의 주식을 함께 매각하거나 보호받을 수 있도록 한다.

Drag-Along(동반매도청구권)과 Tag-Along(공동매도참여권)

동반매도청구권(Drag-along rights)은 다수자주주가 소수자주주를 강제로 회사의 매각에 참여하도록 하는 계약 조항을 말한다. 이 경우 매도하는 다수자주주는 소수자주주에게 다른 판매자와 동일한 가격, 조건 및 조건을 제시해야 한다.[22]

이에 대해서 공동매도참여권(tag-along rights)은 co-sale rights라고도 한다.

Shareholder Agreements, JDSUPRA, February 26, 2024. 〈https://www.jdsupra.com/legalnews/the-basics-of-shareholder-agreements-6277751/〉).

(i) 불평등한 소유권: 주주들의 소유권 비율이 불평등한 경우, 계약을 통해 모든 주주가 투표권, 통제권, 이익 분배를 보장받는다.

(ii) 복잡한 기업구조: 소유구조, 자회사 또는 지적재산권 문제가 복잡한 회사에는 명확하게 정의된 계약이 필요하다.

(iii) 가족이나 친구를 주주로 참여시키는 것: 가족이나 친구를 참여시키는 것은 감정적 복잡성을 수반할 수 있다. 합의는 명확한 경계를 설정하고 미래의 오해를 예방할 수 있다.

21 EXIT란 벤처 비즈니스나 기업 재생에 관한 개념으로, 벤처기업 등의 창업자, 투자 펀드나 VC 등의 투자자들이 주식의 매각이나 M&A를 통해 투입한 자본을 회수하고, 이를 통해 이익을 얻는 것을 말한다. 간단히 말하면, 벤처기업 등의 창업자 및 투자자들이 벤처기업에 투자 등을 통해 이익을 얻는 것을 말한다. 또한, EXIT에 대해서는 수확이라는 의미를 가진 '하베스팅(Harvesting)'이라는 표현으로도 불리기도 한다(Toki Kawase, Methods of EXIT through IPO and M&A, 2023. 11. 27(2024. 03. 18). 〈https://monolith.law/ko/general-corporate/exit-by-ipo-m-and-a〉).

22 Evan Tarver, What Are Drag-Along Rights? Meaning, Benefits, and Example, Investopedia, June 11, 2024. 〈https://www.investopedia.com/terms/d/dragalongrights.asp〉.

이 권리는 다수자주주가 제3자에게 주식을 매각할 때 소수자주주에게 동일한 조건 및 가격으로 매각에 참여할 수 있도록 허용한다. 이는 다수자주주가 자신의 지분을 매각할 경우, 소수자주주도 함께 회사를 떠날 수 있도록 보장하여 잠재적으로 원치 않는 새로운 다수자주주와 남겨지는 것을 방지한다. 특히, 공동매도참여권(tag-along rights)은 소수자주주가 다수자주주와 동일한 조건으로 주식을 매각할 수 있도록 보장함으로써 그들을 보호하는 역할을 한다. 이는 소수자주주가 소외되거나 새로운 다수자주주와 함께 불리한 상황에 처하는 것을 방지한다.[23]

결론적으로, 벤처기업에서 주주 간 계약은 주주들의 권리와 의무를 명확히 규정하고, 투자자와 창업자 간의 갈등을 예방하며, 회사의 안정적인 성장을 도모하는 중요한 법적 장치이다. 주주 간 계약이 제대로 마련되지 않으면 주식 구조와 경영권이 불안정해지고, 이는 기업의 성장을 저해할 수 있으므로 벤처기업에서 필수적인 요소라고 할 수 있다.

IV 주주 간 계약의 주요 내용

1. 주주 간 계약 체결 전 유의사항

여러 사람이 공동 창업하는 경우에는 창업 시에 공동창업자 간 주식의 취급에 관하여 계약을 체결하는 것이 중요하다. 이하에서는 창업 시의 포인트가 되는 창업주주 간 계약에 관해 그 전제가 되는 주식 보유비율을 살펴본 후 퇴임 시의 주식양도 의무를 비롯한 주요한 조항에 대해 살펴보고자 한다.

23 Legal Foundations, Tag-Along Rights: Protecting Minority Shareholder Interests, 21 July 2024. 〈https://legalfoundations.org.uk/guide/startup-investing-tag-along-rights-protecting-minority-shareholder-interests/#:~:text=Tag%2Dalong%20rights%20protect%20minority,with%20a%20new%20majority%20owner.〉.

가. 공동창업자 간 주식보유 비율

창업주주 간 계약 검토의 전제로서 공동창업자 간의 주식보유 비율이 문제가 된다. 공동창업자 간의 주식보유 비율은 공동창업자의 창업회사에서의 지위, 역할, 헌신, 능력, 경험 등의 요소를 종합하여 결정하게 된다.

우선, 주식보유 비율 50:50을 생각해 보자. 공동창업자가 대등한 경우에는 생각할 수 있는 옵션이지만, 공동창업자 간에 첨예한 대립이 발생한 경우에는 쌍방에 결정권이 없고, 아무것도 결정할 수 없는 교착상태(deadlock)에 빠질 수 있다. 따라서 일반적으로 공동창업자가 대등한 관계에 있는 경우라도 51:49로 하는 등 완전한 균등 배분은 피하는 것이 바람직하다. 또한 51:49로 하는 경우에도 주주총회의 특별결의사항에 대해서는 교착상태가 발생하는 점에도 유의할 필요가 있다.

교착상태를 피하고 원활한 의사결정을 할 수 있도록, 공동창업일 때는 실무상 공동창업자 1인(CEO)에게 주식을 집중시키는 경우가 많다.

다만, 공동창업자 간의 관계성 등 다양한 사정이 있기 때문에 주식보유 비율에 정답은 없고, 특정한 공동창업자에게 주식을 집중시키지 않고 성공한 창업회사도 있다. 이 경우 계약에서 교착상태에서의 취급을 규정하고 일정한 위험을 회피할 수 있다.

나. 창업주주 간 계약 체결 시기

창업주주 간 계약은 공동창업자 간의 관계가 양호한 창업 시에 체결하여야 한다. 공동창업자끼리의 신뢰관계가 깊고, 스스로는 절대로 사이가 틀어지지 않는다고 생각하고 있어도, 유감스럽게도 회사의 명운이 걸린 경영판단을 하는 동안 관계가 악화되는 경우도 자주 있다. 또, 관계가 악화되지 않았다고 해도, 공동창업자가 질병 등 다양한 사정으로 창업회사를 떠날 수밖에 없는 경우도 있다. 퇴사하는 공동창업자는 창업회사의 성장 가능성보다는 자신이 보유한 창업회사 지분을 높은 가격에 유동화 하려는 인센티브를 가진다. 또한, 퇴사자는 창업회사의 공동창업자로서 얻은 지식과 경험을 바탕으로 신규 사업을 하려고 할 가능성이 높다. 반면, 창업회사에 남는 창업자는 창업회사의 발전에 따른 이익을 퇴사한 공동창업자와 나누고 싶어하지 않고, 퇴사자가 창업회사에서 취득한 노하우 등을 활용해서 유사한 경쟁사를 설립하거나 경쟁사에서 일하는 것을 방지할 유인이 있다.[24]

창업회사가 성장해 갈수록 계약 체결의 허들이 높아지는 실정이며, 일단 분쟁이 발생하고 나서는 회복이 되지 않기 때문에 빠른 대응이 바람직하다.

2. 창업주주 간 계약의 조항

창업주주 간 계약에서 정해야 할 조항은 앞서 리스크로 지적한 퇴임 시 보유주식의 취급에 관한 조항(아래 (1), (2))이 가장 중요하지만 관련하여 규정하여야 할 조항도 있다.

가. 퇴임 시 주식양도의무

창업주주 간 계약에서 퇴임 시 주식의 취급이 가장 기본적이고 중요한 조항이다. 이는 창업회사를 퇴임한 공동창업자(퇴임 창업자)에게 창업주주로서의 권리가 잔존하는 것을 피하기 위해 회사에 존속하는 공동창업자(존속 창업자)의 청구가 있는 경우에는 퇴임 시에 보유하고 있는 주식을 양도할 것을 의무화하는 것이다.

이 경우 고려해야 할 주요 논점은 다음의 3가지이다. (i) 「퇴임」의 정의, (ii) 양도 상대방의 범위, (iii) 양도 대상 주식의 범위가 그것이다.

24 이나래, "스타트업의 지배구조에 관한 법적 연구", 서울대학교 법학과 박사학위논문, 2023, 94면.

(1) 「퇴임」의 정의

주식의 양도의무가 발생하는 효과를 발생시키는 요건이 되는 「퇴임」의 정의는 중요하다.

공동창업자가 창업회사를 떠날 수밖에 없는 원인으로서는 공동창업자 사이가 나빠진 경우뿐만 아니라, 공동창업자가 건강상의 이유로 경영을 계속할 수 없게 되었을 경우, 공동창업자가 사망한 경우(아래 (3) 참조) 등 여러가지로 생각할 수 있다.

또, 공동창업자로서의 지위(임원 등)는 떠나지만, 계속해서 종업원이나 외부 협력자의 형태로 창업회사의 멤버로서 남아 있는 경우도 있다. 이러한 경우에도 「퇴임」이 있었다고 해서 주식양도의무가 발생되어야 하는지를 검토할 필요가 있다.

(2) 양도 상대방의 범위

퇴임 시 주식양도의 상대방에 대해서 우선은 존속 창업자로 하는 것을 생각할 수 있다. 존속 창업자가 복수 존재하는 경우에는 그 전원을 상대방으로 하는지, 양도 주식 수는 지주비율에 따라 안분할 것인지를 검토하여야 한다.

다만, 양도가격과의 관계로 기업가치의 증가에 따라서는 존속 창업자 개인의 자금력이 부족하여 주식 취득에 응하는 것이 곤란해질 우려가 있는 점에도 주의가 필요하다.

또, 회사를 양도 상대방으로 하는 것도 생각할 수 있다. 그러나 회사에 의한 자기주식 취득 시의 대가는 이익배당가능액을 초과해서는 안 된다고 여겨지고 있는바(상법 제341조),[25] 창업회사는 일정 기간 적자인 경우가

25 상법에서는 비상장회사의 경우에도 자기주식의 취득을 배당가능이익의 한도 내에서 전면적으로 허용하고 있다(상법 제341조). 배당가능이익으로 자기주식을 취득하는 경우 직전 결산기에는 배당가능이익이 존재하였으나, 당해 사업연도 결산기에는 배당가능이익이 없게 된 상황에서 자기주식을 취득한 경우 자기주식 취득이 사법적으로 무효가 되는지 문제 될 수 있다. 그러나 배당가능이익이 있는지 여부는 사업연도 말에 확정되는 것으로서 취득 이후의 사정변화를 근거로 자기주식취득을

많기 때문에 실제로 주식의 취득에 응할 수 없을 우려가 있다.

이상의 우려에 일정한 대처를 하는 취지에서 존속 창업자가 지정하는 제3자, 예를 들면, 창업자 이외의 주요 임직원 등을 양도 상대방으로 할 수 있도록 하는 규정을 마련하는 것도 실무상 일반적이다. 주식양도제한 약정에 위반하여 주식을 제3자에게 양도하는 경우 그 효력은 어떻게 되는지가 문제 된다.

(i) 주식양도제한 약정은 제3자와의 양도계약의 효력, 회사에 대한 효력에 영향을 미칠 수 없다. 양도인과 제3자 사이의 주식양수도 거래는 유효하다. 본래 주주는 주식양도에 관하여 제3자와 자유로이 거래할 수 있기 때문이다. 주식양도제한 주주 간 계약이 그러한 자유로운 거래를 무효로 만들 수 없다. 이러한 의미에서 주식양도제한 약정은 양도인과 제3자 사이의 주식양수도 거래에 아무런 효력을 미치지 않는다. 회사는 제3자인 양수인의 명의개서청구를 거절할 수 없다. 회사가 약정당사자로 되어 있더라도 마찬가지이다.[26·27]

무효라고 보기는 어렵기 때문에 자기주식 취득 자체를 무효라고 보기는 어렵고, 이사에 대한 손해배상으로 해결하는 것이 타당하다(정철·이경호, "[상사] 개정상법상 자기주식 취득", 「지평지성 뉴스레터」 제44호(법무법인 지평지성, 2013), 2-3면).

26 「회사와 주주들 사이에서, 혹은 주주들 사이에서 회사의 설립일로부터 5년 동안 주식의 전부 또는 일부를 다른 당사자 또는 제3자에게 매각·양도할 수 없다는 내용의 약정을 한 경우, 그 약정은 주식양도에 이사회의 승인을 얻도록 하는 등 그 양도를 제한하는 것이 아니라 설립 후 5년간 일체 주식의 양도를 금지하는 내용으로 이를 정관으로 규정하였다고 하더라도 주주의 투하자본회수의 가능성을 전면적으로 부정하는 것으로서 무효라는 이유로 정관으로 규정하여도 무효가 되는 내용을 나아가 회사와 주주들 사이에서, 혹은 주주들 사이에서 약정하였다고 하더라도 이 또한 무효(이다).」(대법원 2000. 9. 26. 선고 99다48429 판결).

27 「상법 제335조 제1항 단서는 주식의 양도를 전제로 하고, 다만 이를 제한하는 방법으로서 이사회의 승인을 요하도록 정관에 정할 수 있다는 취지이지 주식의 양도 그 자체를 금지할 수 있음을 정할 수 있다는 뜻은 아니기 때문에, 정관의 규정으로 주식의 양도를 제한하는 경우에도 주식양도를 전면적으로 금지하는 규정을 둘 수는 없다.

주식양도에 이사회의 승인을 얻도록 하는 등 그 양도를 제한하는 것이 아니라, 설립 후 5년간 일체 주식의 양도를 금지하는 내용은 위에서 본 바와 같이 정관으로 규정하였다고 하더라도 이는 주주

주식양도제한 약정은 제3자와의 양도계약의 효력, 회사에 대한 효력에 영향을 미칠 수 없다.[28]

(ii) 그러나 주주 간 계약(주식양도제한 약정)을 체결한 당사자 사이에 하였던 약속(채권적 효력)은 엄연히 존재[29]하고 있으므로 이를 위반하여 다른 당사자에게 손해가 발생하였으면 손해배상을 하여야 한다. 이러한 의미에서 즉 당사자 사이에서의 채권적 효력으로서 주식양도제한 약정은 유효하다.[30] 주주가 자신의 이익 일부를 포기하면서 계약에 참여하는 주주 간 주식양도제한 약정에 있어서는 상법상 강행적 규율이 필요한 구조적 약자가 존재하지 아니하고, 계약에 참여한 주주를 특별히 보호하여야 할 이유도 존재하지 아니하

의 투하자본회수의 가능성을 전면적으로 부정하는 것으로서 무효라고 할 것이다. 그러므로 그와 같이 정관으로 규정하여도 무효가 되는 내용을 나아가 회사나 주주들 사이에서, 혹은 주주들 사이에서 약정하였다고 하더라도 이 또한 무효라고 할 것이며, '주주 전원의 동의가 있으면 양도할 수 있다'는 약정 역시 상법 제335조 제1항 단서 소정의 양도제한 요건을 가중하는 것으로서 상법 규정의 취지에 반할 뿐 아니라, 사실상 양도를 불가능하게 하거나 현저하게 양도를 곤란하게 하는 것으로서 실질적으로 양도를 금지한 것과 달리 볼 것은 아니다(대법원 2000. 9. 26. 선고 99다48429 판결 참조).」(서울중앙지방법원 2019. 1. 11. 선고 2017가합585996 판결).

28 황영일, "[주주 간 계약(2)] 주주 간 계약(합의)은 회사에 대해 유효할까요?(주식양도제한, 의결권구속 등)", 2023. 11. 5. 〈https://blog.naver.com/yeonwoolaw/223255902067〉.

29 경우에 따라서는 계약의 채권적 효력을 부인할 수 있다. 각국의 법리도 그러한 방향으로 전개되어 온 것으로 이해된다. 각국 사례에 의하면, 적어도 의결권행사계약의 내용이 강행규정, 공공정책에 위반하는 결과를 가져오거나 주주총회 결의의 하자를 불러오는 경우에 그 구속력이 부정된다고 할 것이다(노혁준, "주주인 이사에 대한 주주 간 계약의 구속력- 대법원 2013. 9. 13. 선고 2012다80996 판례 평석 -", 「외법논집」 제42권 제1호(한국외국어대학교 법학연구소, 2018.02), 161면).

30 법원은 양도금지약정(lock up)과 관련하여 한 때 5년의 양도금지약정이나 양도에 있어서 출자자 전원의 동의를 요하는 약정은 주주의 투하자본회수 가능성을 전면적으로 부정한 것이어서 무효라고 판결함으로써 당시 실무계를 모두 놀라게 한 적이 있었는데(대법원 2000. 9. 26. 선고 99다48429 판결), 이후 우선매수권(first refusal)과 관련하여 주주의 투하자본회수 가능성을 전면적으로 부정하지 않은 것으로 보면서 당사자 사이에 손해배상의무를 인정하였고(대법원 2008. 7. 10. 선고 2007다14193 판결), 그와 같은 입장이 반복되며 현재는 확립된 것으로 보인다(대법원 2022. 3. 31. 선고 2019다274639 판결 참조)(황영일, 전게자료).

므로, 원칙적으로 유효하고, 그러한 제한의 위반에 관하여 위약금을 부과하는 약정[31]도 당사자 사이에서는 유효하다고 보는 것이 판례의 태도이다.[32]

(iii) 대법원은 5년간 일체 주식양도를 금지하는 내용은 무효라고 보고 있지만, 주식양도제한 약정은 채권적 효력만 가질 뿐이므로 위반하여 제3자 양수인에게 양도되더라도 양수인의 선의·악의와 무관하게 주식양도는 유효하고 양수인의 명의개서를 거절할 수 없다고 보고 있다. 따라서 이러한 문제점을 방지하기 위해서는 주식양도 제한 약정의 위반에 대한 위약벌이나 손해배상예정액 등을 규정하여 구속력을 확보할 필요가 있다.

(3) 양도대상 주식의 범위

퇴임 시 퇴임 창업자가 양도의무를 지는 주식의 범위를 보유주식의 전부로 하는 것이 실무상 일반적이다. 이는 퇴임 창업자에게 창업주주로서의 권리가 남아 있을 경우 발생할 수 있는 문제를 피하기 위한 것 외에도, 퇴임 후에 스타트업의 기업가치 증가에 따른 이익을 퇴임 창업자에게 줄 필요가 없다고 생각되기 때문이다. 또한, 전부를 양도할 의무를 지게 함으로써 공동창업자 간에 퇴임하지 않도록 유도하는 효과도 있다.

---

31 「민법 제398조 제2항에 의하면, 손해배상의 예정액이 부당히 과다한 경우에는 법원이 이를 적당히 감액할 수 있다고 규정하고 있는바, 여기서 '부당히 과다한 경우'라고 함은 채권자와 채무자의 각 지위, 계약의 목적 및 내용, 손해배상액을 예정한 동기, 채무액에 대한 예정액의 비율, 예상 손해액의 크기, 그 당시의 거래관행 등 모든 사정을 참작하여 일반 사회관념에 비추어 그 예정액의 지급이 경제적 약자의 지위에 있는 채무자에게 부당한 압박을 가하여 공정성을 잃는 결과를 초래한다고 인정되는 경우를 뜻하는 것으로 보아야 하고, 한편 위 규정의 적용에 따라 손해배상의 예정액이 부당하게 과다한지의 여부 내지 그에 대한 적당한 감액의 범위를 판단하는 데 있어서는, 법원이 구체적으로 그 판단을 하는 때, 즉 사실심의 변론종결 당시를 기준으로 하여 그 사이에 발생한 위와 같은 모든 사정을 종합적으로 고려하여야 할 것이다(대법원 1999. 4. 23. 선고 98다45546 판결, 대법원 2000. 12. 22. 선고 99다57928 판결 등 참조).」(대법원 2008. 7. 10. 선고 2007다14193 판결).

32 대법원 2008. 7. 10. 선고 2007다14193 판결.

한편, 이른바 베스팅(vesting) 또는 리버스 베스팅(reverse vesting) 조항을 두는 경우도 있다. 베스팅 조항(vesting clause)[33]이란 회사에 일정 기간 재임하고 그 성장을 위해 기여한 퇴임 창업자에 대해 퇴임 창업자가 양도 의무를 지게 되는 주식의 비율을 일부 또는 0으로 설정하는(즉, 보유할 수 있는 주식을 확정하는) 내용을 담고 있다.

베스팅 스케줄에 따른 베스팅

구체적으로, 주식이 베스팅의 대상이 되면, 해당 주식은 보유자가 더 이상 회사에 서비스를 제공하지 않을 경우, 회사가 해당 주식을 보유자가 지불한 가격(보통 명목가)으로 재매입할 수 있는 권리를 부여하는 계약하에 제공된다. 이러한 재매입 권리가 적용되는 주식의 수는 시간이 지남에 따라(혹은 드물게 특정 마일스톤의 달성 시) 점차 줄어들며, 결국 재매입 권리가 없는 상태가 되어, 보유자가 더 이상 회사에 서비스를 제공하지 않더라도 주식을 보유할 수 있게 된다. 다시 말해, 해당 주식은 적용가능한 계약에서 설정된 베스팅 스케줄(vesting schedules)에 따라 베스팅되며, 재매입 권리에서 벗어나게 된다. 참고로, 일부 창업자 베스팅 계약은 창업자가 "정당한 이유(for cause)로 인한 해고"를 당하거나 경쟁금지계약을 위반한 경우, 주식이 완전히 베스팅된 이후에도 회사가 창업자의 주식을 재매입할 수 있도록 허용하고 있다.[34]

공동창업의 형태는 사람마다 다르며, 예를 들어, 창업회사의 성공을 위해 연속창업자(serial entrepreneur)나 관련 비즈니스 전문경영인을 공동창업자로 초청하고자 하는 경우에는 그들이 영구히 공동창업자로 남는 것이 현실적이지 않을 수 있다. 이러한 경우, 퇴임 후 기업가치 증가분을 일

---

33 지분귀속조항이라고 번역할 수 있는데, 이하에서는 베스팅 조항이라고 기술한다.

34 Alex Civetta and Garrett Galvin, Stock Vesting in Startup Companies, MintzEdge. 〈https://www.mintzedge.com/blog/stock-vesting-in-startup-companies〉.

부 환원하는 것이 적절할 수 있다. 따라서 퇴임으로 인한 자본 이득을 얻지 못할 위험을 줄임으로써 초청된 창업자나 전문경영인이 회사에 참여하도록 유도하고, 일정 기간 창업회사에 집중할 수 있도록 하는 인센티브를 제공할 수 있는 베스팅 조항이 활용된다.

연속창업자(Serial Entrepreneur)

연속창업자(Serial Entrepreneur)란, 여러 번 새로운 사업을 창업하는 자를 의미한다. 연속창업자는 처음 사업을 일으킨 후, 새로운 사업을 다시 창업하는 경우가 있는데, 첫 번째 사업이 실패한 경우와 성공한 경우가 모두 포함된다. 창업이 실패로 끝나도 그 경험을 바탕으로 다음 창업에 도전하거나, 사업이 궤도에 오른 후 다른 회사에 그 사업을 매각·양도하거나, 주식 공개를 통해 창업 이익을 얻은 뒤 스스로 사업에서 손을 떼고 새로운 사업을 창업하는 경우도 있다. 이러한 과정을 반복하는 것이 연속창업자이다.

창업 선진국이라고 불리는 미국에는 실리콘밸리를 필두로 연속창업자가 다수 있다고 한다. 그 요인 중 하나로 생각되는 것은 창업이 실패하더라도 금전적인 위험이 적다는 점이다. 미국에서는 사업이 성공하지 못하더라도 상환 의무가 없는 자금을 벤처캐피탈 등에서 조달하여 창업하는 경우가 많기 때문이다.

구체적으로 규정할 때는 재임 기간의 길이(베스팅 기간의 기산점과 종기), 베스팅 기간 내에서의 양도의무 비율(즉, 확정되는 주식의 보유 비율)이 중요하다. 예를 들어, 창업 후 1년이 경과한 이후부터 매년 주식양도의무가 10%씩 감소하며, 5년이 경과한 후에는 50% 범위 내에서 주식을 계속 보유할 수 있도록 규정할 수 있다. 이러한 사항은 공동창업자 간의 관계성·힘의 균형, 해당 공동창업자의 지위·역할, 주식 보유 비율, 기여 가능한 기간과 창업회사 측에서 요구하는 기여 기간 등의 사정을 종합하여 결정하게 된다.

덧붙여, 베스팅 조항에 따라 퇴임 창업자에게 일부 주식을 남기는 것으로 발생할 수 있는 리스크를 줄이기 위해, 이른바 의결권구속 조항(존속 창업자에 따라 의결권을 행사할 의무를 지는 조항)이나,[35·36] 특정 사유(존속 창업자에 대한 협력의무를 위반한 경우 등) 발생 시 전부양도의무를 지는 등의 조항을 설정하는 것도 고려할 수 있다.

---

35 주주 간 계약에서는 의결권을 특정 방향으로 행사하는 경우, 의결권을 행사하지 않는 경우, 특정 제3자의 지시에 따라 의결권을 행사하는 경우에 관하여 정할 필요가 있다. 특히 창업 단계에서는 의사결정의 통일성과 강력한 추진력이 요구되므로, 의사결정이 분산되지 않도록, 그리고 의사결정에 많은 시간이 소요되지 않도록 의결권행사의 방향을 구속할 필요성이 더욱 크다고 할 것이다. 대표적인 예로 회사의 업무집행은 이사회의 결의에 의하는 바, 이사회의 구성에 관한 조항은 회사지배구조와 관련한 사항 중 가장 중요한 사항인 이사선임권, 해임권을 규정하여야 하는데, 이때 일방 주주는 다른 주주들이 자신이 지명한 후보를 이사로 선임, 해임하는 안건에 있어서 다른 주주들이 찬성의 의결권을 행사하도록 정할 필요가 있다. 뿐만 아니라 지분율 변동에 따라 기관 구성에 관한 내용을 변경할 수 있는 규정을 둘 필요가 있다. 지분율이 변동될 때 각 당사자들이 보유하는 이사선임권, 대표이사선임권을 변경할 것인지, 변경한다면 구체적인 변경방법이나 비율을 계약서에 명시하고 이에 반대되는 방향으로 의결권을 행사할 수 없도록 정할 필요가 있다. 이러한 내용의 약정들을 의결권구속계약이라고 하는데, 판례는 "의결권행사계약은 그 합의의 내용이 다른 주주의 권리를 해히기니 기다 불공징한 내용이 아니라면 당사자 사이에 유효하다"고 판시하여 의결권행사를 구속하는 계약의 효력을 긍정하고 있다(서울중앙지방법원 2013. 7. 8.자 2012카합1487 결정)(김선하, "공동창업자 간 분쟁을 방지하기 위한 주주 간 계약의 필요성", 「기업법무 Legal Issue」 No. 2017-27(법무법인 민후, 2017), 2면).

36 유한킴벌리 사건에서도 신청인은 주주 간 계약상의 이사선임권에 기초하여, 피신청인이 자신이 선임한 이사를 해임하도록 의결권을 행사할 것을 신청하였는데, 법원은 합작투자계약에 계약당사자의 권리로 규정된 것은 이사선임권뿐이고 이사해임권 내지 교체권은 별도로 규정되어 있지 않은 점을 들어 해당 신청을 받아들이지 않은 바 있다(서울중앙지방법원 2013. 7. 8.자 2012카합1487 결정)(이동건·류명현·이수균, "주주 간 계약의실무상쟁점 –작성 시 주의 사항을 중심으로–", 「BFL」 제67호(서울대학교 금융법센터, 2014. 9), 87면).
참고로 당시 회사 정관에는 다음과 같이 규정되어 있었다.
「제25조(이사 및 감사의 수와 선임) 이 회사는 7명의 이사를 두되, 이 중 4명은 E가 추천한 피지명인들 중에서 선임하고, 3명은 A가 추천한 피지명인들 중에서 선임된다. 또한 1명의 감사를 둔다. 이사와 감사는 주주총회에서 발행주식 총수의 과반수에 해당하는 주식을 가진 주주 또는 그 대리인의 출석으로 그 의결권의 60%를 초과하는 찬성에 의하여 선임된다.」

나. 퇴임 시 주식양도 가격

퇴임 창업자의 주식양도의 가격을 어떻게 결정하는지에 대해서도 창업주주 간 계약에 있어서 중요한 조항이다.

주식양도 가격에 대해서는, 예를 들면 아래의 표와 같이 검토하는 것을 생각할 수 있다.

가격 예	장점	단점
① 무상	• 존속 창업자의 자금력이나 회사의 배당가능이익 부족의 문제를 피할 수 있다.	• 퇴임 창업자의 양도소득의 취득에 더하여 투하 자본의 회수를 일체 부정한다. • 세무 리스크(존속 창업자에 대한 부당행위계산부인 규정 적용 가능성)
② 퇴임 창업자의 주식 취득 가격	• 취득 가격이 커지지 않기 때문에, 존속 창업자의 자금력이나 회사의 배당가능이익 부족의 문제를 경감할 수 있다.	• 퇴임 창업자의 양도소득의 취득을 부정한다. • 세무 리스크(上同)
③ 부가 순자산 방식에 의한 산정액	• 퇴임 창업자의 기업가치 증가분을 일정 평가하게 된다. • 세무 리스크는 한정적	• 적자 등의 경우, 기업 가치 증가분이 충분히 반영되지 않을 우려
④ 시가	• 上同 • 세무 리스크는 없음	• 上同 • 비공개회사에 있어서 주식의 시가 산정 방법이 문제가 될 수 있다.
⑤ 최근 증자 사례 또는 양도 사례의 가격	• 퇴임 창업자가 충분한 양도소득을 얻을 수 있을 가능성 • 세무 리스크는 한정적	• 취득가격이 상당히 고액이 되는 것이 상정되어 존속 창업자의 자금력이나 회사의 배당가능이익 부족의 문제가 생길 수 있다.
⑥ 제3자의 감정에 의한 가격	• 퇴임 창업자가 적절한 양도소득을 얻을 수 있다. • 세무 리스크는 한정적	• 취득 가격이 비교적 고액이 되는 것이 상정되어 존속 창업자의 자금력이나 회사의 배당가능이익 부족의 문제가 생길 수 있다. • 감정을 실시하는 제3자를 누가 결정하는지, 감정 비용의 부담 등이 문제가 된다.

다. 상속 시의 취급(사망에 의한 퇴임 시 상속주식의 양도의무)

공동창업자가 사망을 이유로 퇴임한 경우 원칙적으로 그 보유주식은 상속인이 취득하게 된다. 따라서 퇴임 창업자의 상속인에 대해서도 창업주주 간 계약의 효력이 미치고, 상속인에 대해서도 존속 창업자 등에 대한 주식양도의무를 규정해 두는 것이 위험 회피의 관점에서 바람직하다고 할 수 있다.[37]

라. 동반매도청구권(Drag-Along Rights)

동반매도청구권(Drag-Along Rights)이란 일반적으로 M&A 등이 행해지는 경우에 다수의 주주(투자자 등)의 찬성 등을 조건으로 주주(대주주)의 청구에 의해 다른 주주(소수자주주)에 대하여 그 보유주식의 매각을 의무화하고 M&A에의 참가를 강제할 수 있는 권리를 말한다.[38] 동반매도요구권은 일정 범위의 주주가 벤처투자의 출구전략(exit)으로서 이루어지는 벤처기업의 매각에 찬성하는 경우, 이에 찬성하지 않는 주주에게 자신이 보유한 주식의 매각 등을 강제할 수 있는 권리를 말한다.[39]

벤처캐피탈 등의 투자자는 주식 상장(IPO)이나 M&A를 실행함으로써 투자수익(capital gain)을 얻는 것을 목표로 투자를 진행하고 있다. 따라서,

---

37 柳田恭兵 · 伊藤龍一, "連載②：スタートアップ創業時のポイント ~ 創業株主間契約の主要条項", 「スタートアップ 資金調達の基本」, ZeLo Law Square, 2023. 7. 6. 〈https://zelojapan.com/lawsquare/35736〉.

38 동반매도청구권(Drag Along Rights)은 대상 회사의 인수와 관련하여 특정 요건(예: 우선주주의 총의결권의 3분의 2 이상의 승인)을 충족할 경우 다른 주주에게 인수에 응해야 할 것을 청구할 수 있는 권리이다. 회사의 지배권의 이전이라고 하는 「인수」를 강제할 권리이기 때문에 어느 의미에서 매우 강력한 권리이다. '강제매각권', '매각청구권', '매도청구권' 등의 용어를 사용하는 경우도 있다(後藤勝也, "投資契約 (4) ドラッグ·アロング·ライト(Drag Along Right)", AZXブログ, 2015. 10. 1. 〈https://www.azx.co.jp/blog/3378〉).

39 한편 이와는 달리, tag-along rights는 drag-along rights와 다르며, tag-along rights는 소수자주주에게 주식을 매각할 선택권을 제공하지만 의무를 부과하지는 않는다.

벤처캐피탈 등의 투자자는 적절한 타이밍에서 IPO나 M&A를 실행할 수 있도록 투자 계약의 내용으로 경영진에게 주식 매각을 강제하는 조항을 규정하도록 벤처기업 등에 요구하게 된다.[40] 벤처캐피탈 등의 투자자는 벤처기업에 투자하여 IPO 또는 M&A의 형태로 투자한 주식을 매각하여 투자수익을 얻는 것을 목적으로 투자 활동을 하고 있기 때문에, 출구전략(exit) 기회를 확보하는 것이 가장 중요한 과제 중 하나이다. 특히, 펀드라는 형태로 제3자의 자금을 관리하고 있으며, 펀드의 기한이 있는 벤처캐피탈에게는 이 점이 매우 중요하다. 투자 시점에서는 장래의 M&A 가능성에 대해 경영진과 합의했다고 하더라도, 투자 후 M&A까지는 보통 몇 년의 기간이 있으며, 그 후 회사의 상황이나 경영진의 사고방식 변화 등으로 인해 구체적인 M&A 시점에서 투자자 측과 경영진 간에 의견이 일치하지 않을 가능성이 있다. 특히, 경영진의 입장에서 벤처캐피탈의 투자회수를 위한 M&A에 대하여 반대하는 입장을 취할 여지가 있다. 예컨대, (i) 회사가 순조롭게 발전하고 있는 상황에서 벤처캐피탈은 좋은 M&A 제안을 받아 이를 실행하고 싶어하지만, 경영진은 회사가 더 성장할 것으로 기대하고 장래의 IPO나 더 큰 규모의 M&A를 목표로 현재의 M&A를 반대할 수 있다. 또한, (ii) 회사가 잘되지 않아 실질적인 시가총액도 작아졌으며, 벤처캐피탈은 펀드 만기의 관계로 주식을 매각할 수밖에 없고, 손실을 감수하고라도 M&A를 실행하고 싶어하지만, 경영진이 버티고 M&A에 응하지 않는 경우이다. 이러한 경우에 경영진이 M&A에 응하도록 하는 것이 동반매도요구권의 또 다른 목적이 된다.[41]

각 거래에서 이러한 목적과 필요성이 어느 정도인지 잘 고려하여, 이에 맞는 설계를 고민하는 것이 중요하다.

---

40 Toki Kawase, "벤처 투자 계약에서의 드래그 얼롱 라이트 조항", MONOLITH LAW OFFICE, 2023. 11. 27(2024. 3. 14).

41 後藤勝也, 앞의 자료.

동반매도요구권의 목적이 무엇인지에 따라, 그 발동 요건의 설계도 달라지게 된다. 동반매도요구권에 대해서는 그 발동 요건, 발동될 경우의 대가, 발동 시기 등이 중요한 협상 포인트가 된다. M&A는 스타트업 탈출의 중요한 선택이며, 이 규정에 따라 공동창업자의 반대가 있어도 M&A의 원활한 실행으로 원만하게 탈출할 수 있게 된다. 동반매도요구권을 잘 이해하는 것은 기업가와 투자자 모두에게 중요하다. 간소화된 퇴장 프로세스의 필요성과 소수자주주 이익 보호의 균형을 맞추려면 신중한 협상과 명확한 의사소통이 필요하다. 벤처캐피털 환경이 계속 진화함에 따라 동반매도요구권은 창업회사의 운명을 형성하고 성공을 향한 여정에 영향을 미치는 핵심 요소로 남을 것이다. 기업가와 투자자 모두 이러한 조항에 신중하게 접근해야 하며, 이러한 조항이 회사의 미래에 미칠 수 있는 영향을 인식해야 한다.[42]

마. 양도 절차의 협력 의무 등

주식회사에 있어서 주식양도에 대해서는 상법 소정의 절차를 거쳐야 하는데, 퇴임 창업자가 퇴임할 때 그 보유하는 주식의 양도절차에 협력하지 않을 우려도 있기 때문에 퇴임 창업자의 주식의 양도의무뿐만 아니라 주식양도를 위한 절차에 협력해야 하는 취지를 규정하는 것이 바람직하다고 할 수 있다.

창업회사는 외부 투자를 위해 벤처캐피탈과 투자계약 및 주주 간 계약을 체결한다. 퇴임한 창업자가 베스팅된 지분을 여전히 보유하고 있는 경우, 이후 신규투자 유치 시 기존 주주 간 계약의 변경이나 신규 계약 체결에 협력이 필요할 수 있다. 이에 대비하여 계약서에 퇴임 창업자가 자금조달과 관련된 계약 체결에 협력할 의무를 명시하는 경우가 있다.

---

42 Andrew Miller, Understanding Drag-Along Rights in Venture Capital, 〈https://venturecapital.com/resources/exit-strategies/understanding-dragalong-rights-in-venture-capital-v1〉.

V 주주 간 계약의 법적 해석과 분쟁 해결 - 하이브 대 민희진 사건을 중심으로

1. 1차 사건

가. 사실관계

하이브(A)와 어도어(ADOR) 민희진(B) 대표 간의 갈등은 연예계를 강타한 사건으로, 이 갈등은 A가 2024년 4월 22일 B 대표가 어도어의 경영권을 탈취하려 한다고 의혹을 제기하면서 시작되었다. 이 사건의 핵심은 A가 대주주로서 B 대표가 어도어의 경영권을 남용하고 있다는 주장과 B 대표가 경영자로서 어도어의 창의적 방향을 유지하려는 노력 간의 충돌에 있다.

이 사건은 A가 어도어의 전략적 결정을 통제하려 한다는 주장과 B 대표가 경영권을 침해하지 않고 오히려 회사의 창조적 자율성을 보호하려 했다는 주장이 대립된 가운데 법적 분쟁으로 이어졌다. A는 대주주로서 B 대표가 합의된 권한을 넘어섰다고 주장했으며, B 대표는 이러한 주장을 부정하며, 주주 간 계약에 따라 자신의 행동이 정당하다고 반박했다.

이 사건의 핵심 쟁점은 B 대표와 A 간 체결된 주주 간 계약에서 'B가 정관이나 법령을 위반하는 행위를 하는 등 상법으로 정하는 이사 해임 사유에 해당하는 행위를 하지 않는 한 A는 5년간 B가 어도어의 대표이사 및 이사의 지위를 유지할 수 있도록 어도어의 주주총회에서 의결권을 행사해야 한다'고 정하고 있는 의결권구속약정을 A에게 강제할 수 있는지, B 대표에게 이사 해임 사유 또는 사임 사유가 있는지였다.

나. 분쟁 발생

뉴진스(NewJeans. 이하 NJ)의 성공적인 데뷔 후, B 대표는 주주 간 계약의 경업금지 조항과 풋옵션의 행사가격에 관한 문제를 제기하고 A에 대한 주주 간 계약의 수정을 요구하기 시작했다. 이 과정에서 A와 B 대표 사이에는 A가 프로듀싱한 새로운 걸그룹과 NJ와의 유사성 문제와 B 대표의 선관주의 의무 위반 유무를 둘러싸고 대립이 깊어졌다.

A는 2024년 5월 31일에 예정된 어도어의 주주총회에서 B 대표의 이사 해임을 결의하려고 했다. B 대표가 이사에서 해임되면 상법에 따라 대표이사의 지위도 자동으로 잃게 된다.

이에 대해 B 대표는 서울중앙지방법원에 A의 의결권행사 금지를 요구하는 가처분 신청을 했다.

다. 법원의 판단

법원은 B 대표의 손을 들어주며, A가 경영권을 제한하려 한 시도가 과도하다고 판단했다.[43] 이 결정으로 B 대표는 어도어의 창조적 방향과 운영에 계속해서 영향력을 행사할 수 있게 되었으며, A는 과도한 통제 시도에 대한 경고를 받게 되었다.

이 사건은 연예계뿐만 아니라 한국 기업의 지배구조와 주주 간 계약의 해석에 대해 중요한 논쟁을 불러일으켰고, 향후 비슷한 상황에서 중요한 선례가 될 것으로 보인다.

라. 결정에 대한 평석

B 대표와 A 간 주주 간 계약 내의 의결권구속약정, 주식처분제한, 경업금지, 주식매수청구권(Put option) 조항 등이 포함되어 있다고 알려졌다. 의결권구속약정을 중심으로 계약내용의 법률적 의미에 대하여 검토해 보고자 한다.

43 서울중앙지방법원 2024. 5. 30. 선고 2024카합20635 결정.

(1) 의결권구속약정의 법적 효력

주주 간 계약에 있어서 의결권구속약정은 일반 사법상의 계약과 유사하게 신의칙이나 강행법규에 위반하지 않는 한 당사자 간에 채권적 효력이 있다는 것이 통설[44]과 판례[45]의 입장이다.[46]

(2) 의결권구속약정의 실행

본건에서는 비상장 회사의 80%의 주식을 보유한 최대주주 A와 17.8%의 주식을 보유한 사내이사이자 대표이사인 B 간에 체결된 주주 간 계약에 의결권구속약정이 포함되어 있었다. 이 계약에 따르면, A는 특정 기간 동안 B가 사내이사 및 대표이사 직위를 유지할 수 있도록 주주총회에서 의결권을 행사해야 한다. 그러나 A는 의결권행사에 대한 제한을 주장하며 의결권구속약정의 존재와 효력을 부정했다. 이는 최대주주 A가 주주의 의결권행사가 본질적 부분임을 강조하며, 의결권행사 금지 가처분의 허용은 신중해야 한다고 주장했기 때문이다.

---

44 의결권구속계약은 일반 사법상의 계약처럼 신의칙이나 강행법규를 위반하지 않는 한 당사자 간에 채권적 효력은 인정되나, 이러한 계약은 채권적 효력만 있기 때문에 회사에 대한 효력은 인정되지 않고, 그에 위반하여 의결권을 행사하였다고 하여도 그 결의는 유효하고, 다만 계약 상대방에 대하여 손해배상책임이 발생할 수 있을 뿐이라는 것이 통설적 견해이다(이동건·류명현·이수균, "주주 간 계약의 실무상 쟁점", 「BFL」 제67호(2014. 9), 79면; 김건식·노혁준·천경훈, 「회사법강의」, 박영사, 제3판(2018), 305면; 이철송, 「회사법강의」, 박영사, 제25판(2017), 538면; 송옥렬, 「상법강의」, 홍문사, 제8판(2018), 940면).

45 판례에서도 '의결권행사계약은 그 합의 내용이 다른 주주의 권리를 해하거나 기타 불공정한 내용이 아니라면 당사자 사이에 유효하다'고 판시하여 의결권구속약정의 채권적 효력을 인정하고 있다(서울중앙지방법원 2012. 7. 2.자 2012카합1487호 결정 등).

46 우리 법상으로도 의결권구속약정의 유효성을 전제로 한 규정들을 두고 있다(자본시장과 금융투자업에 관한 법률 시행령 제141조 제2항 제3호, 독점규제 및 공정거래에 관한 법률 시행령 제3조 제2호 가목 등)(이원, 이숙미, 이수균, 김리아, 공지희, 양병헌, "주주 간 계약상의 의결권구속약정을 근거로 소수주주를 대리하여 의결권행사금지가처분 및 간접강제금 200억 원을 명하는 결정을 받아 낸 사례", SHIN & KIM(법무법인 세종), 2024. 07. 02. 〈https://www.shinkim.com/kor/media/case/5913〉).

(3) 법적 다툼의 전개

최대주주 A는 B에 대한 해임 사유를 광범위하게 주장하며, 의결권구속약정에서 정한 해임 사유의 부존재는 B가 증명책임을 부담해야 한다고 주장했다. 이에 대해 세종은 B를 대리하여 (i) 의결권구속약정이 다른 주주의 권리를 해하거나 불공정한 약정이 아니므로 유효하다는 점을 설명하고,[47] (ii) 의결권구속약정의 부관인 '해임 사유에 해당하는 사유가 발생하지 않는 한'이라는 조건은 해제조건에 해당하여 증명책임이 A에게 있다는 점을 강조했다. 마지막으로, (iii) A가 주장하는 해임 사유와 사임 사유가 모두 근거가 없거나 부당하다는 점을 주장하였다.

(4) 법원의 판단에 대한 평석

법원은 원고 측의 주장을 전적으로 받아들여, 의결권구속약정의 존재와 효력을 인정하고, 이사 해임 사유에 대한 증명책임은 A에게 있으며, A가 주장하는 해임 사유와 사임 사유가 모두 근거가 없다고 판단했다. 서울중앙지방법 제50민사부가 가처분 신청을 인용하는 결정을 했다. 이로써 어도어의 임시주주총회에서 A는 '사내이사 B 해임의 건'에 찬성하는 내용의 의결권행사를 할 수 없게 됐다. 만약 A가 가처분 결정에 반하여 의결권행사를 하는 경우 200억 원의 간접강제금을 B 대표에게 배상하여야 한다고 밝혔다. 주주 간 계약에 별도의 위약벌 약정이 없는 상황에서 간접강제금 200억 원의 부과가 전례 없는 결정임을 보여 준다.[48]

본 사건은 최대주주 A의 부당한 이사 해임 시도에 맞서 의결권행사 금지가처분 인용 결정을 이끌어낸 점에서 중요한 참고 사례로 남을 것으로

---

47 주주 간 계약의 효력에 관하여 국내의 견해는 대체로 그 회사에 대한 구속력은 부인하면서도 계약당사자인 주주 간의 채권적 효력은 긍정하는 입장이다. 다만 이러한 채권적 효력이 모든 경우에 인정되는 것은 아니고, 법규정의 취지나 공익에 반하는 경우, 합의 내용이 다른 주주의 권리를 해하거나 기타 불공정한 내용인 경우7)에는 그 효력이 부인된다고 보는 것이 일반적이다(노혁준, 전게논문, 158면).

48 이원, 이숙미, 이수균, 김리아, 공지희, 양병헌, 전게자료.

생각된다. 향후 최대주주와의 분쟁과 관련하여 유의미한 판례로 작용할 것으로 기대된다.

(5) 그 밖의 주주 간 계약 내용

A 대 B 대표 간의 주주 간 계약에서는 대표이사 의무근속기간(5년)이 존재하고, 또한 대표이사가 어도어의 주식을 보유하는 기간 동안에도 경업금지의무를 부과하고 있다. 그런데 이 주주 간 계약에는 지분처분제한 조항도 포함되어 있었기 때문에, 다른 주주인 A의 동의를 얻지 못하면 B 대표는 소유지분을 매각할 수 없도록 상호 약정했던 것으로 보인다. 주주 간 계약이 체결되어 있는 경우, 그 내용, 방침, 의도로부터 법적 효력을 발생시킬 의사가 명확하게 인정되어 있는 주주 간 계약에 대해서는 계약에 따른 의결권행사의 이행을 강제하는 내용의 재판(판결·가처분 명령)을 하는 것이 가능하다.

의결권구속계약의 당사자인 주주가 주주총회에서 의결권구속계약의 내용에 반하여 의결권을 행사한 경우 주주총회 결의 취소 사유에 해당하는지의 여부에 대하여는 다툼이 있다. 우리나라와 일본의 통설은 이를 부인한다. 일본의 동경지방법원 판결은 발행주식 전부를 주주 간 계약 당사자가 보유한 경우에 한하여 정관 위반이 있는 경우에 준하여 주주총회 결의 취소의 판결을 하는 것도 가능하다고 한다.[49] 주주총회 결의 취소 등 소송에 관하여는 '의결권구속계약에 반하는 방식으로 의결권이 행사된 경우'를 상법 제376조의 '결의방법이 현저히 불공정한 경우'로 해석할 수 있는지, 소송물의 관점에서 의결권구속계약에 반하는 방식으로 의결권이 행사되었다는 사실이 결의방법에 있어서 '현저히 불공정한 경우'로 보아 소송상 신의성실의 원칙과의 관계에서 하나의 소송물로서 구성

---

49 단, 후자의 주주총회 결의 취소 판결을 할 수 있는 것은, 주주 간 계약당사자가 아닌 주주에게 예상 밖의 영향을 미치는 것을 피하기 위해 발행주식 전부를 주주 간 계약당사자가 보유한 경우에 한한다(東京高等裁判所 令和 2年 1月 22日 判決, 令和元年 (ネ) 2796号).

될 수 있다고 한다. 특히, 의결권행사금지가처분 결정이 있음에도, 이에 따르지 않고 주주가 의결권을 행사하는 경우에 그 논의의 실익이 더욱 부각될 것이다.[50]

한편, A와 B 대표 사이의 주주 간 계약에서는 주식매수청구권(Put option)이 대표이사에 대한 패널티가 아니라, 성과를 보상하기 위해서 사용되기도 하였다. B 대표는 자신의 주식을 A에 매각할 수 있는 주식매수청구권을 보유하는데, 행사가격(즉, A가 매수하여야 하는 가격)은 2년간 영업이익 평균치에 13배를 적용한 뒤 발행주식총수로 나눈 값이었다. B 대표는 그 옵션의 행사가격을 30배로 상향하는 등의 수정안을 요청하였으나 A가 이를 받아들이지 않음으로써 이번 분쟁이 시작되었다고 알려져 있다.[51] 다만, 당 사건에서의 주식매수청구권의 약정은 당사자 간 채권계약으로서 유효한데, B측의 일방적인 행사가격 변경 요청은 계약상 특별한 이유가 없어 보여 상세하게 다루지 않는다.[52]

2. 2차 사건

가. 사실관계

A와 어도어의 B 대표 사이의 2차 사건은 B가 어도어의 대표이사 자리에서 해임되면서 시작된 주주 간 계약을 둘러싼 법적 분쟁이다. 2024년 8

---

50 홍순건, "의결권구속계약의 효력과 쟁송 방법에 관한 고찰", 「사법」 통권 제69호(사법발전재단, 2024), 328-329면.

51 비트, "하이브 VS 어도어 민희진 대표 간 분쟁, 무엇이 핵심일까?", 「월간비트」 24년 5월호(법무법인 비트, 2024). 〈https://stibee.com/api/v1.0/emails/share/H3rzrkJcuDkegt57c86Z22flf0-klOM〉.

52 연합뉴스 기사에 따르면, 2024년 11월에, B 대표는 A에 풋옵션 행사를 통보했다(이태수, "민희진, 하이브에 이달 초 풋옵션 행사 통보…약 260억원 규모", 연합뉴스, 2024. 11. 14). 서울중앙지법 민사합의 31부(남인수 부장판사)는 2025. 6. 12일 B 대표 등 3명이 A를 상대로 낸 주식매매대금 청구 및 주주 간 계약 해지확인 소송의 변론을 열었다(한주홍, "하이브-민희진 260억 풋옵션 공방… "뉴진스 빼가기"·"황당주장"", 연합뉴스, 2025. 6. 11. 〈https://www.yna.co.kr/view/AKR20250612138200004〉). 이에 대한 자세한 법적 검토는 다음으로 미룬다.

월, 어도어의 이사회는 B를 해임하고 C를 새로운 대표로 임명했다. 이에 B는 A와의 주주 간 계약이 여전히 유효함에도 불구하고 해임이 부당하게 이루어졌다고 주장하며 법원에 가처분 신청을 제기했다.

반면 A측은 해당 주주 간 계약이 더 이상 유효하지 않으며, 어도어의 B 해임 결정은 적법하다고 반박했다. 이 법적 다툼은 어도어뿐만 아니라 B가 이끄는 그룹 NJ에도 큰 영향을 미치고 있다. B의 부재로 인해 NJ의 계획된 컴백 활동이 중단된 상태이다.

중앙지방법원 민사합의 50부에서 2024년 10월 11일에 B 전 어도어 대표가 제기한 대표이사 복귀 가처분 신청에 대한 심리가 열렸다. 해당 가처분 신청은 10월 29일에 기각되었다. 법원은 B 전 대표가 법적 이익(legal interest)이 부족하고, 보호 대상 권리에 대한 증거가 불충분하다고 판단했다.[53]

나. 2차 사건에 대한 법리 검토

A와 B 대표 간의 2차 사건은 1차 사건에 이어서 주주총회에서는 주주 간 계약을 이유로 B 대표를 해임하지 않았는데, 이번에는 이사회에서 대표이사 지위에 있는 B 대표를 대표이사 지위에서 해임한 사안이다. 이사의 지위에서는 해임하지 않았다.

이에 주주 간 계약의 효력이 이사회까지 미칠 수 있는지가 문제 된다. 우리나라에서는 주주 간 계약이 채권적 효력만이 있고, 회사에는 주주총회와 이사회, 감사(위원회) 등이 엄격하게 기관분화되어 있다. 따라서 주주 간 계약을 체결하였다 하더라도 B 대표이사의 지위를 박탈한 이사회

---

53 Mandy Dalugdug, Court dismisses former ADOR CEO Min Hee-jin's reinstatement bid amid HYBE leaked documents controversy, Music Business Worldwide, October 30, 2024. 〈https://www.musicbusinessworldwide.com/court-dismisses-former-ador-ceo-min-hee-jins-reinstatement-bid-amid-hybe-leaked-documents-controversy/?utm_source=chatgpt.com〉.

의 권한은 최대주주 A의 의사와 무관하게 독립적으로 회사업무를 집행할 수 있기 때문에 B를 대표이사에서 해임한 이사회 결의는 유효하다고 할 것이다.

대법원은 주주 간 계약이 주주의 의결권을 제한할 수는 있지만, 이사의 권한(이사회에서의 권한)은 제한하지 않는다고 판시했다.[54] 주주의 권한과 이사의 권한이 명확히 구분된다는 것이다. 주주는 주주총회에서 의결권을 행사할 수 있다. 이에 대하여 이사는 이사회에서 회사의 경영에 관한 의사결정을 할 권한을 가지고 있다. 이사회에서의 권한은 회사의 경영에 직접적으로 영향을 미치는 권한이므로, 주주 간 계약으로 이를 제한할 수 없다는 것이 대법원의 입장이다.[55] 즉, 주주 간 계약은 주주총회에서의 의결권행사에만 영향을 미치며, 이사회에서의 결정에는 효력을 미치지 않는다는 것이다. 따라서 이사의 권한을 주주 간 계약으로 제한하는 것은 허용되지 않으며, 이사회에서의 권한 행사는 독립적인 경영 행위로 보호된다고 판단된다.[56]

만약, B를 주주총회에서 대표이사로 밀어주기로 한 A와의 주주 간 계약의 채권적 효력이 이사회에서 이사의 의결권행사에까지 미친다고 볼 수 없는 경우, B가 대표이사의 지위를 보장받기 위한 방법은 무엇이 있을까?

---

54 대법원 2013. 9. 13. 선고 2012다80996 판결.

55 체결된 주주 간 협약은 원·피고들의 주주로서의 권한을 제한하는 효력을 가진다고 볼 수 있을 뿐 이사로서의 권한을 제한하는 효력을 가진다고 볼 수 없고, 이는 원·피고들이 주주의 지위를 가지면서 동시에 이사의 지위를 가진다고 하더라도 마찬가지이다(대법원 2013. 9. 13. 선고 2012다80996 판결). 대법원은 이사로서의 권한 행사와 주주로서의 권한 행사를 구분하면서 위 점을 명확히 하였다. 그 점에서 타당한 판결이라고 생각된다. 해외의 사례들도 주주로서의 권한과 이사로서의 권한을 구분하고 있다. 만약 원고들이 대표이사 직위를 확실히 확보하고자 하였으면 정관으로 대표이사의 선출을 주주총회의 권한으로 정해 두었어야 했다(노혁준, 전게논문("주주인 이사에 대한 주주 간 계약의 구속력- 대법원 2013. 9. 13. 선고 2012다80996 판례 평석 -"), 155면).

56 개별 계약마다 차이가 있겠으나 주주 간 계약이 이사회 권한을 상당히 침식하는 것은 허용되지 않는다. 이사회의 고유권한은 주주 간 계약으로 박탈할 수도 양도할 수도 없을 것이다(최문희, 전게칼럼, "이사회의 권한에 관한 주주 간 계약의 효력과 미국 Moelis 판결").

B는 A와의 사이에 주주 간 계약으로 자신을 일정기간 대표이사에 선임시켜 줄 것을 약속받으며, 회사의 정관을 개정하여 주주총회에서 대표이사를 선임할 수 있도록 하여야 한다. A는 회사 주식의 80%를 보유한 대주주이기 때문에 회사의 정관 개정은 충분히 가능하였기 때문이다.

3. 주주 간 계약의 한계 - 계약의 유효 요건

가. 계약자유의 원칙에 따른 주주 간 계약의 한계

주주 간 의결권행사계약은 기본적으로 계약자유의 원칙에 따라 주주들이 자유롭게 체결할 수 있다. 주식은 재산권으로, 주주는 자신의 권리를 자유롭게 행사하거나 양도할 수 있는 권리를 갖고 있다. 주주가 자신의 의결권을 특정 방식으로 행사하겠다는 약속은 이러한 계약자유의 범위 내에서 유효할 수 있다.[57]

나. 불공정하지 않은 계약

주주 간 계약이 다른 주주나 회사에 불공정하게 영향을 미치지 않도록 해야 한다. Buck Retail Stores 사건에서 의결권행사계약이 문제가 된 것은 해당 계약이 특정 주주에게 과도한 영향력을 부여하거나, 회사 운영에 부당한 영향을 미치는 경우 계약이 무효로 될 수 있기 때문이다.[58]

---

57 일본의 경우에는 과거 주주총회의 의결권행사가 주주의 공익권임을 이유로 그러한 의결권구속합의는 무효라고 하는 견해도 존재하였다. 그러나 현재는 주주는 자유의사에 의거하여 의결권을 행사할 수 있는 이상 그 행사 내용에 대해 다른 주주와 합의하여 일정한 제한을 마련하는 것을 방해할 이유는 없다고 하여 의결권구속합의를 유효로 보는 견해가 통설이다. 재판례에 있어서도 동경 고등법원 판결(東京高判, 平成 12年 5月 30日,「判例時報」第1750号(2001. 8. 11), 169面)이 일반론으로서 의결권구속합의의 유효성을 승인하고 있어, 재판 실무로서도 이 점은 굳어지고 있다고 할 수 있다(黒木資浩·薬師寺怜·百田博太郎, "株主間契約に基づく株主総会及び取締役会における議決権行使の強制が仮処分手続において認められた例", 「訴訟/会社関係訴訟ニューズレター」, 牛島総合法律事務所, 2022. 12. 7, 2面).

58 Buck Retail Stores 사건에서 네브래스카 법원은 주주 간 의결권행사계약은 "그것이 회사의 이익을 위한 것이고, 다른 채권자 또는 주주에 대한 사기가 아니며, 법규 또는 공인된 공공정책을 위반

또한, 주주 간 의결권행사계약이 유효하기 위해서는 공익에 반하지 않아야 하며, 회사법 등 관련 법령을 위반하지 않아야 한다. 예를 들어, 회사 운영에 심각한 불이익을 초래하거나, 다른 주주의 권리를 침해하는 계약은 법적으로 무효가 될 수 있다.[59] 의결권행사계약이 법적으로 유효하려면 계약의 목적이 합법적이어야 한다. 예컨대, 특정 주주가 이익을 독점하기 위해 의결권을 사용하려는 의도가 있을 경우, 그 계약은 무효가 될 수 있다. 또한 계약의 성격이 회사 지배구조에 부당한 영향을 미치는 경우, 법원은 그 계약의 효력을 제한할 것으로 생각된다.

개선과제

○ 의결권행사계약 유효성의 명확화

주주 간 의결권행사계약은 기본적으로 계약자유의 원칙에 따라 주주들이 자유롭게 체결할 수 있다. 주식은 재산권으로, 주주는 자신의 권리를 자유롭게 행사하거나 양도할 수 있는 권리를 갖고 있다. 주주가 자신의 의결권을 특정 방식으로 행사하겠다는 약속은 이러한 계약 자유의 범위 내에서 유효할 수 있다. 그러나 현재 주주 간 계약은 사적 계약으로 인정될 뿐, 상법상 효력이 명확히 규정되어 있지 않다. 이로 인해 주주총회나 이사회에서 주주 간 계약을 위반한 의결권행사나 경영 판단이 있어도 이를 취소하거나 무효화하는 데는 법적 한계가 존재한다. 따라서 주주 간 계약 위반에 따른 실질적 구제수단 확보를 위한 입법 또는 판례의 축적이

하지 않는 한(where it is for the benefit of the corporation, where it works no fraud upon creditors or other stockholders, and where it violates no statute or recognized public policy)" 유효하다고 보았다(노혁준, 전게논문, 160면).

59 Ramos v. Estrada 사건은 주주 간 의결권행사계약이 법적으로 인정될 수 있음을 보여 주는 중요한 판례이다. 이 사건은 주주들이 자신들의 권리를 계약을 통해 공동으로 행사할 수 있는 자유를 보장한다는 점에서, 계약자유의 원칙을 강조했다. 또한, 이러한 계약이 공익에 반하거나 소수주주의 권리를 침해하지 않는 한 유효하다는 법적 기준을 명확히 하였다(Ramos v. Estrada, 8 Cal. App. 4th 1070, 10 Cal. Rptr. 2d 833, 92 Cal. Daily Op. Service 7050, 92 Daily Journal DAR 11330 (Cal. App. 2d Dist. Aug. 13, 1992)).

필요하다. 적어도, 주주 전원이 체결한 주주 간 계약의 경우에는 정관과 유사한 효력을 인정할 수 있는 법제화 방안을 검토할 필요가 있다.

○ 정관과의 정합성 강화

주주 간 계약이 정관과 충돌할 경우, 정관이 우선되므로 주주 간 계약의 실효성이 떨어질 수 있다. 특히 폐쇄회사에서는 주주 간 경영권 배분이나 의사결정 절차를 계약으로 정하는 경우가 많은데, 이를 정관에 반영하지 않으면 무력화될 수 있다. 그러므로 정관과 주주 간 계약의 연계 설계를 권장하는 법률 가이드라인이 마련될 필요가 있다. 계약-정관 통합적 설계 방식을 도입하여 회사의 의사결정 구조가 이원화되지 않도록 유도하는 것이다.

○ 소수주주 보호장치 강화

주주 간 계약이 대주주의 권한을 강화하는 수단으로만 기능할 경우, 소수주주의 권익이 침해될 가능성이 있다. 예를 들어, 동반매도청구권(Drag-Along), 경업금지조항, 전매금지조항 등이 소수주주에게 불리하게 작용할 수 있다. 공정거래위원회 또는 법무부 차원에서 표준 주주 간 계약 약관(샘플 템플릿)을 개발할 필요가 있다.

○ 주주 간 계약의 유효성 보완

상장회사에 비해 비상장회사, 특히 벤처기업은 창업자 보호, 투자자 유치, 공동창업자 간 합의를 위해 주주 간 계약의 중요성이 훨씬 크다. 「벤처기업법」 또는 「상법 특례법」 등에서 비상장회사 주주 간 계약의 유효성과 집행 가능성을 보완하는 조항을 도입할 필요가 있다. 창업 초기 단계에서 리버스 베스팅, 의결권 신탁, 이사회 구성 합의 등의 계약 내용이 실효성 있게 보호받을 수 있도록 법적 장치를 마련할 필요가 있다.

제4장

벤처기업의 주식매수선택권

요약

○ 개요

- 주식매수선택권제도란 임직원의 영업상 업적과 회사의 경영상 이익을 연동시켜 소정의 가액으로 회사가 발행하는 신주를 인수하거나 회사가 보유하는 자기주식을 매수할 수 있는 권리를 부여하는 제도를 말한다.
- 주식매수선택권제도에 대해서는 상법에서 별도의 규정을 두어 규율하고 있고, 벤처기업법에서 주식회사인 비상장 벤처기업의 주식매수선택권제도에 대하여 상법에 대한 특례를 규정하고 있다.
- 주식매수선택권의 일반적인 조세효과에 대해서는 소득세법과 법인세법에서 관련 규정을 두고 있고, 조세특례제한법에서 비상장 벤처기업에 대한 과세특례제도를 두고 있다.

○ 상법에 따라 주식매수선택권을 부여하는 경우

- 주식회사는 상법에 따라 임직원 등에게 주식매수선택권을 부여할 수 있다. 상법은 주식매수선택권의 부여, 행사 및 처분 제한에 관한 사항을 규정하고 있다.
- **발행대상**: 회사는 정관이 정하는 바에 따라 주주총회 특별결의로 회사의 설립·경영과 기술혁신 등에 기여하거나 기여할 수 있는 회사의 이사, 집행임원, 감사 또는 피용자에게 미리 정한 가액으로 행사할 수 있는 주식매수선택권을 부여할 수 있다. 상장회사의 경우에는 관계회사의 이사, 집행임원, 감사 또는 피용자에게도 주식매수선택권을 부여할 수 있다.
- **부여방법**: 미리 정한 가액으로 ① 신주를 인수하거나 ② 자기주식을 매수할 수 있는 권리를 주는 방법으로 하거나, 그 행사가액이 행사 시 주식의 시가보다 낮은 경우 ③ 그 차액을 금전으로 지급하거나 자기주식으로 지급하는 방법으로 할 수 있다.
- **발행한도**: 주식매수선택권의 행사로 발행할 수 있는 신주 또는 양도할 수 있는 자기주식은 발행주식총수의 100분의 10을 초과할 수 없다. 상장회사의 주식매수선택권 부여범위는 발행주식총수의 100분의 15 이하이다.
- **행사가격**: ① 신주를 발행하는 경우에는 주식매수선택권의 부여일을 기준으로 한 주식의 실질가액과 권면액 중 높은 금액, ② 자기주식을 양도하는 경

우에는 주식매수선택권의 부여일을 기준으로 한 주식의 실질가액 이상이어야 한다.

- **행사요건 및 행사제한**: 주주총회 결의일로부터 2년 이상 재임 또는 재직하여야 행사할 수 있다. 양도할 수 없지만, 이를 상속하는 것은 가능하다.
- **주식매수선택권의 행사이익과 이사의 보수**: 주식매수선택권의 행사이익은 임직원에 대해서는 보수에 해당하고, 이 중 이사가 얻는 행사이익에 대해서는 상법의 이사의 보수에 관한 규정이 적용된다.

○ 벤처기업법에 따라 주식매수선택권을 부여하는 경우

- 벤처기업법은 벤처기업의 주식매수선택권 활용을 지원하기 위하여, 주식매수선택권을 부여할 수 있는 요건, 대상, 방법, 한도, 행사가격 등의 상법에 대한 특례를 규정하고 있다. 벤처기업의 주식매수선택권에 관해서는 상법에 우선하여 벤처기업법을 적용하되, 벤처기업법에서 규정하지 아니한 사항에 대해서는 상법을 적용한다.
- **적격당사자**: 벤처기업법에 따라 주식매수선택권을 부여할 수 있는 벤처기업은 주식회사인 비상장 벤처기업이다. 벤처기업법상 특례에 따라 주식매수선택권을 부여받을 수 있는 자는 주식회사인 비상장 벤처기업의 설립 또는 기술·경영의 혁신 등에 기여하였거나 기여할 능력을 갖춘 ① 그 벤처기업의 임직원, ② 그 벤처기업이 발행주식 총수의 100분의 30을 초과하여 인수한 기업의 임직원 및 ③ 그 벤처기업이 필요로 하는 전문성을 보유한 자이다.
- **발행한도**: 해당 벤처기업이 주식매수선택권으로 부여하는 주식은 발행주식 총수의 100분의 50을 초과할 수 없다. 그러나 해당 벤처기업이 필요로 하는 전문성을 보유한 자에게 주식매수선택권을 부여하는 경우에는 발행주식총수의 100분의 10을 초과할 수 없다.
- **행사가격**: 행사가격 설정(주식매수선택권을 부여한 후 그 행사가격을 조정하는 경우 포함)에 필요한 주식의 시가와 주식매수선택권을 행사한 날을 기준으로 한 주식의 시가는 「상속세 및 증여세법」 제60조 및 동법 시행령 제49조를 준용한다고 규정하고 있다. 한편 ① 벤처기업의 임직원 또는 ② 벤처기업이 발행주식 총수의 100분의 30을 초과하여 인수한 기업의 임직원에게 신주를 인수할 수 있는 권리를 부여하는 방법으로 주식매수선택권을 부여하는 경우에는, '(부여일 기준 주식의 시가 - 행사가격) × 주식매수선택권 행사 대상

주식 수' 5억 원 범위 내에서 권면액 이상으로 부여일 기준 주식의 시가보다 낮은 행사가격으로 주식매수선택권을 부여할 수 있다.

○ **주식매수선택권에 대한 과세**

- 주식매수선택권을 받는 임직원 등의 입장에서는 부여받은 행사가격과 행사시점의 시가와의 차액에 대한 근로소득 또는 기타소득에 대한 소득세, 그리고 추후 그 주식을 양도할 때의 양도소득세를 고려하여야 한다. 주식매수선택권을 부여하는 회사의 입장에서는 비용으로서 손금에 산입할 수 있는 행사차액의 범위와 그 귀속시기에 대한 고려가 있어야 한다.
- **조세특례제한법상 벤처기업의 주식매수선택권에 대한 과세특례**: 벤처기업의 주식매수선택권에 대한 과세특례에는 ① 벤처기업 주식매수선택권 행사이익 비과세특례, ② 벤처기업 주식매수선택권 행사이익 납부특례 및 ③ 벤처기업 적격주식매수선택권 행사이익에 대한 과세이연의 3가지가 있다.

I 총설

벤처기업의 경영에 있어서 가장 어려운 두 가지로 '인재유치'와 '자금소달'을 꼽는다. 이 중에서 '인재유치'와 관련해서는, 해당 기업의 설립·혁신 등에 기여하였거나 기여할 수 있는 임직원 등에게 보다 유리한 가격으로 신주를 인수하거나 주식을 매수할 수 있는 권리를 부여하는 주식매수선택권제도와 해당 기업의 임직원에게 성과 또는 근무기간과 연동하여 자기주식을 무상으로 교부하는 성과조건부주식제도가, 당장은 많은 급여를 줄 형편이 못되고 또 장래 성장이 불확실한 벤처기업에게 있어서 매우 효과적인 유인동기가 될 수 있다. 두 제도 모두 임직원 등의 영업상의 성과와 회사의 경영상의 이익을 연동시켜 보상한다는 공통점이 있다.

주식매수선택권(Stock Option)이란 본래 임직원에 대한 보수의 성격을 가진 것으로, 이들의 영업상 업적과 회사의 경영상 이익을 연동시켜 소정의 가액으로 회사가 발행하는 신주를 인수하거나 회사가 보유하는 자기 주식을 매수할 수 있는 권리를 말한다. 주식매수선택권제도에 대해서는 상법에서 별도의 규정을 두어 규율하고 있고, 벤처기업법에서 주식회사인 비상장 벤처기업의 주식매수선택권제도에 대하여 상법에 대한 특례를 두고 있다. 주식매수선택권의 일반적인 조세효과에 대해서는 소득세법과 법인세법에서 관련 규정을 두고 있고, 조세특례제한법에서 주식회사인 비상장 벤처기업에 대한 과세특례를 규정하고 있다.

주식회사는 상법에 따라 임직원 등에게 주식매수선택권을 부여할 수 있다. 상법은 주식매수선택권의 부여, 행사 및 처분 제한에 관한 사항을 규정하고 있다. 벤처기업법은 주식회사인 비상장 벤처기업의 주식매수선택권 이용을 지원하기 위하여, 주식매수선택권을 부여할 수 있는 요건, 대상, 방법, 한도, 행사가격 등의 상법에 대한 특례를 규정하고 있다. 주식회사인 비상장 벤처기업의 주식매수선택권에 관하여는 상법에 우선하여 벤처기업법을 적용하되, 벤처기업법에서 규정하지 아니한 사항에 대하여는 상법을 적용한다.

주식매수선택권을 받는 임직원 등의 입장에서는 부여받은 행사가격과 행사시점의 시가와의 차액에 대한 근로소득 또는 기타소득에 대한 소득세, 그리고 추후 그 주식을 양도할 때에 부담하는 양도소득세를 고려하여야 한다. 주식매수선택권을 부여하는 회사의 입장에서는 비용으로서 손금에 산입할 수 있는 행사차액의 범위와 그 귀속시기에 대한 고려가 필요하다.

이하에서는 주식매수선택권에 관한 상법과 벤처기업법상의 규정과 법리 및 주식매수선택권에 대한 과세제도를 분석하고 설명한다.

II 상법에 따라 주식매수선택권을 부여하는 경우

주식회사는 상법에 따라 임직원 등에게 주식매수선택권을 부여할 수 있다. 상법상 주식매수선택권의 부여, 행사 및 처분 제한에 관한 내용은 다음과 같다. 이사에게 주식매수선택권을 부여하는 경우에는 이사 등 임원(이하 '이사'라고 한다)의 보수에 관한 상법 규정과 법리의 적용도 고려하여야 한다.

1. 발행요건, 발행대상 및 부여방법

가. 정관 규정 및 주주총회 특별결의

(1) 발행요건

회사는 정관이 정하는 바에 따라 주주총회 특별결의로 회사의 설립·경영과 기술혁신 등에 기여하거나 기여할 수 있는 회사의 이사, 집행임원, 감사 또는 피용자에게 미리 정한 가액으로 행사할 수 있는 주식매수선택권을 부여할 수 있다(상법 제340조의2 제1항 및 제434조).

(2) 정관 규정

주식매수선택권에 관한 정관의 규정에는 다음의 사항을 기재하여야 한다.

① 일정한 경우 주식매수선택권을 부여할 수 있다는 뜻

② 주식매수선택권의 행사로 발행하거나 양도할 주식의 종류와 수

③ 주식매수선택권을 부여받을 자의 자격요건

④ 주식매수선택권의 행사기간

⑤ 일정한 경우 이사회 결의로 주식매수선택권의 부여를 취소할 수 있다는 뜻

(3) 주주총회 특별결의

주식매수선택권에 관한 주주총회의 특별결의에서는 다음 각 호의 사항을 정하여야 한다.

① 주식매수선택권을 부여받을 자의 성명

② 주식매수선택권의 부여방법

③ 주식매수선택권의 행사가액과 그 조정에 관한 사항

④ 주식매수선택권의 행사기간

⑤ 주식매수선택권을 부여받을 자 각각에 대하여 주식매수선택권의 행사로 발행하거나 양도할 주식의 종류와 수

나. 발행대상

발행대상은 회사의 설립·경영과 기술혁신 등에 기여하거나 기여할 수 있는 회사의 이사, 집행임원, 감사 또는 피용자이다(상법 제340조의2 제1항). 그러나 회사는 ① 의결권 없는 주식을 제외한 발행주식 총수의 100분의 10 이상의 주식을 가진 주주, ② 이사, 집행임원, 감사의 선임과 해임 등 회사의 주요경영사항에 대하여 사실상 영향력을 행사하는 자 및 ③ ①과 ②에서 열거한 자의 배우자와 직계존비속에게는 주식매수선택권을 부여할 수 없다(상법 제340조의2 제2항).

상장회사의 경우에는 관계회사[1]의 이사, 집행임원, 감사 또는 피용자에게도 주식매수선택권을 부여할 수 있다(상법 제542조의3 제1항 본문).

---

1 '관계회사'란 1. 해당 회사가 총출자액의 100분의 30 이상을 출자하고 최대출자자로 있는 외국법인, 2. 제1호의 외국법인이 총출자액의 100분의 30 이상을 출자하고 최대출자자로 있는 외국법인과 그 법인이 총출자액의 100분의 30 이상을 출자하고 최대출자자로 있는 외국법인 등을 말한다(상법 시행령 제30조 제1항). 이 경우 외국법인은 주식매수선택권을 부여하는 회사의 수출실적에 영향을 미치는 생산 또는 판매 업무를 영위하거나 그 회사의 기술혁신을 위한 연구개발활동을 수행하는 경우로 한정한다.

다. 부여방법

주식매수선택권의 부여는 미리 정한 가액으로 ① 신주를 인수하거나 ② 자기주식을 매수할 수 있는 권리를 주는 방법으로 하거나, 그 행사가액이 주식의 실질가액보다 낮은 경우 ③ 그 차액을 금전으로 지급하거나 자기주식으로 지급하는 방법으로 할 수 있다(상법 제340조의2 제1항).

2. 발행한도 및 행사가격

가. 발행한도

주식매수선택권의 행사로 발행할 수 있는 신주 또는 양도할 수 있는 자기주식은 발행주식총수의 100분의 10을 초과할 수 없다(상법 제340조의2 제3항).

상장회사의 주식매수선택권 부여범위는 발행주식총수의 100분의 15 이하[2](상법 제542조의3 제2항 및 동법 령 제30조 제3항)이다.

나. 행사가격

주식매수선택권의 행사가액은 ① 신주를 발행하는 경우에는 부여일 기준으로 한 주식의 실질가액과 권면액 중 높은 금액,[3] ② 자기주식을 양도하는 경우에는 부여일 기준으로 한 주식의 실질가액 이상이어야 한다(상법 제340조의2 제4항).

2 상법에서는 100분의 20 이하로 정하면서 구체적인 범위를 동법 시행령에 위임하고 있고, 상법 시행령에서는 100분의 15 이하로 정하고 있다.

3 무액면주식의 경우에는 자본금으로 계상되는 금액 중 1주에 해당하는 금액을 권면액으로 본다.

3. 행사요건 및 행사제한

가. 행사요건

주식매수선택권은 주주총회 결의일로부터 2년 이상 재임 또는 재직하여야 행사할 수 있다(상법 제340조의4 제1항 및 제542조의3 제4항).

나. 행사제한

주식매수선택권은 양도할 수 없지만, 이를 상속하는 것은 가능하다(상법 제340조의4 제2항).

4. 계약의 체결 및 계약서의 작성 등

가. 계약의 체결 및 계약서의 작성

회사는 주주총회 결의에 의하여 주식매수선택권을 부여받은 자와 계약을 체결하고 상당한 기간 내에 그에 관한 계약서를 작성하여야 한다(상법 제340조의2 제3항).

나. 계약서의 비치 및 열람

회사는 계약서를 주식매수선택권의 행사기간이 종료할 때까지 본점에 비치하고 주주로 하여금 영업시간 내에 이를 열람할 수 있도록 하여야 한다(상법 제340조의2 제4항).

5. 상장회사에 대한 특례

가. 발행대상

전술한 바와 같이 상장회사는 주식매수선택권을 그 회사 외에도 관계회사의 이사, 집행임원, 감사 또는 피용자에게 부여할 수 있다(상법 제542조의3 제1항 본문).

그러나 상장회사는 관계회사의 ① 최대주주와 그 특수관계인 및 ② 주요주주와 그 특수관계인에게는 주식매수선택권을 부여할 수 없다(상법 제542조의3 제1항 단서 및 동법 령 제30조 제2항).[4]

'최대주주'란 의결권 없는 주식을 제외한 발행주식총수를 기준으로 본인 및 특수관계인이 소유하는 주식의 수가 가장 많은 경우 그 본인을 말하고, '주요주주'란 누구의 명의로 하든지 자기의 계산으로 의결권 없는 주식을 제외한 발행주식총수의 100분의 10 이상의 주식을 소유하거나 이사·집행임원·감사의 선임과 해임 등 상장회사의 주요 경영사항에 대하여 사실상의 영향력을 행사하는 주주를 말한다(상법 시행령 제30조 제2항 및 상법 제542조의8 제2항 제5호, 제6호).

나. 발행한도

전술한 바와 같이 상장회사의 주식매수선택권 부여범위는 발행주식총수의 100분의 15 이하(상법 제542조의3 제2항 및 동법 령 제30조 제3항)이다.

다. 그 밖의 사항

(1) 상장회사는 정관이 정하는 바에 따라 자본금 3천억 원 이상 발행주식총수의 100분의 1까지, 자본금 3천억 원 미만 발행주식총수의 100분의 3까지 주주총회 결의 없이 이사회 결의만으로 주식매수선택권을 부여할 수 있다(상법 제542조의3 제3항 1문 및 동법 령 제30조 제4항). 이 경우 주식매수선택권을 부여한 후 처음으로 소집되는 주주총회의 승인을 받아야 한다(상법 제542조의3 제3항 2문).

(2) 상법은 상장회사에 대하여 주식매수선택권을 부여받은 자가 사망하거나 그 밖에 본인의 책임이 아닌 사유로 퇴임하거나 퇴직한 경

4 특수관계인의 경우 해당 회사 또는 관계회사의 임원이 됨으로서 특수관계인에 해당하게 된 자는 제외한다.

우에는 2년을 못 채워도 행사할 수 있는 예외(정년에 따른 퇴임이나 퇴직은 포함되지 아니함)를 두고 있지 아니하다(상법 제542조 제4항 및 동법령 제30조 제5항). 상법은 비상장회사에 대하여 그러한 예외를 두고 있지 아니하다(상법 제340조의4 제1항 참조).[5]

또한 상장회사는 주식매수선택권의 행사기한을 임직원의 퇴임일 또는 퇴직일까지로 정하는 경우로서 그 임직원이 본인의 책임이 아닌 사유로 퇴임 또는 퇴직한 때에는 그 퇴임일 또는 퇴직일부터 3개월 이상의 행사기간을 추가로 부여해야 한다(상법 시행령 제30조 제7항).[6]

(3) 상장회사는 ① 본인의 의사에 따라 사임하거나 사직한 경우, ② 고의 또는 과실로 회사에 중대한 손해를 입힌 경우, ③ 해당 회사의 파산 등으로 주식매수선택권 행사에 응할 수 없는 경우 및 ④ 주식매수선택권 부여계약에서 정한 취소사유가 발생한 경우에는 정관에서 정하는 바에 따라 이사회 결의에 의하여 주식매수선택권의 부여를 취소할 수 있다(상법 시행령 제30조 제6항).

6. 주식매수선택권 행사이익과 이사의 보수

가. 개요

주식회사의 임직원 등이 주식매수선택권을 부여받고 행사기간 등의 요건을 충족하면 이를 행사할 수 있다. 주식매수선택권을 행사하면 행사가격과 행시시점의 주가의 차액에 상당하는 행사이익이 발생하게 되는데, 그 행사이익은 임직원에 대해서는 보수에 해당한다. 그러므로 이 중

5 사망 또는 본인의 책임이 아닌 사유로 인한 퇴사는 본인의 귀책사유로 볼 수 없으므로 비상장회사라고 해서 이러한 예외를 인정하지 아니할 이유는 없다고 본다.

6 마찬가지로 비상장회사에 있어서도 주식매수선택권의 행사기한을 퇴사일까지로 정하는 경우로서 본인의 책임이 아닌 사유로 퇴사한 때에는 그 행사기간을 추가로 부여하는 것이 타당하다.

이사가 얻는 행사이익에 대해서는 상법의 이사의 보수에 관한 규정과 법리가 적용된다.

나. 이사 보수의 범위

이사의 보수에는 월급, 상여금 등 명칭을 불문하고 이사의 직무수행에 대한 보상으로 지급되는 대가가 모두 포함된다. 퇴직금, 퇴직위로금 및 퇴직금 중간정산금[7]도 포함되고, 성과급과 특별성과급[8]도 포함된다. 이사 해임 시 지급되는 해직보상금에도 유추적용된다는 것이 판례의 입장이다.[9] 이사가 사용인의 지위를 겸하는 경우 사용인으로서 지급받은 임금도 이사의 보수에 포함된다고 보는 것이 일반적인 해석이고, 실무도 그러한 해석에 따라 이사의 보수를 운용하고 있다.

이사가 받은 주식매수선택권의 행사로 얻는 이익은 직무수행에 대한 대가로 받은 것이므로 그 법적 성질이 상법상 이사의 보수라는 점에 대해서는 이견이 없다. 상법도 이를 반영하여 회사에 대한 이사의 손해배상책임 감면과 관련하여, 회사는 정관으로 정하는 바에 따라 이사가 그 행위를 한 날 이전 최근 1년간의 보수액의 6배(사외이사의 경우는 3배)를 초과하는 금액에 대하여 면세할 수 있도록 규정하면서, 그 보수액에는 주식매수선택권의 행사로 인한 이익이 포함된다고 명시하고 있다(상법 제400조 제2항).

다. 이사 보수의 결정

상법은 이사 보수의 결정과 관련하여 "이사의 보수는 정관에 그 액을 정하지 아니한 때에는 주주총회의 결의로 이를 정한다"라고 규정하고 있다(상법 제388조). 이사의 보수는 선임 계약의 내용을 이루는 것이기 때문

7 대법원 2019. 7. 4. 선고 2017다17436 판결.

8 대법원 2020. 4. 9. 선고 2018다290436 판결.

9 대법원 2006. 11. 23. 선고 2004다49570 판결.

에 원칙적으로 선임결의에서 정하여야 하지만, 실무에서는 매년 정기주주총회에서 이사의 보수를 정하고 있다. 실무에서는 대부분 정관에서 정하지 않고 매년 정기주주총회에서 보통결의로 이사 보수의 총액 또는 그 상한액을 정한 후 개별이사의 보수는 이사회가 정하도록 위임하고 있다.

문제는 이사의 주식매수선택권 행사이익에 대한 상법 제388조의 적용 여부인데, 주식매수선택권의 행사이익도 보수이므로 상법 제388조가 적용된다고 보는 것이 타당하다.[10] 이 같은 해석에 따른다면, 이사가 주식매수선택권을 행사하여 얻은 행사이익은 상법 제388조에 따라 결정된 보수 범위 내의 것이어야 한다.

III 벤처기업법에 따라 주식매수선택권을 부여하는 경우

벤처기업법은 벤처기업의 주식매수선택권 활용을 지원하기 위하여, 주식매수선택권을 부여할 수 있는 요건, 대상, 방법, 한도, 행사가격 등의 상법에 대한 특례를 규정하고 있다. 벤처기업의 주식매수선택권에 관하여는 상법에 우선하여 벤처기업법을 적용하되, 벤처기업법에서 규정하지 아니한 사항에 대하여는 상법을 적용한다(제16조의6 제3항 및 상법 제340조의2부터 제340조의5까지).

10 상법 제388조의 입법취지는 이사에게 적정한 보수를 지급하기 위한 것인데, 이사의 주식매수선택권 행사이익을 제외한다면 그 입법취지에 반할 수 있다. 법체계상으로도 상법은 제400조 제2항에서 이사의 손해배상책임 감면과 관련하여 이사의 보수액에 이사의 주직매수선택권 행사이익을 포함시키고 있고, 자본시장법은 사업보고서 제출대상법인에 대하여 적용되는 금융감독원의 '기업공시서식 작성기준'에서 주식매수선택권 행사이익을 공시해야 할 임원의 보수에 포함시키고 있다.

1. 부여요건 및 부여대상

가. 정관 규정 및 주주총회 특별결의

(1) 주식회사인 비상장 벤처기업은 정관으로 정하는 바에 따라 주주총회의 특별결의로 주식매수선택권을 부여할 수 있다(제16조의3 제1항 및 상법 제434조).

(2) 정관 규정(제16조의4 제1항)

주식매수선택권에 관한 정관의 규정에는 다음의 사항이 포함되어야 한다.

1. 일정한 경우 주식매수선택권을 부여할 수 있다는 뜻
2. 주식매수선택권의 행사로 내줄 주식의 종류와 수
3. 주식매수선택권을 부여받을 자의 자격 요건
4. 주식매수선택권의 행사 기간
5. 일정한 경우 주식매수선택권의 부여를 이사회의 결의에 의하여 취소할 수 있다는 뜻

(3) 주주총회 특별결의(제16조의4 제2항)

주주총회 특별결의에서는 다음의 사항을 정하여야 한다.

1. 주식매수선택권을 부여받을 자의 성명이나 명칭
2. 주식매수선택권의 부여 방법
3. 주식매수선택권의 행사 가격과 행사 기간
4. 주식매수선택권을 부여받을 자 각각에 대하여 주식매수선택권의 행사로 내줄 주식의 종류와 수

(4) 주주총회 특별결의의 예외

정관에서 정한 주식매수선택권의 행사로 내줄 주식 총수(벤처기업법 제16조의4 제1항 제2호)의 100분의 20 이내에 해당하는 주식을 해당 벤처기업

이 필요로 하는 전문성을 보유한 자(벤처기업법 제16조의3 제1항 제3호 참조)에게 부여하는 경우에는, 주주총회의 특별결의로 주식매수선택권을 부여받을 자 및 그 행사로 내줄 주식의 종류와 수를 이사회에서 정하게 할 수 있다(벤처기업법 제16조의4 제3항 1문). 이 경우 주식매수선택권을 부여한 후 처음으로 소집되는 주주총회의 승인을 받아야 한다(벤처기업법 제16조의4 제3항 2문).

나. 적격당사자

(1) 벤처기업

벤처기업법에 따라 주식매수선택권을 부여할 수 있는 벤처기업은 주식회사인 비상장 벤처기업이다(제16조의3 제1항 및 제15조 제1항).

벤처기업이었던 기업이 벤처기업에 해당하지 아니하게 되는 경우 벤처기업이었던 당시 이루어진 주식매수선택권을 부여한 행위는 계속 유효한 것으로 본다(제24조 제1항 제5호, 제16조의3 및 제16조의4).

(2) 임직원 등

벤처기업법상 특례에 따라 주식매수선택권을 부여받을 수 있는 자는 주식회사인 비상장 벤처기업의 설립 또는 기술·경영의 혁신 등에 기여하였거나 기여할 능력을 갖춘 ① 그 벤처기업의 임직원, ② 그 벤처기업이 발행주식 총수의 100분의 30을 초과하여 인수한 기업의 임직원 및 ③ 그 벤처기업이 필요로 하는 전문성을 보유한 자이다(벤처기업법 제16조의3 제1항 및 제15조 제1항).

'③ 그 벤처기업이 필요로 하는 전문성을 보유한 자'란 1. 벤처기업이 필요로 하는 분야에서 10년 이상의 실무경력을 갖춘 자, 2. 벤처기업이 필요로 하는 분야에서 박사학위를 취득한 자 또는 석사학위 취득 후 5년 이상의 실무경력을 갖춘 자, 3. 변호사, 공인회계사, 기술사 등 중소벤처기업부령으로 정하는 전문자격을 갖춘 자, 4. 중소벤처기업부령으로 정하는 외국법인의 임직원 또는 외국 연구소의 연구원 및 5. 국공립 연구기관 등 중소벤처기업부령으로 정하는 연구기관 또는 연구소를 말한다(벤처기업법 제16조의3 제1항 제3호, 동법 령 제11조의3 제4항 및 동법 규칙 제4조의3).

그러나 특례의 남용을 방지하기 위하여 해당 벤처기업의 ① 최대주주(해당 회사의 주식수가 가장 많은 주주)와 그 특수관계인 및 ② 주요주주(의결권 없는 주식을 제외한 발행주식총수의 100분의 10 이상을 소유하거나 주요 경영사항에 대하여 사실상의 영향력을 행사하는 주주)와 그 특수관계인에게는 주식매수선택권을 부여할 수 없도록 제한하고 있다(벤처기업법 제16조의3 제1항 제1호, 제2호 및 동법 령 제11조의3 제3항, 제4항).

2. 부여방법 및 부여한도

가. 부여방법

주식매수선택권의 부여는 상법과 동일하게 미리 정한 가액, 즉 행사가격으로 ① 신주를 인수하거나 ② 자기주식을 매수할 수 있는 권리를 주는 방법으로 하거나, 벤처기업법에서 정하는 바에 따라 ③ 그 행사가액이 주식매수선택권을 행사한 날을 기준으로 평가한 해당 주식의 시가보다 낮은 경우 그 차액을 금전으로 지급하거나 자기주식으로 지급하는 방법으로 할 수 있다(벤처기업법 제16조의3 제2항).

나. 부여한도

해당 벤처기업이 주식매수선택권으로 부여하는 주식은 발행주식 총수의 100분의 50을 초과할 수 없다. 다만, 해당 벤처기업이 필요로 하는 전문성을 보유한 자(벤처기업법 제16조의3 제1항 제3호)에게 주식매수선택권을 부여하는 경우에는 발행주식총수의 100분의 10을 초과할 수 없다(벤처기업법 제16조의3 제3항).

3. 행사가격

주식매수선택권의 행사가격은 ① 신주를 인수할 수 있는 권리를 부여하는 방법의 경우에는 주식매수선택권의 부여일을 기준으로 한 주식의 시가와 주식의 권면액 중 높은 금액 이상, ② 자기주식을 매수할 수 있는 권리를 주는 방법 또는 행사가격과 행사일을 기준으로 한 시가의 차액을 금전으로 지급하거나 자기주식으로 지급하는 방법의 경우에는 부여일을 기준으로 한 시가 이상이어야 한다(벤처기업법 제16조의3 제4항).

한편 ① 벤처기업의 임직원 또는 ② 벤처기업이 발행주식 총수의 100분의 30을 초과하여 인수한 기업의 임직원에게 신주를 인수할 수 있는 권리를 부여하는 방법으로 주식매수선택권을 부여하는 경우에는, '(부여일 기준 주식의 시가 - 행사가격) × 주식매수선택권 행사 대상 주식 수' 5억 원 범위 내에서 권면액 이상으로 부여일 기준 주식의 시가보다 낮은 행사가격으로 주식매수선택권을 부여할 수 있다(벤처기업법 제16조의3 제5항 및 동법령 제11조의3 제5항).

4. 주식매수선택권 행사와 관련한 벤처기업 비상장주식의 평가

벤처기업법은 주식매수선택권의 행사가격 설정(주식매수선택권을 부여한 후 그 행사가격을 조정하는 경우 포함)에 필요한 주식의 시가와 주식매수선택권을 행사한 날을 기준으로 한 주식의 시가는 「상속세 및 증여세법」(이하 '상증세법'이라 함) 제60조 및 동법 시행령 제49조를 준용하여 평가하도록 규정하고 있다(벤처기업법 시행령 제11조의3 제2항).

주식의 평가는 주식매수선택권을 부여받는 자에게나 부여하는 회사에게나 매우 중요한 의미를 지닌다. 상증세법 등에 따른 주식의 평가가액은 시가가 되는데, 사실상 주식매수선택권을 부여한 날의 시가가 실제 행사가액이 되고 행사한 날의 시가에 의해 행사이익이 결정되기 때문이다. 구법은 주식매수선택권 행사와 관련한 주식의 평가방법으로 상증세법 시행령 제54조에서 정하는 비상장주식의 보충적 평가방법만을 인정하였으나, 현행법은 2022년 벤처기업법 시행령 개정을 통하여 상증세법 제60조 및 동법 시행령 제49조을 준용하여 평가하도록 규정하고 있다.

동 규정 개정 당시의 중소벤처기업부의 보도자료를 보면, 개정이유를 "벤처기업이 임직원 등에게 주식매수선택권을 부여하거나 임직원 등이 주식매수선택권을 행사할 때 비상장주식의 시가를 평가함에 있어서, 기존에는 상증세법 시행령 제54조에 규정된 '보충적 평가방법' 한 가지 방법만 인정했던 것을 이번 개정으로 상증세법 제60조에 규정된 실제 거래가액 등 다양한 방법(평가기준일 전 6개월 이내의 매매 등의 사실이 있는 경우 그 거래가액, 보충적 평가방법, '재산평가심의위원회 운영규정'상 유사상장법인 평가방법 등)을 활용하게 됐다"라고 밝히고 있다.[11·12]

주식의 평가에 대해서는 상법과 조세법이 각각 별개의 평가방법을 정하고 있다. 상법 이슈라면 상법상의 주식평가방법에 따라야 할 것이고, 조세법 이슈라면 조세법상의 주식평가방법에 따라야 할 것이다. 벤처기업법 시행령 제11조의3 제2항은 행사가격의 설정과 행사 시의 시가 결정에 관한 것으로 상법 이슈에 대한 것이지만, 조세법, 즉 상증세법상의 주식평가에 관한 규정을 적용하도록 한 것이다. 거래가 많지 않은 벤처기업 비상장주식의 특성상 가치평가가 현실적으로 용이하지 않다는 점을 고려하여 상증세법상 평가방법을 준용하도록 한 것이라고 여겨진다.

---

11 2022. 2. 15. 중소벤처기업부 보도자료.

12 그 간에 벤처업계에서는 벤처기업이 성장과정에서 초기에 재무구조가 취약하고 투자를 받아 고속으로 성장하면서 기업가치 변동성이 커서, 비상장주식을 평가할 때 자산, 부채, 과거의 순손익 등을 고려하여 평가하는 보충적 평가방법으로는 합리적인 시가의 측정이 어렵다는 지적이 지속적으로 제기되어 왔다. 이에 보충적 평가방법 외에도 매매 사실이 있는 거래가액 등 비상장주식의 평가 시 상황에 맞는 방법을 활용할 수 있도록 한 것이다.

5. 행사요건 및 행사제한

벤처기업의 경우에도 주식매수선택권의 행사요건 및 행사제한은 기본적으로 상법과 같다. 원칙적으로 주식매수선택권은 주주총회 결의가 있는 날 또는 이사회에서 정한 날부터 2년 이상 재임 또는 재직하여야 행사할 수 있고, 타인에게 양도할 수는 없지만 이를 부여받은 자가 사망한 때에는 그 상속인이 부여받은 것으로 본다(벤처기업법 제16조의5 제1항).

예외적으로 주식매수선택권을 부여받은 자가 사망하거나 그 밖에 본인의 책임이 아닌 사유로 퇴임하거나 퇴직한 경우(정년에 따른 퇴임이나 퇴직은 포함되지 아니함)에는 2년을 못 채워도 행사할 수 있다(벤처기업법 제16조의5 제1항 본문 및 동법 령 제11조의4 제1항). 전술한 바와 같이 상법상 상장회사에 대하여 인정하고 있는 예외와 같다(상법 제542조의3 제4항 및 동법 령 제30조 제5항 참조). 벤처기업은 주식매수선택권의 행사기한을 임직원의 퇴임일 또는 퇴직일까지로 정하는 경우 그 임직원이 본인의 책임이 아닌 사유로 퇴임 또는 퇴직한 때에는 그 퇴임일 또는 퇴직일부터 3개월 이상의 행사기간을 추가로 부여해야 한다(벤처기업법 시행령 제11조의4 제2항, 상법 시행령 제30조 제7항 참조). 마찬가지로 상법상 상장회사에 대하여 인정하고 있는 기간연장과 같다.

벤처기업이 필요로 하는 전문성을 보유한 자(벤처기업법 제16조의3 제1항 제3호)에게 주식매수선택권을 부여한 경우에는, 주주총회 결의가 있는 날 또는 이사회에서 정한 날부터 2년이 경과하고, 벤처기업과 주식매수선택권의 부여와 관련된 용역계약을 체결하고 이를 이행한 경우에만 주식매수선택권을 행사할 수 있다(벤처기업법 제16조의5 제1항 단서 및 동법 령 제11조의4 제3항). 벤처기업이 정당한 사유 없이 일방적으로 용역계약을 취소하는 등 주식매수선택권을 부여받은 자의 책임 없는 사유로 용역계약을 이행하지 못한 경우에는 그 용역계약을 이행한 것으로 본다(벤처기업법 령 제11조의4 제4항).

주식매수선택권의 행사로 신주를 발행하는 경우에는 그 행사와 관련하여 상법의 ① 전환주식의 전환에 대한 주주명부의 폐쇄, 기준일의 적용(제350조 제2항 및 제354조 제1항), ② 전환주식의 전환으로 인한 등기(제351조), ③ 신주인수권부사채의 신주인수권 행사 방법, 신주 발행가액 납입(제516조의9 제1항, 제3항 및 제4항) 및 ④ 신주인수권부사채의 신주인수권 행사에 따른 주주가 되는 시기(제516조의10)에 관한 규정을 준용한다.

6. 주식매수선택권에 관한 신고

벤처기업법에 따라 주식매수선택권을 부여하거나 취소 또는 철회하려는 벤처기업은 주주총회 또는 이사회의 결의를 한 경우 중소벤처기업부령이 정하는 신고서를 작성하여 중소벤처기업부장관에게 그 내용을 신고하여야 한다(벤처기업법 제16조의6 제1항).

이 중 주식매수선택권을 부여하려는 벤처기업은 위의 신고서에 정관과 주주총회 의사록 또는 이사회 의사록을 첨부하여 제출하여야 한다(벤처기업법 제16조의6 제1항 및 동법 령 제11조의5 제1항 및 제2항).

IV 주식매수선택권에 대한 과세

1. 주식매수선택권에 대한 과세 일반

가. 개요

주식매수선택권은 상법 또는 벤처기업법에 따라 부여되고 행사되지만, 실제로 이를 받는 임직원 등에게 얼마의 경제적인 이익이 있고 또 기업의 재무에 어떠한 영향을 미치는지는 그 조세효과를 따져보아야 제대로 알 수 있다.

주식매수선택권과 관련하여, 이를 받는 임직원 등의 입장에서는 부여받은 행사가격과 행사시점의 시가와의 차액에 대한 근로소득 또는 기타소득에 대한 소득세, 그리고 추후 그 주식을 양도할 때의 양도소득세를 고려하여야 한다.

주식매수선택권을 부여하는 회사의 입장에서는 비용으로서 손금에 산입할 수 있는 행사차익의 범위와 그 귀속시기에 대한 고려가 있어야 한다.

나. 임직원 등에 대한 조세효과

(1) 재직 중 행사하는 경우

회사의 임직원이 해당 회사로부터 부여받은 주식매수선택권을 재임 또는 재직하는 기간 중 행사함으로써 얻은 이익[13]은 근로소득에 해당한다 (소득세법 령 제38조 제17호).

(2) 퇴직 후 행사하는 경우

회사로부터 퇴직 전에 주식매수선택권을 부여받은 임직원이 해당 법인과 근로관계가 없는 상태인 퇴직 후에 그 주식매수선택권을 행사하여 얻는 이익은 기타소득에 해당하고, 처음부터 근로관계 없이 주식매수선택권을 부여받아 이를 행사하여 얻는 이익도 기타소득에 해당한다(소득세법 제21조 제1항 제22호).[14]

(3) 상속인이 행사하는 경우

피상속인이 부여받은 주식매수선택권을 상속인이 행사하는 경우 그 주식매수선택권을 행사하여 얻는 이익은 기타소득에 해당한다. 이 경우 행사이익을 산정함에 있어서는 상증세법에 따라 부과된 상속세를 차감한다.

13 주식매수선택권 행사 당시의 시가와 실제 매수가액과의 차액 및 신주인수권을 포함한다.

14 행사이익이 기타소득에 해당하는 경우에는 합계액이 300만 원을 초과하는 경우 종합소득으로 합산과세되므로 과세효과에 있어서 근로소득과 큰 차이가 없다.

주식매수선택권도 상속세의 과세대상인 상속재산에 해당한다(상증세법 제2조 제3호 나목 참조). 주식매수선택권의 상속재산가액은 상증세법상 조건부권리의 평가방법에 따라 산정한다. 주식매수선택권의 상속재산가액은 상증세법 제65조 제1항 및 동법 시행령 제60조 제1항 제1호에 따라 본래의 권리 가액을 기초로 평가기준일(상속개시일) 현재의 조건내용을 구성하는 사실, 조건성취의 확실성, 그 밖의 모든 사정을 고려한 적정가액으로 산정하여야 한다.[15]

다. 주식매수선택권 행사비용의 손금산입

법인세법은 동법 시행령 제19조 제19의2호에서 주식매수선택권(상법 제340조의2, 제542조의3 및 벤처기업법 제16조의3 등)을 부여받은 자에게 귀속된 금액으로서 그 주식매수선택권이 해당 법인의 발행주식총수의 100분의 10 범위에서 부여된 경우에는, ① 약정된 주식매수시기에 약정된 주식의 매수가액과 시가의 차액을 금전 또는 해당 법인의 주식으로 지급하는 경우의 해당 금액과 ② 약정된 주식매수시기에 주식매수선택권 행사에 따라 주식을 시가보다 낮게 발행하는 경우 그 주식의 실제 매수가액과 시가의 차액의 어느 하나에 해당하는 경우 그 해당 금액을 손금에 산입하도록 규정하고 있다.

주식매수선택권을 보유한 자가 그 권리를 행사하여 법인이 시가보다 낮은 가격으로 자기주식을 교부하거나 차액을 지급하는 경우에는 경제적인 관점에서는 손실이 있었다고 볼 수 있다.[16] 표현을 바꾸면, 주식매수선택권을 행사하는 권리자가 그로 인하여 이익을 본다면 그에 대응하는 손실이 있었다고 볼 수 있다.[17] 문제는 주식매수선택권의 행사에 대하여 신

15 국세 예규 상증 사전-2012-법규재산-1024 참조.

16 황남석, "기업 관련 조세의 규제완화", 기업법연구, 제28권 제2호, 2014, 164면 참조.

17 윤지현, "주식매수선택권 행사가 신주 발행 법인에 미치는 세법상의 법률효과", 서울대학교 법학, 제51권 제2호, 2010, 165면 참조.

주를 발행하는 경우인데, 대법원 판례는 신주를 발행하는 것은 손익거래가 아니라 인수가액의 납입으로 법인의 자본이 증가하는 자본거래이므로 별도의 손금산입에 관한 특례규정이 없는 이상 그 행사차액을 법인의 순자산을 감소시키는 거래로 인하여 발생하는 손금으로 볼 수 없다는 입장을 취하고 있다.[18]

위의 판례에서 대법원은 "법인세법은 익금과 손금의 범위를 완결적으로 규정한 것이 아니라 그 범위를 예시하면서 포괄적으로 규정하고, 원칙적으로 순자산을 감소시키는 거래로 인하여 발생하는 손비에 해당하지 않는 금액은 손금산입 특례규정 등에 열거되어 있지 않은 한 손금이 될 수 없다"라고 판시하였다. 이 같은 판례의 취지에 따를 때, 신주발행에 따른 행사차액을 손금으로 인정하는 대목은 순자산을 감소시키는 거래에 해당하지 아니함에도 불구하고 행사차액을 손금의 범위에 포함시킨 것으로서 창설적 규정, 즉 손금산입 특례규정이라고 해석하여야 할 것이다.

2. 조세특례제한법상 벤처기업의 주식매수선택권에 대한 과세특례

벤처기업의 주식매수선택권에 대한 과세특례에는 ① 벤처기업 주식매수선택권 행사이익 비과세특례(조세특례제한법 제16조의2), ② 벤처기업 주식매수선택권 행사이익 납부특례(조세특례제한법 제16조의3), ③ 벤처기업 적격주식매수선택권 행사이익에 대한 과세이연(조세특례제한법 제16조의4)의 3가지가 있다.

가. 벤처기업 주식매수선택권 행사이익 비과세특례 (조세특례제한법 제16조의2)

벤처기업 또는 벤처기업이 인수한 기업[19]의 임직원이 해당 벤처기업으

18 대법원 2023. 10. 12. 선고 2023두45736 판결.

19 벤처기업이 발행주식 총수의 100분의 30 이상을 인수한 기업을 말한다(조세특례제한법 령 제14

로부터 벤처기업특별법 제16조의3에 따라 부여받은 주식매수선택권 또는 상법 제340조의2나 제542조의3(코넥스상장법인으로부터 부여받은 경우로 한정한다)에 따라 부여받은 주식매수선택권을 행사[20]함으로써 얻은 이익[21] 중 연간 2억 원 이내의 금액에 대해서는 소득세를 과세하지 아니한다. 다만, 소득세를 과세하지 아니하는 벤처기업 주식매수선택권 행사이익의 벤처기업별 총 누적 금액은 5억 원을 초과하지 못한다.

적용대상 벤처기업은 비상장 및 코넥스 상장 벤처기업이고(조세특례제한법 제16조의2 제2항), 유가증권시장 또는 코스닥시장에 상장되어 있는 벤처기업으로부터 주식매수선택권을 부여받은 경우에는 비과세 특례의 적용을 받을 수 없다. 다만, 비과세특례의 적용 여부를 판단하는 기준시점은 부여시점이므로 부여 이후 해당 벤처기업이 유가증권시장 또는 코스닥시장에 상장되더라고 비과세 특례의 적용에는 영향을 미치지 아니한다.

나. 벤처기업 주식매수선택권 행사이익 납부특례 (조세특례제한법 제16조의3)

주식매수선택권의 행사이익은 그 형성에 있어 부여 이후 행사까지 상당한 기간이 소요되는데, 그 소득세를 일시에 납부하도록 하는 것은 바람직하지 아니한 측면이 있다.[22] 또한 비상장주식인 경우 주식을 바로 환금하는 것이 용이하지 아니할 수도 있다. 벤처기업 또는 벤처기업이 인수한 기업의 임직원이 해당 벤처기업으로부터 벤처기업특별법 제16조의3

조의4 제1항). 이하 같다.

20 벤처기업 또는 벤처기업이 인수한 기업의 임직원으로서 부여받은 주식매수선택권을 퇴직 후 행사하는 경우를 포함한다.

21 주식매수선택권 행사 당시의 시가와 실제 매수가액과의 차액 및 신주인수권을 포함한다.

22 주식매수선택권의 경우 통상 그 행사를 위한 최소 재직기간이 존재하는데, 상법상의 최소 재직기간 2년 외에 주식매수선택권 부여계약에 따라 추가되는 최소 재직기간(Cliff)이 있고 그 밖에도 주식매수선택권을 통해 주식을 매수할 수 있는 권리를 확정적으로 부여받은 기간(Vesting)이 존재한다. 국회 기획재정위원회, 조세특례제한법 일부개정법률안 검토보고서, 2022. 11 참조.

에 따라 부여받은 주식매수선택권 또는 상법 제340조의2나 제542조의3에 따라 부여받은 주식매수선택권을 행사함으로써 발생한 벤처기업 주식매수선택권 행사이익 중 조세특례제한법 제16조의2에 따라 비과세되는 금액을 제외한 행사이익에 대한 소득세는 원천징수의무자에게 납부특례의 적용을 신청하는 경우에는 원천징수하지 아니한다. 이러한 납부특례는 주식매수선택권의 행사가격과 시가와의 차액을 현금으로 교부받는 경우에는 적용하지 아니한다.

납부특례의 구체적인 내용을 보면, 벤처기업 또는 벤처기업이 인수한 기업의 임직원은 주식매수선택권을 행사한 날이 속하는 과세기간의 종합소득세에 대한 확정신고 및 납부 시 벤처기업 주식매수선택권 행사이익을 포함하여 종합소득세 과세표준을 신고하되, 벤처기업 주식매수선택권 행사이익에 관련한 소득세액의 5분의 4에 해당하는 분할납부세액은 제외하고 납부할 수 있다. 그 분할납부세액에 대해서는 주식매수선택권을 행사한 날이 속하는 과세기간의 다음 4개 연도의 종합소득세 과세표준 신고 및 납부 시 각각 4분의 1에 해당하는 금액을 납부하여야 한다. 이 같은 납부특례는 비상장 및 상장 벤처기업 모두에게 적용된다(조세특례제한법 제16조의3 제1항).

다. 벤처기업 적격주식매수선택권 행사이익에 대한 과세이연 (조세특례제한법 제16조의4)

(1) 개요

① 벤처기업 또는 벤처기업이 인수한 기업의 임직원[23]이 조세특례제한

23 주식매수선택권의 부여에 관한 주주총회의 결의(벤처기업법 제16조의3 제2항 참조)가 있은 날 현재 ① 부여받은 주식매수선택권을 모두 행사하는 경우 해당 법인의 발행주식 총수의 100분의 10을 초과하여 보유하게 되는 자, ② 해당 법인의 주주로서 지배주주 등에 해당하는 자(법인세법 령 제43조 제7항 참조), ③ 해당 법인의 발행주식 총수의 100분의 10을 초과하여 보유하는 주주, 또는 ④ ③의 주주와 친족관계 또는 경영지배관계에 있는 자(국세기본법 령 제1조의2 제1항 및 제3

법 시행령에서 정하는 적격요건을 갖추고(조세특례제한법 령 제14조의4 제5항),[24] ② 그 임직원이 행사일부터 역산하여 2년이 되는 날이 속하는 과세기간부터 해당 행사일이 속하는 과세기간까지 행사한 가액의 합계가 5억원 이하인 경우에는, 신청에 의하여 주식매수선택권을 행사함으로써 발생한 이익에 대하여 그 행사 시 소득세를 과세하지 아니하고 그 주식의 양도시점으로 과세를 이연할 수 있다(조세특례제한법 제16조의4 제1항 본문). 다만, 주식매수선택권의 행사 당시 실제 매수가액이 해당 주식매수선택권 부여 당시의 시가보다 낮은 경우에 그 차액, 즉 시가 이하 발행이익에 대해서는 주식매수선택권 행사 시에 소득세를 과세한다.

이 같은 행사이익에 대한 과세이연의 적용대상은 비상장 벤처기업이다(조세특례제한법 제16조의4 제1항 제1호 참조).

(2) 과세이연의 적격요건

조세특례제한법 시행령에서 정하는 과세이연의 적격요건은 ① 벤처기업이 주식매수선택권을 부여하기 전에 주식매수선택권의 수량·매수가액·대상자 및 기간 등에 관하여 주주총회의 결의를 거쳐 벤처기업 또는 벤처기업이 인수한 기업의 임직원과 약정할 것, ② 주식매수선택권을 다른 사람에게 양도할 수 없을 것 및 ③ 사망, 정년 등의 사유[25]가 있는 경우를 제외하고는 주식매수선택권의 부여에 관한 주주총회의 결의가 있는 날부터 2년 이상 해당 법인에 재임 또는 재직한 후에 주식매수선택권을 행사할 것[26]이다(조세특례제한법 령 제14조의4 제5항).

항 제1호 참조)인 임직원은 제외된다(조세특례제한법 령 제14조의4 제1항).

24 주식매수선택권을 부여하는 벤처기업이 비상장이어야 한다는 제한을 두고 있지 아니하다.

25 해당 임직원이 사망 또는 정년을 초과하거나 그 밖에 자신에게 책임없는 사유로 퇴임 또는 퇴직하는 경우를 말한다(조세특례제한법 규칙 제8조의4).

26 벤처기업법에서는 2년 미만 재임 또는 재직한 후에 주식매수선택권을 행사할 수 있는 예외 사유에서 명시적으로 '정년'을 제외하고 있다(동법 제16조의5 제1항 및 동법 령 제11조의4 제1항). 상법상 상장회사에 대한 특례에 있어서도 동일하다(상법 제542조의3 제4항 및 동법 령 제30조 제5항

(3) 과세이연된 적격주식매수선택권 행사이익에 대한 과세

적격주식매수선택권의 행사 시에 소득세를 과세하지 아니한 행사이익(비과세되는 금액을 제외한다)에 대해서는 적격주식매수선택권의 행사에 따라 취득한 주식[27]을 양도할 때 그 양도차익에 합산하여 양도소득세로 과세한다(조세특례제한법 제16조의4 제2항 및 제3항).[28] 이 경우 적격주식매수선택권 행사 당시의 실제 매수가액을 취득가액으로 한다.

(4) 적격주식매수선택권의 행사에 따라 발생하는 비용금액의 손금불산입

적격주식매수선택권을 행사함으로써 발생한 행사이익에 대하여 소득세를 과세하지 아니한 경우(적격주식매수선택권 행사 이후 소득세를 과세한 경우를 포함한다)에는 해당 주식매수선택권의 행사에 따라 발생하는 행사차액을 해당 벤처기업의 각 사업연도의 소득금액을 계산할 때 손금에 산입하지 아니한다(조세특례제한법 제16조의4 제4항).

(5) 적격주식매수선택권 행사이익에 대한 과세특례의 사후관리

① 벤처기업 또는 벤처기업이 인수한 기업의 임직원이 적격주식매수선택권의 행사로 취득한 주식을 증여하거나 행사일부터 1년이 지나기 전에 처분하는 경우(해당 벤처기업의 파산 등 부득이한 사유[29]가 있는 경우는 제외한다), ② 벤처기업 또는 벤처기업이 인수한 기업 임직원의 전체 행사가액이 5억 원을 초과하는 경우 또는 ③ 주식매수선택권 행사로 취득한 주식만을 거래하는 전용계좌를 통하여 다른 주식을 거래한 경우에는, 각각 증여일,

---

참조).

27 그 주식에 대하여 자본전입에 따라 취득한 무상주를 포함한다.

28 종합소득에 대한 소득세의 세율은 6%-45%이지만, 주식의 양도소득에 대한 소득세의 세율은 소액주주의 경우 10%-20%, 대주주의 경우 3억 원 이하 20%, 3억 원 초과 25%이다.

29 ① 주식매수선택권을 부여한 벤처기업이 파산하는 경우, ② 회생절차에 따라 법원의 허가를 받아 주식을 처분하는 경우 또는 ③ 합병·분할 등에 따라 해당 법인의 주식을 처분하고 합병법인 또는 분할신설법인의 신주를 지급받는 경우를 말한다(조세특례제한법 령 제14조의4 제8항).

처분일, 전체 행사가액이 5억 원을 초과한 날 또는 최초의 거래일이 속하는 과세연도를 귀속시기로 하여 소득세를 과세한다(조세특례제한법 제16조의4 제5항). ①의 경우에는 증여 또는 처분한 주식에 대한 벤처기업 주식매수선택권의 행사이익을, ②와 ③의 경우에는 행사일로부터 역산하여 2년이 되는 날이 속하는 과세기간부터 해당 행사일이 속하는 과세기간까지의 모든 이익을 대상으로 한다.

개선과제

○ 이사의 보수

- 주식매수선택권과 이사의 보수 일반

통상 정기주주총회의 결의로 정하는 이사의 보수는 한 해의 이사 보수총액 또는 그 총액의 상한인데, 주식매수선택권이 언제 행사되어 행사이익이 발생할지, 그리고 주식매수선택권의 행사로 취득하는 주식의 시가가 얼마일지를 알 수 없으므로, 이를 미리 예측하여 정관 또는 주주총회 결의로 특정한 해의 보수총액 등을 정하는 것은 용이하지 아니하다. 더욱이 어떤 이사가 주식매수선택권을 행사하는 해에는 이로 인하여 그 이사 또는 다른 이사에게 지급할 수 있는 급여 등이 줄어들어 그 이사 또는 다른 이사에게 예상하지 못한 불이익이 발생할 수도 있다.

그러한 이유들로 이사가 취득하는 주식매수선택권 행사이익이, 상법상 이사의 보수이기는 하지만, 상법 제388조에 따라 정관 또는 주주총회의 결의로 정하여야 하는 이사의 보수에는 속하지 아니한다는 해석을 고려해볼 여지가 있다. 한편 이사가 취득하는 주식매수선택권 행사이익에 대하여 상법 제388조가 적용되지 아니한다고 해석한다면, 이 같은 해석을 악용하여 특정한 이사에게 과도하게 주식매수선택권을 부여하는 폐해가 발생할 수 있다. 그러므로 이러한 폐해에 대한 적절한 제어방법이 마련되어 있지 아니한 상황하에서는 이사에게 부여하는 주식매수선택권에 대하여 상법 제388조가 적용된다고 해석하는 것이 불가피하다고 할 것이다.

- 벤처기업의 주식매수선택권과 이사의 보수

벤처기업의 주식매수선택권과 관련하여 벤처기업법에서 규정하지 아니한 사항에 대해서는 상법이 적용된다. 주식매수선택권의 행사이익과 이사의 보수의 관계에 대해서는 벤처기업법에서 별도의 정함이 없으므로 상법의 규정과 법리가 적용된다. 이 중 이사의 보수 결정에 관한 상법 제388조의 적용과 관련하여, 벤처기업법에 따라 주식매수선택권을 부여받은 경우에는 상법에 따라 부여받은 경우와 달리 취급할 필요성이 있는지를 검토해 볼 필요가 있다.

벤처기업의 경우에도 통상 정기주주총회에서 보통결의로 한 해 이사의 보수총액 또는 그 총액의 상한을 결정하는데, 이사의 주식매수선택권 행사이익이 그러한 보수총액 또는 총액의 상한에 의한 제한을 받는다면, 자금여력이 부족하여 이사의 보수총액 등을 상대적으로 적게 책정할 수밖에 없는 벤처기업으로서는 이사에 대한 주식매수선택권제도의 활용이 위축될 수밖에 없다. 벤처기업의 경우에는, 지급시기에 관한 논의의 귀결 또는 지급시기에 관한 입법적 해결과 별개로, 핵심인력의 확보를 지원한다는 취지로 주식매수선택권 행사이익이나 성과조건부주식에 대하여 이사의 보수결정에 관한 상법 제388조의 적용 제외를 허용할 필요가 있다.

○ 과세특례

- 주식매수선택권 행사에 따른 법인세 손금 인정의 범위

벤처기업법상 비상장 벤처기업의 경우 주식매수선택권을 부여할 수 있는 주식의 총한도는 발행한 주식총수의 100분의 50인데(벤처기업법 제16조의3 제10항 및 령 제11조의3 제7항), 법인세법은 주식매수선택권의 행사와 관련하여 손금산입이 허용되는 범위를 해당 법인의 발행주식총수의 100분의 10 범위에서 부여된 경우로 제한하고 있고 벤처기업에 대해 별도의 예외를 인정하고 있지 아니하다(법인세법 령 제19조 제19의2호).

이 같은 제한은 벤처기업의 임직원 등에 대한 주식매수선택권 부여를 위축시킬 수 있다. 벤처기업법에서 주식회사인 비상장 벤처기업에 대하여 주식매수선택권의 이용을 확대하게 할 목적으로 부여 범위를 100분의 50으로 하고 있다면, 법인세법에서도 그러한 취지를 살릴 수 있도록 벤처기업에 대해서는 손금산입이 허용되는 범위를 '100분의 50 범위에서'라고 규정하는 것이 타당하다.

- 적격주식매수선택권 과세이연 시 행사차액의 손금 불인정

조세특례제한법은 비상장 벤처기업 또는 벤처기업이 인수한 기업의 임직원이 주식매수선택권의 적격요건을 갖추고, 행사일부터 역산하여 2년이 되는 날이 속하는 과세기간부터 해당 행사일이 속하는 과세기간까지 행사한 가액의 합계가 5억 원 이하인 경우에는, 주식매수선택권을 행사함으로써 발생한 이익에 대하여 그 행사 시 소득세를 과세하지 아니하고 해당 주식을 양도하는 때에 양도소득으로 과세할 수 있도록 규정하고 있다. 이 경우 적격주식매수선택권을 행사함으로써 발생한 행사이익에 대하여 소득세를 과세하지 아니한 경우에는 해당 주식매수선택권의 행사에 따라 발생하는 행사차액을 해당 벤처기업의 각 사업연도의 소득금액을 계산할 때 손금에 산입하지 아니한다(조세특례제한법 제16조의4 제4항). 주식매수선택권의 행사 시에 행사이익에 대하여 과세하지 아니하였으므로 그 행사이익으로 인한 법인의 손실에 대하여 손금으로 인정하지 아니한다는 것이다.

벤처기업은 조세특례제한법에 따른 적격주식매수선택권을 행사한 자에 대한 과세이연 여부와 무관하게 행사시점에 신주발행이나 자기주식 교부 또는 차액 지급을 통하여 부여 시의 시가(행사가격)와 행사 시의 시가 간의 차액만큼의 손실을 부담한다. 조세특례제한법에 의한 과세이연은 벤처기업의 주식매수선택권 이용을 활성화하기 위한 정책목적의 제도이므로 여기에 '수익 대응 비용' 인정이라는 기업회계 논리를 원용하는 것은 적절하지 아니하다. 더욱이 행사이익에 대하여 행사 시에 과세하지 아니하였다는 이유로 벤처기업의 손금산입을 허용하지 아니한다면 벤처기업이 주식매수선택권제도의 활용에 소극적으로 될 수밖에 없으므로, 행사이익에 대한 과세를 이연의 경우에도 법인의 손실에 대하여 손금으로 인정할 필요가 있다.

제5장

벤처기업의 성과조건부주식제도(RSU)

요약

○ 개요

- 성과조건부주식제도란 회사의 임직원에게 성과 또는 근무기간과 연동하여 자기주식을 무상으로 교부하는 제도를 말한다.
- 성과조건부주식제도는 교부방식에 따라 선지급형(Restricted Stock Awards; RSA)과 후지급형(Restricted Stock Unit; RSU)으로 구분된다. 선지급형은 임직원과 성과조건부주식교부계약을 체결하면서 양도제한주식을 미리 교부하고 조건이 성취될 때까지 양도를 금지하며, 조건이 성취되면 양도금지를 해제하고 조건이 성취되지 아니하면 주식을 환수하는 제도이다. 후지급형은 임직원과 성과조건부주식교부계약을 체결하면서 정지조건부로 주식을 취득할 권리를 부여하고, 조건이 성취되면 주식을 교부하고 조건이 성취되지 아니하면 권리를 상실하는 제도이다. 한국에서는 이 중 후자의 방식이 주로 이용되고 있다.
- 성과조건부주식제도는 상법에 의하여 일반적으로 규율되고, 벤처기업법은 비상장 벤처기업의 성과조건부주식교부계약에 대하여 상법에 대한 특례를 규정하고 있다.

○ 상법에 따른 성과조건부주식제도

- 상법에서는 성과조건부주식교부계약에 대하여 별도의 규정을 두고 있지 아니하다. 주식회사는 임직원과 성과조건부주식교부계약을 체결하고 그 계약에 따른 보상으로 상법에 따라 취득한 자기주식을 교부할 수 있다.
- **상법상 자기주식의 취득**: 성과조건부주식교부계약을 이행하기 위해서는 회사가 미리 이에 상응하는 자기주식을 보유하고 있어야 한다. 회사는 상법에서 정하는 요건과 방법 및 절차에 따라 자기주식을 취득할 수 있다. 회사는 보유하고 있는 자기주식에 대해서는 정관에서 정한 바에 따라 또는 이사회의 결정으로 소각, 양도, 교부 등의 방법으로 처분할 수 있다.
- **성과조건부주식과 이사의 보수**: 임직원이 성과조건부주식교부계약의 이행으로 재직하는 회사로부터 받는 자기주식은 보수에 해당하고, 이 중 이사가 받는 성과조건부주식에 대해서는 상법의 이사의 보수에 관한 규정이 적용된다.

○ 벤처기업법의 성과조건부주식교부계약에 대한 특례

- 벤처기업법은 주식매수선택권의 한계를 보완하고 벤처기업의 인재 유인책을 다양화하기 위하여, 벤처기업과 임직원 간 성과조건부주식교부계약의 요건과 절차에 관한 규정을 두고 있고, 상법상 자기주식 취득제한에 대한 특례를 규정하고 있다. 벤처기업법에 따른 성과조건부주식교부계약에 대해서는 상법에 우선하여 벤처기업법을 적용하되, 벤처기업법에서 규정하지 아니한 사항에 대해서는 상법을 적용한다.
- **적격당사자**: 벤처기업법에 따라 성과조건부주식을 부여하는 계약을 체결할 수 있는 벤처기업은 비상장 벤처기업이다. 벤처기업법에 따라 비상장 벤처기업과 성과조건부주식을 부여받는 계약을 체결할 수 있는 자는 그 임직원 중 기업의 설립 또는 기술·경영의 혁신 등에 기여하였거나 기여할 능력을 갖춘 자이다.
- **체결방법**: 벤처기업법에 따른 성과조건부주식교부계약은 ① 자기주식의 선지급 방법(벤처기업이 임직원에게 양도가 제한된 자기주식을 교부하고 성과조건의 달성 여부에 따라 양도제한을 해제하거나 교부된 주식을 환수하는 방법)과 ② 자기주식의 후지급 방법(벤처기업이 임직원에게 성과조건을 제시하고 임직원이 성과조건을 달성하면 자기주식을 교부하는 방법)이 있다.
- **자기주식 취득의 특례**: 벤처기업법은 성과조건부주식교부계약의 이행을 위한 자기주식의 취득 요건을 완화하고 있다. 주식회사인 비상장 벤처기업은 상법에 따라 배당가능이익으로 자기주식을 취득하는 것이 가능하고, 또 성과조건부주식교부계약의 이행을 위하여 필요한 경우에는 벤처기업법에 따라 자본잠식이 일어나지 않는 범위 내에서 자기주식을 취득하는 것도 가능하다.

○ 성과조건부주식에 대한 과세

- 성과조건부주식을 받는 임직원의 입장에서는 조건을 성취하여 교부받은 성과조건부주식에 대한 소득세와 추후 그 주식을 양도할 때 발생하는 차익에 대한 소득세를 고려하여야 한다. 성과조건부주식을 부여하는 회사의 입장에서는 인건비로 손금에 산입할 수 있는 금액의 범위와 그 귀속시기에 대한 고려가 있어야 한다.
- 성과조건부주식에 대해서는 조세특례제한법에서 주식매수선택권과 같은 과세특례를 두고 있지 아니하다.

Ⅰ 총설

성과조건부주식제도(Restricted Stock)란 회사의 임직원에게 성과 또는 근무기간과 연동하여 자기주식을 무상으로 교부하는 제도를 말한다. 벤처기업법상의 명칭은 '성과조건부주식'이지만, 상법과 자본시장법 실무에서는 종래 '양도제한조건부주식'이라는 명칭이 사용되고 있다. 미국 등 선진국에서는 회사의 임직원에 대한 보상방식의 일환으로, 주식매수선택권에 더하여, 자기주식을 무상으로 부여하는 성과조건부주식 방식이 널리 활용되어 왔다. 한국에서도 2020년부터 회사의 임직원에 대한 성과보상 목적으로 이 제도가 이용되기 시작하였고 그 이용도가 점차 높아지고 있다.[1]

성과조건부주식제도는 교부방식에 따라 선지급형과 후지급형으로 구분된다. 선지급형 성과조건부주식제도(Restricted Stock Awards; RSA)는 임직원과 성과조건부주식교부계약을 체결하면서 양도제한주식을 미리 교부하고 조건이 성취될 때까지 양도를 금지하며, 조건이 성취되면 양도금지를 해제하고 조건이 성취되지 아니하면 주식을 환수하는 제도이다. 후지급형 성과조건부주식제도(Restricted Stock Unit; RSU)는 임직원과 성과조건부주식교부계약을 체결하면서 정지조건부로 주식을 취득할 권리를 부여하고, 조건이 성취되면 주식을 교부하고 조건이 성취되지 아니하면 권리를 상실하는 제도이다. 미국 등에서는 RSA와 RSU가 함께 이용되고 있고, 한국에서는 이 중 후자의 방식이 주로 이용되고 있다.

성과조건부주식제도는 주식매수선택권제도와는 다른 장점이 있다. 주

---

1 2020년 한화그룹에서 처음 이용하였고, 이후 카카오페이, 네이버, 크래프톤, 한화에어로스페이스 등으로 이용이 확대되어 왔다. 벤처기업의 임직원 등에게 부여할 수 있는 대표적인 주식연계 보상수단으로 주식매수선택권이 있다. 그러나 상법과 벤처기업법에서 주식매수선택권을 부여받을 수 있는 자의 범위, 행사요건, 행사가격, 부여할 수 있는 주식의 총수량 등을 엄격하게 제한하고 있다. 그간에 다수의 회사들이 이러한 제한 없이 인센티브를 부여할 수 있는 방안을 모색해 왔고, 현재 성과조건부주식을 부여하는 회사들이 늘고 있다.

식매수선택권제도는 행사시점에 해당 기업의 주가가 행사가격보다 낮을 경우에는 이익이 발생하지 않기 때문에, 주식시장 침체기에는 인재 유인책으로 활용하기 어렵다는 한계가 있다. 또한 성장세가 완만하여 큰 폭의 주가 상승을 기대하기 어려운 기업에서는 주식매수선택권제도가 인센티브로서의 메리트가 적다는 단점도 있다. 이에 대해 성과조건부주식제도는 무상으로 자기주식을 교부받으므로 바로 가시적인 소득이 발생하고, 이후 회사의 가치가 상승하면 그 상승분만큼 교부받은 주식으로부터 양도차익을 얻을 수 있다는 이중의 효용이 있다. 또한 주식매수선택권제도의 경우에는 통상 신주가 발행되어 기존 주주들의 지분비율에 영향을 미치지만, 성과조건부주식제도는 이미 확보해 둔 자기주식을 교부하는 것이므로 기존 주주들의 지분가치를 희석시키지 아니한다.

그렇다고 성과조건부주식제도가 순기능만 있는 것은 아니고 역기능도 함께 가지고 있다.[2] 먼저, 회사의 경우 순기능으로는 임직원의 근로의욕 고취, 기존 주주의 지분가치 희석 없는 보상 부여 및 안정적 회사 경영을 위한 우호 주주 확보를 들 수 있다. 이에 대해 역기능으로는 자기주식 취득을 위한 비용 소요, 임직원의 능력과 노력에 의한 것이 아닌 조건 달성(근무기간, 경기호황 등)으로 보상을 부여할 가능성 및 단기실적에 치중하여 장기적인 목표 달성을 저해할 우려를 들 수 있다. 다음으로, 임직원의 입장에서는 순기능으로 기업가치나 주가의 변동과 무관하게 교부받는 주식의 시가 상당의 확정적 이익을 보장받을 수 있다는 점과 별도의 납입 없이 주주가 되어 주주권을 행사할 수 있다는 점을 들 수 있다. 이에 대해 역기능으로는 주식매수선택권제도와 달리 세제혜택이 없어 바로 교부받은 주식의 시가에 상당하는 근로소득에 대한 소득세가 부과된다는 점과 교부받은 주식을 양도하려고 할 때 비상장주식의 경우 환금성이 낮고 원칙적으로 양도차익에 대한 소득세가 부과된다는 점을 들 수 있다.

2 중소벤처기업부, 2024 비상장 벤처기업을 위한 성과조건부주식 매뉴얼, 2024. 7, 6-7면 참조.

성과조건부주식제도는 상법에 의하여 일반적으로 규율되고, 벤처기업법은 주식회사인 비상장 벤처기업의 성과조건부주식교부계약에 대하여 상법에 대한 특례를 규정하고 있다. 주식회사는 상법에 따라 자기주식을 취득하고 임직원과 성과조건부주식계약을 체결하는 방식으로 성과조건부주식제도를 활용할 수 있다. 이 경우 회사가 상법에 따라 자기주식을 취득하려면 배당가능이익이 존재하여야 하는데, 이 점이 배당가능이익이 부족한 벤처기업에게는 성과조건부주식제도의 이용에 장애요인이 될 수 있다. 이에 대해 벤처기업법은 주식회사인 비상장 벤처기업이 소정의 방법과 절차에 따르는 경우 배당가능이익이 없더라도 자본금을 제외한 순자산의 범위 내에서 성과조건부주식으로 교부할 자기주식을 취득할 수 있도록 하는 특례를 마련해두고 있다. 주식회사인 비상장 벤처기업은 해당 기업이 처해 있는 상황과 선택에 따라, 상법상 성과조건부주식제도를 활용할 수도 있고 벤처기업법상 성과조건부주식제도를 활용할 수도 있다.

이하에서는 후지급형 성과조건부주식제도(RSU)를 중심으로 상법상의 성과조건부주식제도, 벤처기업법상의 성과조건부주식제도 및 성과조건부주식에 대한 조세효과를 분석하고 설명한다.

II 상법에 따른 성과조건부주식교부계약

1. 개요

상법에서는 성과조건부주식교부계약에 대하여 별도의 규정을 두고 있지 아니하다. 주식회사는 임직원과 성과조건부주식교부계약을 체결하고 그 계약에 따른 보상으로 상법에 따라 취득한 자기주식을 교부할 수 있다. 회사가 상법에 따라 임직원에 대한 성과 보상의 수단으로 성과조건부주식을 활용하기 위해서는 자기주식의 취득 및 처분에 관한 상법 규정을 준수하여야 한다. 또한 이사에게 성과조건부주식을 부여하는 경우라면 이사의 보수에 관한 상법 규정과 법리의 적용도 고려하여야 한다.

2. 상법상 자기주식의 취득

가. 개요

성과조건부주식교부계약을 이행하기 위해서는 회사가 미리 이에 상응하는 자기주식을 보유하고 있어야 한다. 회사는 상법에서 정하는 요건과 방법 및 절차에 따라 자기주식을 취득할 수 있다. 회사는 보유하고 있는 자기주식에 대해서는 정관에서 정한 바에 따라 또는 이사회의 결정으로 소각, 양도, 교부 등의 방법으로 처분할 수 있다. 상법상 자기주식의 취득 요건, 방법, 절차 등 및 처분에 관한 규정의 내용은 다음과 같다.

나. 자기주식 취득의 원칙적 허용

상법은 재무관리의 유연성 제고를 통하여 기업의 대외경쟁력을 강화한다는 취지로 자기주식의 취득을 원칙적으로 허용하고 있다. 기업들은 주로 재무구조 개선, 임직원 성과 보상, 주식거래 활성화 등을 목적으로 자기주식을 취득하고 있다.[3]

회사는 자기의 명의와 계산으로 배당가능이익의 범위 내에서 자기주식을 취득할 수 있다(상법 제341조 제1항). 회사는 해당 영업연도의 결산기에 대차대조표상의 순자산액이 배당가능이익에 미치지 못할 우려가 있는 경우에는 자기주식을 취득할 수 없다(상법 제341조 제3항).

배당가능이익이란 대차대조표상의 순자산액으로부터 ① 자본금의 액, ② 그 결산기까지 적립된 자본준비금과 이익준비금의 합계액, ③ 그 결산기에 적립하여야 할 이익준비금의 액 및 ④ 미실현손실과 상계하지 아니

3 최성근, "자기주식제도의 적정한 운용을 위한 과세제도 개선방안", 영남법학, 제51호, 2020, 1-2면 참조.

한 미실현이익[4]의 금액을 공제한 금액이다(상법 제462조 제1항). 여기에서 미실현이익이란 기업회계기준에 따른 자산 및 부채에 대한 평가로 인하여 증가한 대차대조표상의 순자산액을 말한다(상법 령 제19조 제1항).

이를 위반하여 주식을 취득한 경우 이사는 회사에 대하여 연대하여 그 미치지 못한 금액을 배상할 책임이 있다(상법 제341조 제4항 본문). 다만, 이사가 그러한 우려가 없다고 판단하는 때에 주의를 게을리하지 아니하였음을 증명한 경우에는 그러하지 아니하다(상법 제341조 제4항 단서).

다. 자기주식 취득의 방법 및 절차

(1) 상법상 취득방법 및 절차

회사는 다음의 방법과 절차에 따라 자기의 명의와 계산으로 자기의 주식을 취득할 수 있다.

① 취득방법(상법 제341조 제1항 제1호 및 제2호)

i. 거래소 시세가 있는 주식을 거래소에서 취득하는 방법

ii. 각 주주가 가진 주식을 그 수에 따라 균등한 조건으로 취득하는 방법

② 취득절차(상법 제341조 제2항)

i. 자기주식을 취득하려는 회사는 정관에서 이사회의 결의로 이익배당을 할 수 있다고 정하고 있는 경우에는 이사회의 결의로 이를 취득할 수 있다. 정관에 정함이 없으면 주주총회의 보통결의로 다음의 사항을 결정하여야 한다.

1. 취득할 수 있는 주식의 종류 및 수
2. 취득가액의 총액의 한도
3. 1년을 초과하지 아니하는 범위에서 자기주식을 취득할 수 있는 기간

4 여기에서 미실현이익이란 기업회계기준에 따른 자산 및 부채에 대한 평가로 인하여 증가한 대차대조표상의 순자산액을 말한다(상법 령 제19조 제1항).

ⅱ. 상법은 주주총회 또는 이사회가 자기주식의 취득을 결의한 경우 이사회가 상법 시행령 제10조 제1호 가목에 정한 바에 따라 자기주식 취득목적의 등을 결정하도록 규정하고 있다.

(2) 자본시장법상 취득방법과 절차

자본시장법상 주권상장법인은 다음의 방법과 절차에 따라 자기주식을 취득할 수 있다.

① 취득방법(자본시장법 제165조의3 제1항)

ⅰ. 상법 제341조 제1항 제1호 및 제2호에서 정하는 방법

ⅱ. 신탁계약에 따라 자기주식을 취득한 신탁업자로부터 신탁계약이 해지되거나 종료된 때 반환 받는 방법(신탁업자가 해당 주권상장법인의 주식을 거래소에서 취득한 경우에 한함)

② 취득절차(자본시장법 제165조의3 제3항): 자기주식을 취득하려는 주권상장법인은 이사회의 결의로 이를 취득할 수 있다. 자본시장법에서 상장법인에 대하여 상법과 다른 완화된 규율을 하는 것은 상장법인의 경우 주주가 확산, 분포되어 있고 주주 보호를 위한 다양한 장치가 마련되어 있기 때문이다.

(3) 배당가능이익과 무관한 자기주식 취득

상법은 ① 회사의 합병 또는 다른 회사의 영업 전부의 양수로 인한 경우, ② 회사의 권리를 실행함에 있어 그 목적을 달성하기 위하여 필요한 경우, ③ 단주의 처리를 위하여 필요한 경우 및 ④ 주주가 주식매수청구권을 행사한 경우에는, 종래와 마찬가지로 배당가능이익의 존재 여부와 관계없이 자기주식을 취득하도록 허용하고 있다(제341조의 2).

라. 자기주식 취득제한 위반의 효과

상법 제341조 또는 자본시장법 제165조의3에 따른 자기주식의 취득방법 또는 절차를 위반한 경우에는 주주평등원칙 내지는 강행규정을 위

반하는 것이므로 취득분 전부를 무효로 보아야 한다. 그러나 상법 제341조에서 규정하는 취득금액의 한도를 위반한 경우에는 그 위반분(배당가능이익 한도를 초과한 부분)에 대한 이사의 책임이 문제 될 뿐이다.

3. 자기주식의 처분

상법은 회사가 보유하는 자기주식을 처분하는 경우 ① 처분할 주식의 종류와 수, ② 처분할 주식의 처분가액과 납입기일 및 ③ 주식을 처분할 상대방과 처분방법에 관하여 정관에 규정이 없는 것은 이사회가 결정하도록 규정하고 있다(상법 제342조).

회사는 성과조건부주식교부계약의 이행으로 상법이 정하는 바에 따라 자기주식을 교부할 수 있다. 성과조건부주식교부계약의 이행으로 자기주식을 교부하는 것도 자기주식 처분의 일환이다.

4. 성과조건부주식과 이사의 보수

가. 개요

회사는 성과조건부주식교부계약의 조건이 충족되면 임직원에게 자기주식을 교부한다. 임직원에게 발행주식의 교부시점의 시가에 상당하는 보상이 주어지는 것인데, 이러한 보상은 임직원의 보수에 해당한다. 회사의 직원이 받는 주식은 자기주식의 취득 및 처분에 관한 상법 규정의 적용만 문제 되지만, 이사에게 부여되는 주식은 이와 함께 이사의 보수 결정에 관한 규정의 적용이 문제 된다.

이사가 성과조건부주식교부계약의 이행으로 재직하는 회사로부터 받는 자기주식의 법적 성질이 상법상 이사의 보수라는 점에 대해서는 이견이 없다. 문제는 이사의 보수 결정에 관한 상법 제388조의 적용 여부인데, 주식매수선택권의 행사이익과 마찬가지로, 이사가 받는 성과조건부주식에 대하여 상법 제388조가 적용된다고 보는 것이 일반적인 해석이다. 그러므로 성과조건부주식교부계약에 따라 이사에게 부여하는 주식은 상법 제388조에 따라 결정된 보수 범위 내의 것이어야 한다.

나. 과다보수의 문제

이사가 회사에 제공하는 직무와 지급받는 보수 사이에 현저하게 균형을 잃을 정도로 보수가 지나치게 많아서는 아니 된다. 예를 들어, 퇴직을 앞둔 이사가 회사에서 최대한 많은 보수를 받기 위하여 비합리적으로 과다한 보수 지급 기준을 마련하고 주주총회에 영향력을 행사하여 결의가 성립되도록 하였다면, 이는 충실의무(상법 제382조의3)를 위반하여 회사재산의 부당한 유출을 야기함으로써 회사와 주주의 이익을 침해하는 것으로서 회사에 대한 배임행위에 해당하므로, 주주총회 결의를 거쳤다 하더라도 보수청구권은 효력이 없다.[5]

성과조건부주식의 경우에도 이사가 회사에 제공하는 직무와 자기주식 청구권 사이에 현저하게 균형을 잃을 정도라면 그 효력이 부인될 수 있다.[6]

다. 정해진 보수의 감액 가부

정관 또는 주주총회의 결의로 특정 이사의 보수액을 구체적으로 정하였다면, 그 보수액은 임용계약의 내용이 되어 회사와 이사 쌍방을 구속하므로 보수의 변경에 관한 이하의 명시적·묵시적 동의가 없는 한 회사가 그 이사의 보수를 일방적으로 감액하거나 박탈할 수 없다. 따라서 임용계약의 내용으로 이미 편입된 이사의 보수를 감액하거나 박탈하는 결의는 주주총회에서 하더라도, 이는 결의 자체의 효력과 관계없이 그 이사의 보

---

5 대법원 2016. 1. 28. 선고 2014다11888 판결 등.

6 과다보수의 경우에는 법인세법상 손금불산입 항목인 '과다하거나 부당하다고 인정하는 인건비'에 해당하여 법인세의 소득금액을 계산함에 있어 손금에 산입되지 아니할 수 있다(법인세법 제26조 및 동법 령 제43조 참조).

수청구권에 아무런 영향을 미치지 못한다.[7]

성과조건부주식의 경우에도 회사가 이사와 성과조건부주식교부계약을 체결하여 교부할 자기주식에 관하여 구체적으로 정하였다면, 교부할 자기주식은 계약의 내용이 되어 회사와 그 이사 쌍방을 구속하므로, 계약상의 감량 또는 박탈 사유에 해당하거나 그 변경에 관한 명시적·묵시적 동의가 없는 한, 회사가 그 이사에게 교부할 자기주식을 일방적으로 감량하거나 박탈할 수 없다. 따라서 계약의 내용으로 이미 편입된 자기주식을 감량하거나 박탈하는 결의는 주주총회에서 하더라도, 이는 결의 자체의 효력과 관계없이 그 이사의 자기주식 청구권에 아무런 영향을 미치지 못한다고 할 것이다.

III 벤처기업법의 성과조건부주식교부계약에 대한 특례

1. 개요

벤처기업법은 주식매수선택권의 한계를 보완하고 벤처기업의 인재 유인책을 다양화하기 위하여, 벤처기업과 임직원 간 성과조건부주식교부계약의 요건과 절차에 관한 규정을 두고 있고, 상법상 자기주식 취득제한에 대한 특례를 규정하고 있다. 벤처기업법에 따른 성과조건부주식교부계약에 대해서는 상법에 우선하여 벤처기업법을 적용하되, 벤처기업법에서 규정하지 아니한 사항에 대해서는 상법을 적용한다(제16조의19 제2항).

7 대법원 2017. 3. 30. 선고 2016다21643 판결.

2. 체결요건, 체결대상 및 체결방법

가. 정관 규정 및 주주총회 특별결의

(1) 체결요건

주식회사인 비상장 벤처기업은 정관으로 정하는 바에 따라 주주총회의 특별결의로 임직원과 성과조건부주식교부계약을 체결할 수 있다(제16조의17 제1항 및 상법 제434조).

(2) 정관 규정

성과조건부주식교부계약에 관한 정관의 규정에는 다음의 사항이 포함되어야 한다.

① 일정한 경우 성과조건부주식교부계약을 체결할 수 있다는 뜻

② 성과조건부주식교부계약에 의하여 교부하는 주식의 종류와 수

③ 성과조건부주식교부계약을 체결할 자의 자격 요건

④ 성과조건부주식교부계약에서 회사가 정하는 일정한 제한과 조건의 내용

⑤ 일정한 경우 성과조건부주식교부계약을 해지 또는 해제할 수 있다는 뜻

(3) 주주총회 특별결의

주주총회 특별결의에서는 다음의 사항을 정하여야 한다.

① 성과조건부주식교부계약을 체결할 자의 성명

② 성과조건부주식교부계약을 체결한 자 각각에 대하여 교부할 주식의 종류와 수

③ 성과조건부주식교부계약에서 정하는 제한 및 조건

나. 적격당사자

(1) 벤처기업

벤처기업법상 특례에 따라 성과조건부주식을 부여하는 계약을 체결할 수 있는 벤처기업은 주식회사인 비상장 벤처기업이다(제16조의17 제1항 및 제15조 제1항).

벤처기업이었던 기업이 벤처기업에 해당하지 아니하게 되는 경우 벤처기업이었던 당시 이루어진 성과조건부주식교부계약을 체결한 행위 및 성과조건부주식을 교부하기 위하여 자기주식을 취득한 행위는 계속 유효한 것으로 본다(제24조 제1항 제8호, 제9호, 제16조의 17 및 제16조의 18).

(2) 임직원

벤처기업법상 특례에 따라 성과조건부주식을 부여받는 계약을 체결할 수 있는 자는 주식회사인 비상장 벤처기업의 임직원 중 기업의 설립 또는 기술·경영의 혁신 등에 기여하였거나 기여할 능력을 갖춘 자이다(제16조의17 제1항 및 제15조 제1항).

그러나 벤처기업법은 특례의 남용을 방지하기 위하여 해당 벤처기업의 ① 최대주주와 그 특수관계인 및 ② 주요주주와 그 특수관계인에게는 성과조건부주식을 부여할 수 없도록 제한하고 있다(벤처기업법 제16조의17 제1항, 제16조의3 제1항 제1호, 제2호 및 동법 령 제11조의3 제3항). '최대주주' 및 '주요주주'에 대해서는 앞서 벤처기업의 주식매수선택권에서 설명한 바와 같다.

다. 체결방법 및 해지 또는 해제

(1) 체결방법

벤처기업법에 따른 성과조건부주식교부계약은 다음의 방법으로 체결한다(동법 령 제11조의12 제1항).

① 자기주식의 선지급 방법: 벤처기업이 임직원에게 양도가 제한된 자기주식을 교부하고 성과조건의 달성 여부에 따라 양도제한을 해제하거나 교부된 주식을 환수하는 방법
② 자기주식의 후지급 방법: 벤처기업이 임직원에게 성과조건을 제시하고 임직원이 성과조건을 달성하면 자기주식을 교부하는 방법

(2) 해지 또는 해제

벤처기업은 벤처기업법에 따라 체결한 성과조건부주식교부계약을 정관의 규정에 따라 해지 또는 해제하는 경우에는 이미 교부된 주식을 환수할 수 있다(동법 령 제11조의12 제2항).

라. 그 밖의 성과조건부주식교부계약에 관한 사항

(1) 계약의 체결 및 계약서의 작성

벤처기업은 주주총회 결의에 의하여 성과조건부주식교부계약에 따라 주식을 교부받을 자와 계약을 체결하고 상당한 기간 내에 그에 관한 계약서를 작성하여야 한다(벤처기업법 제16조의17 제4항).

(2) 자기주식의 취득 또는 양도 제한

벤처기업과 성과조건부주식교부계약을 체결한 자는 주주총회 결의일로부터 2년 이상 재임 또는 재직하여야 자기주식을 취득하거나 양도할 수 있다(벤처기업법 제16조의17 제5항).

(3) 계약서의 비치 및 열람

벤처기업은 성과조건부주식교부에 관한 계약서를 성과조건부주식교부계약 당사자가 자기주식을 취득하거나 양도할 때까지 본점에 비치하고 주주로 하여금 영업시간 내에 이를 열람할 수 있도록 하여야 한다(벤처기업법 제16조의17 제6항).

(4) 정관사항의 등기

벤처기업은 성과조건부주식교부계약에 관하여 정관에 규정한 사항을 등기하여야 한다(벤처기업법 제16조의17 제7항).

3. 자기주식 취득의 특례

벤처기업법은 성과조건부주식교부계약의 이행을 위한 자기주식의 취득 요건을 완화하고 있다(제16조의18). 주식회사인 비상장 벤처기업은 상법에 따라 배당가능이익으로 자기주식을 취득하는 것이 가능하고, 또 성과조건부주식교부계약의 이행을 위하여 필요한 경우에는 벤처기업법에 따라 자본잠식이 일어나지 않는 범위 내에서 자기주식을 취득하는 것도 가능하다.

(1) 자기주식의 취득재원

벤처기업은 성과조건부주식교부계약을 이행하기 위하여 필요한 경우에는, 배당가능이익의 범위 내에서 자기주식을 취득할 수 있도록 제한하고 있는 상법 규정(제341조)에도 불구하고, 벤처기업법에서 정하는 바에 따라 자본금을 초과하는 순자산액의 범위 내에서 자기주식을 취득할 수 있다(제16조의18 제1항). 구체적으로 그 취득가액의 총액은 직전 결산기의 대차대조표상의 순자산액에서 자본금을 뺀 금액이어야 한다.

따라서 벤처기업은 성과조건부주식교부계약을 이행하기 위하여 벤처기업법에 따라 자기주식을 취득하는 경우에는 상법 규정(제460조)에도 불구하고 이익준비금과 자본준비금을 자기주식의 취득을 위한 재원으로 사용할 수 있다(제16조의18 제8항).

(2) 자기주식 취득방법 및 취득가능 자기주식 총수

벤처기업은 성과조건부주식교부계약을 이행하기 위하여 벤처기업법에 따라 자기주식을 취득할 경우에도 그 취득방법은 상법의 규정(제341조

제1항 제1호 및 제2호)에 따라야 한다(제16조의18 제2항).

이 경우 벤처기업법에 따라 취득하는 자기주식의 총수는 성과조건부주식교부계약에 따라 장래에 교부하여야 할 자기주식의 총수를 초과하지 못한다.

(3) 자기주식 취득에 관한 주주총회 결의

성과조건부주식교부계약을 이행하기 위하여 벤처기업법에 따라 자기주식을 취득하려는 벤처기업은 미리 주주총회의 보통결의로 다음의 사항을 결정하여야 한다(제16조의18 제3항).

① 취득 상대방

② 취득하려는 주식의 종류 및 수

③ 1년을 초과하지 아니하는 범위에서 자기주식을 취득할 수 있는 기간

(4) 자기주식의 취득제한 및 그 위반의 책임

성과조건부주식교부계약을 이행하기 위하여 벤처기업법에 따라 자기주식을 취득하려는 벤처기업은 해당 영업연도의 결산기에 대차대조표상의 순자산액이 자본금에 미치지 못할 우려가 있는 경우에는 자기주식의 취득을 하여서는 아니 된다(제16조의18 제4항).

해당 영업연도의 결산기에 대차대조표상의 순자산액이 자본금에 미치지 못함에도 불구하고 벤처기업이 성과조건부주식교부계약을 이행하기 위하여 벤처기업법에 따라 자기주식을 취득한 경우 이사는 주식회사인 벤처기업에 대하여 연대하여 그 미치지 못한 금액을 배상할 책임이 있다. 다만, 이사가 해당 영업연도의 결산기에 대차대조표상의 순자산액이 자본금에 미치지 못할 우려가 없다고 판단하는 때에 주의를 게을리하지 아니하였음을 증명한 경우에는 그러하지 아니하다.

(5) 자기주식의 처분방법 및 그 위반의 책임

벤처기업은 과조건부주식교부계약을 이행하기 위하여 벤처기업법에

따라 취득한 자기주식을 다음의 방법으로 처분하여야 한다. 이들 방법에 의하지 아니하고 자기주식을 처분한 이사에게는 이사의 회사에 대한 책임에 관한 상법 제399조가 준용된다.

① 성과조건부주식교부계약에 따른 교부

② 상법 제342조에 따른 이사회의 결정에 의한 처분

③ 상법 제438조부터 제446조까지의 자본금 감소에 의한 소각

4. 성과조건부주식교부계약의 신고

벤처기업이 벤처기업법에 따라 성과조건부주식교부계약을 체결, 해지 또는 해제하거나 성과조건부주식교부계약을 이행하기 위하여 자기주식을 취득하는 경우 중소벤처기업부령이 정하는 신고서를 작성하여 중소벤처기업부 장관에게 그 내용을 신고하여야 한다(동법 령 제11조의12 제3항).

이 중 성과조건부주식교부계약을 체결하는 경우와 성과조건부주식교부계약을 이행하기 위하여 자기주식을 취득하는 경우에는 위의 신고서에 정관과 주주총회 의사록 또는 이사회 의사록을 첨부하여야 제출하여야 한다(제16조의6 제1항 및 동법 령 제11조의5 제1항 및 제2항).

Ⅳ 성과조건부주식에 대한 과세

1. 개요

성과조건부주식은 상법 또는 벤처기업법에 따라 부여될 수 있는데, 실제로 이를 받는 임직원에게 얼마의 경제적인 이익이 발생하고 또 이를 부여한 회사의 회계에 어떠한 영향을 미치는지는 그 조세효과를 따져보아야 제대로 알 수 있다.

성과조건부주식과 관련하여, 이를 받는 임직원의 입장에서는 조건을

성취하여 교부받은 성과조건부주식에 대한 소득세와 추후 그 주식을 양도할 때 발생하는 차익에 대한 소득세를 고려하여야 한다.

성과조건부주식을 부여하는 회사의 입장에서는 인건비로서 손금에 산입할 수 있는 금액의 범위와 그 귀속시기에 대한 고려가 있어야 한다.

2. 임직원에 대한 근로소득 과세

임직원이 조건이 성취되어 교부받은 성과조건부주식은 그 법적 성질이 상여이다. 임직원에게는 교부받은 성과조건부주식의 시가에 상당하는 근로소득이 발생하고, 이를 교부하는 회사에게는 교부시점에 원천징수의무가 성립한다. 이후 그 주식을 양도할 때 양도가액이 교부시점의 시가보다 클 경우에는 차익에 대하여 별도의 소득세가 과세된다.

선지급형 성과조건부주식(RSA)의 경우에는 성과조건부주식교부계약을 체결하면서 바로 조건성취 전 양도가 제한되는 주식을 교부받으므로 임직원은 근로소득이 발생하고 회사는 원천징수의무가 성립한다. 추후 조건을 충족하지 못한 경우에는 교부계약이 해제되고 주식이 환수되면서, 임직원은 이미 신고·납부한 소득세에 대하여 환급을 청구를 할 수 있다. 이와 관련하여 원천징수의무자가 원천징수하여 납부한 세액에 대해서는 원천징수대상자가 아닌 원천징수의무자가 환급을 청구할 수 있다(국세기본법 제51조 제5항).

3. 성과조건부주식의 교부에 대한 손금 인정

성과조건부주식은 임직원에 대한 상여이고, 상여는 인건비로서 회사의 손금항목에 해당한다. 법인세법과 조세특례제한법은, 주식매수선택권과 달리, 회사의 성과조건부주식 교부와 관련하여 손금산입 또는 손금불산입에 관한 별도의 규정을 두고 있지 아니하므로 법인세법의 손금에 관한 규정이 그대로 적용된다. 성과조건부주식을 교부한 경우 회사의 법인세 과세대상 소득금액을 산정함에 있어 손금으로 인정되는 금액은 교부한 자기주식의 장부가액이다(법인세법 시행령 제19조).

선지급형 성과조건부주식(RSA)의 경우에는 성과조건부주식교부계약을 체결하면서 바로 조건성취 전 양도가 제한되는 주식을 교부하여 회사는 손금이 발생한다. 추후 조건을 충족하지 못한 때에는 회사는 주식을 환수하면서 환수 시점의 시가를 손금에 산입한 금액 중 환입된 금액으로 하여 익금에 산입한다(법인세법 시행령 제11조 제7호).

개선과제

○ 이사의 보수

벤처기업법에 따라 성과조건부주식교부계약의 이행으로 이사에게 부여하는 자기주식이 상법 제388조에 따른 절차의 적용을 받는 이사의 보수인지에 대해서는 성과조건부주식의 법적 성질과는 다른 관점에서 검토해 볼 필요가 있다.

벤처기업도 여느 주식회사와 마찬가지로 정기주주총회에서 보통결의로 한 해 이사의 보수총액 또는 그 총액의 상한을 결정하는데, 벤처기업의 이사에게 부여되는 성과조건부주식도 그러한 보수총액 또는 총액의 상한에 의한 제한을 받는다면, 자금여력이 부족하여 이사의 보수총액 등을 상대적으로 적게 책정할 수밖에 없는 벤처기업으로서는 이사에 대한 성과조건부주식제도의 활용이 위축될 수밖에 없다.

또한 벤처기업의 경우 배당가능이익이 없더라도 자본금을 초과하는 순자산의 범위 내에서 성과조건부주식을 교부할 수 있고 실제로 그렇게 교부할 가능성이 적지 아니한데, 그 한도를 정기주주총회 보통결의로 정한 이사의 보수로 제한하는 것은 벤처기업법상 성과조건부주식제도의 취지를 훼손시킬 수 있다.

벤처기업의 경우에는 핵심인력의 확보를 지원한다는 취지로 벤처기업법에서 성과조건부주식에 대하여 이사의 보수결정에 관한 상법 제388조의 적용 제외를 규정할 필요가 있다.

○ **과세특례**

벤처기업의 임직원이 성과조건부주식교부계약의 조건을 충족하여 자기주식을 받았다고 해서 납세할 수 있는 현금이 생기는 것은 아니다. 더욱이 비상장주식인 경우에는 거의 환금성이 없으므로 납세를 위한 재원을 바로 마련하기도 어렵다.

벤처기업의 성과조건부주식제도의 이용 활성화를 위하여 벤처기업의 주식매수선택권과 유사한 과세특례제도를 도입할 필요가 있다. 주식회사인 비상장 벤처기업의 성과조건부주식에 대해서는 조세특례제한법상 주식매수선택권에 대하여 인정하고 있는 과세특례와 유사하게 비과세특례, 납부특례 및 과세이연을 허용할 필요가 있다.

제6장

벤처기업의 IPO

요약

○ 개요

- 벤처기업은 한국거래소가 개설한 증권시장 중에서 주로 코스닥시장에 상장하고 있다. 코스닥시장은 중소·벤처기업을 위한 증권시장으로 그 정체성을 확립하고 있다.
- 벤처기업의 상장에 대해서 한국거래소「코스닥시장 상장규정」은 벤처기업에 대하여 몇 가지 특례제도를 두고 있다.
- 특례규정이 적용되는 벤처기업은 벤처기업법에 따른 중소기업과「중소기업 기술혁신 촉진법」에 따른 기술혁신형 중소기업(이노비즈기업)을 포함하고 있다.

○ 벤처기업에 대한 상장특례

- 벤처기업에 대해서는 상장예비심사요건 중 형식적 심사요건에 대해 일부 완화된 기준이 적용되고 있다.
- 경영성과 요건 중 **일반기업의 경우** '계속사업이익 20억원 이상'을 정한 요건에 대해서 벤처기업의 경우에는 '10억원 이상'으로 정하고 있다. 일반기업의 경우 '자기자본 30억원 이상'을 정한 요건에 대해서는 '자기자본 15억원 이상'으로 정하고 있고, '매출액 100억원 이상'을 정한 요건에 대해서는 벤처기업의 경우에는 '매출액 50억원 이상'으로 정하고 있다.
- **이익미실현기업의 경우**에도 '매출액 100억원 이상'을 정한 요건에 대해서 벤처기업의 경우 '매출액 50억원 이상'으로 완화하고 있다.

○ 기술성장기업 상장특례

- 기술성장기업에 대한 성장특례제도는 2005년 3월 바이오 벤처기업에 대한 기술평가 상장특례제도로 도입되었으며, 현재 벤처기업의 주된 상장트랙이 되고 있다.
- 기술평가 상장특례제도는 벤처기업에서 중소기업, 혁신 중견기업 등으로 그 대상이 점차 확대되어 왔다. 업종도 바이오 업종에서 현재의 전 업종으로 확대되어 왔다.
- 기술평가 상장특례제도 도입 당시에는 바이오 기업에 한정되어 도입되었으나 이후 특례대상이 2011년 3월에 17개 업종으로 확대되었다가, 2013년 4월에는

업종제한을 폐지하여 전 업종으로 확대되었다.

- 벤처기업에 대해 도입된 기술평가 상장특례제도는 2015년 4월에는 '중소기업'으로 확대되었으며, 2019년 7월에는 혁신 중견기업(최근 2개 사업연도 평균 매출액증가율이 100분의 20 이상인 기업) 등으로 기술평가 상장특례 대상이 확대되었으며, 2023년 12월에는 딥테크 등 첨단기술분야 기업에 대하여 중견기업이 30% 이상 출자하여 중소기업기본법에 의한 중소기업으로 인정되지 못하더라도 일정 요건을 충족한 경우 특례적용 대상기업으로 확대되었다.
- 현재, 기술성장기업은 '혁신기술기업'과 '사업모델기업'의 두 가지 유형으로 나뉘는데 혁신기술기업 상장특례가 벤처기업이 주로 이용하는 제도이다.
- 혁신기술기업은 「중소기업기본법」 제2조에 따른 중소기업과 이에 해당하지 않는 기업으로서 최근 2개 사업연도의 매출액 증가율 평균이 20% 이상인 기업으로서 전문평가기관의 기술 등에 대한 평가를 받고 그 평가결과가 일정 등급을 충족하여 기술력과 성장성이 인정되는 기업을 말한다.
- 기술성장기업에 대해서는 일반기업에 대해 적용되는 형식적 심사요건(외형요건)을 적용하지 않고, 상장예비심사청구일 현재 자기자본이 10억원 이상이거나 보통주식의 기준시가총액이 90억원 이상이면 상장예비심사를 청구할 수 있다.
- 기술성장기업에 대해서는 기술성이나 사업성, 성장성 등에 대한 질적 심사 위주로 상장예비심사가 이루어진다.

○ 전문평가기관에 의한 기술평가

- 혁신기술기업 상장특례를 적용받기 위해서는 상장예비심사 신청 전에 미리 전문평가기관의 평가를 받고 그 평가결과가 일정 등급 이상이어야 한다.
- 상장신청인이 혁신기술기업 상장특례를 적용받기 위해서는 상장예비심사 신청일 전 6개월 이내에 2개 전문평가기관으로부터 기술성 등에 대한 평가를 받고 그 평가결과가 2개 전문평가기관의 평가등급 중 높은 등급이 A등급 이상이고, 낮은 등급이 BBB등급 이상이어야 한다.
- 기준시가총액이 5,000억원 이상인 기업, 소부장기업, 국가(첨단)전략기술 기업 등에 대해서는 1개 전문평가기관에 의한 평가를 허용하고 있다(A등급 이상).

○ 코스닥시장 IPO 현황

- 기술성장기업으로 상장특례를 적용받아 코스닥시장에 상장되는 기업의 수는 꾸

준히 증가하고 있다. 특히, 2024년에는 기술성장기업 특례로 상장된 기업 수가 42개사로 기술성장기업 상장특례제도 도입 이후 최대를 기록하였다.

<상장트랙별 코스닥시장 상장기업 수 추이>

상장트랙		2018년	2019년	2020년	2021년	2022년	2023년	2024년
일반기업		59	54	57	55	51	58	41
이익미실현기업		1	2	2	5	5	2	4
기술성장기업	혁신기술기업	20	17	18	26	27	34	42
	사업모델기업	1	5	7	5	1	1	0
	(소계)	21	22	25	31	28	35	42
계		81	78	84	91	84	95	88

I 총설

벤처기업은 증권시장에 그 주식을 상장함으로써 지속적인 성장을 위한 자금을 조달할 수 있다. 그러한 점에서 벤처기업의 상장은 벤처기업 성장의 큰 전환점이 된다고 할 수 있다. 한편, 벤처기업에 투자한 투자자는 투자자금을 회수함과 동시에 상장을 통해 투자수익을 실현할 수 있게 된다. 이러한 투자자금의 회수와 투자수익의 실현은 투자자가 벤처기업에 투자하게 되는 동기이자 이유가 되기 때문에 벤처기업의 상장은 벤처기업의 성장 생태계에서 매우 중요한 역할을 한다. 또한 상장을 통해 벤처기업 투자자가 확보한 자금은 새로운 벤처기업 투자로 확대될 수 있기 때문에 벤처기업의 상장은 벤처기업을 둘러싼 생태계의 성장과 발전에 없어서는 안 되는 과정이다.

여기서 먼저 상장과 IPO의 개념에 대해 살펴볼 필요가 있다. 상장과 IPO는 개념적으로 다르다. 먼저 IPO는 Initial Public Offering의 약어로 '기업공개'를 뜻하는 용어이다. 직역하면 기업이 '처음으로 하는 일반 대중에 대한 주식의 매각'이라고 할 수 있다. 그리고 상장은 거래소의 상장요건을 충족하여 증권시장에서 자사 주식이 거래될 수 있는 자격을 부여받는 것을 말한다.[1] 기업의 주식을 일반에게 공모하여 매각할 때 해당 주식이 거래소에 상장되지 않는다면 투자자들은 기업공개, 즉 IPO에 참여하기를 주저할 수 있다. 이에 회사가 IPO를 할 때 거래소 상장요건을 충족하는지 여부가 사전에 검토되는 계기가 된다. 따라서 우리나라뿐만 아니라 글로벌하게 IPO는 상장으로 바로 이어지는 개념으로 이해되고 있다.[2]

IPO의 개념을 한국거래소의 상장절차에서 살펴보면, '상장예비심사'를 통해 예비심사 승인이 되면 '공모' 절차가 진행되고, 이후 '상장'이 이루어지는 과정으로 상장절차가 진행되는데, IPO는 이 중에서 '공모' 절차에 해당하는 개념이다. 앞서 설명한 바와 같이 공모는 상장절차에서 하나의 경과 과정이다. 이와 같이 공모를 통한 기업공개, 즉 IPO는 상장절차에 수반되는 대표적 절차이므로 IPO는 곧 상장을 의미하는 뜻으로 사용되기도 하는 것이다.

이상과 같은 이해를 바탕으로 이하에서는 법률과 한국거래소 상장규정에 따른 상장업무를 설명하여야 할 필요성이 있으므로 IPO 대신 상장이라는 법률과 규정상의 용어를 사용하여 벤처기업의 IPO에 관련된 내용을 설명한다.

상장과 관련된 법적 규제는 기본적으로 「자본시장과 금융투자업에 관한 법률」(이하 "자본시장법")에 근거를 두고 있다. 자본시장법은 증권시장에

1 코스닥시장 상장규정 제2조는 '상장'의 개념을 "특정한 종목의 증권에 코스닥시장에서 거래될 수 있는 자격을 부여하는 것"으로 정의하고 있다.

2 김정수, 「금융의 교양 365」, 캐피털북스, 2023.11, 87면.

상장할 증권의 심사 및 상장증권의 관리에 관한 사항을 한국거래소(이하 "거래소")의 상장규정으로 정하도록 하고 있다(자본시장법 제390조). 거래소가 개설하여 운영하는 증권시장은 유가증권시장·코스닥시장과 코넥스시장 등 3개 시장이 있다. 상장규정은 이들 증권시장에 따라 별도의 상장규정이 제정되어 있다. 거래소의 유가증권시장 상장에 관해서는 「유가증권시장 상장규정」, 코스닥시장 상장에 관해서는 「코스닥시장 상장규정」, 그리고 코넥스시장 상장에 관해서는 「코넥스시장 상장규정」이 각각 제정되어 있다. 상장규정은 증권의 상장기준 및 상장심사에 관한 사항, 증권의 상장폐지기준 및 상장폐지에 관한 사항, 증권의 매매거래정지와 그 해제에 관한 사항, 그 밖에 상장법인 및 상장증권의 관리에 관하여 필요한 사항을 정하고 있다(자본시장법 제390조 제2항).

자본시장법은 상장규정 외에 증권의 공모절차와 관련하여 '증권신고서'에 관한 사항을 규정하고 있으며(자본시장법 제118조~제132조), 이에 관련한 규정으로 금융위원회의 「증권의 발행 및 공시 등에 관한 규정」과 금융투자협회의 「증권 인수업무 등에 관한 규정」이 있다.

한편, 「주식회사 등의 외부감사에 관한 법률」(이하 "외부감사법")은 주권상장법인과 더불어 주권상장법인이 되려는 회사도 외부감사 대상 법인으로 규정하여(외부감사법 제4조 제1항 제2호) 주권상장법인과 마찬가지로 상장 초기부터 회계투명성이 확보되도록 규제하고 있다.

II 벤처기업과 코스닥시장

1. 벤처기업 IPO의 의의

벤처기업의 성장 생태계에서 IPO가 갖는 중요성은 매우 크다. 벤처기업은 여러 모험적 투자를 받아 사업을 추진하기 때문에 투자자들에게 적정한 때에 투자자금과 수익을 회수할 수 있는 기회를 부여하는 것이 매우 중요하다. 투자자는 벤처기업의 성공을 기대하고 투자하게 되며, 모험사업 투자에 대한 대가로서의 수익의 실현을 목표로 투자를 한다. 이러한 수익의 실현은 M&A를 통해서도 이루어지기도 하지만 IPO도 유력한 방법의 하나가 된다.

벤처투자회사의 고유계정 및 벤처투자조합의 투자건에 대한 자금회수 유형 중 IPO가 차지하는 비중은 2020년 38.9%, 2021년 32.1%, 2022년 24.3%, 2023년 32.3%, 2024년 30.6%로 30% 내외 수준을 보이고 있다.[3] IPO가 M&A를 통한 매각에 이어 유력한 투자회수 수단임을 알 수 있다. 따라서 지속적인 벤처기업에 대한 투자를 이끌어 내기 위해서는 기술력이 있는 벤처기업의 IPO가 활발히 이루어지는 것이 벤처기업과 벤처캐피탈의 성장을 위해 긴요하다고 할 수 있다.

VC의 회수유형별 회수 현황

(단위: %)

구분	'19	'20	'21	'22	'23	'24
IPO	**26.7**	**38.9**	**32.1**	**24.3**	**32.3**	**30.6**
매각	43.0	36.3	48.8	56.5	50.2	54.4
상환	12.5	13.3	9.8	9.6	8.6	7.6
프로젝트	16.6	10.1	8.7	8.8	7.4	6.4
기타(배당, 이자 등)	1.2	1.4	0.6	0.8	1.5	1.0
계	**100**	**100**	**100**	**100**	**100**	**100**

자료: 「VC Discovery」 Vol.200

3 벤처캐피탈협회, 「VC Discovery」 Vol.200(February.2025) 참조.

2. 「코스닥시장 상장규정」상 벤처기업의 범위

코스닥시장에서 '벤처기업'으로서 상장특례를 적용받을 수 있는 벤처기업의 범위는 「코스닥시장 상장규정」에서 정하고 있다. 「중소기업기본법」 제2조에 따른 중소기업으로서 1) 벤처기업법 제2조의2 제1항 제2호 가목의 요건을 충족하는 투자를 받은 이후 1년이 경과한 기업, 2) 벤처기업법 제2조의2 제1항 제2호 나목 또는 다목의 요건을 충족하는 기업이 그 대상이다. 그리고 3) 「중소기업 기술혁신 촉진법」 제2조 제3호의2에 따른 기술혁신형 중소기업을 포함한다(코스닥시장 상장규정 제2조 제1항 제38호).

먼저, 「벤처투자 촉진에 관한 법률」에 따른 벤처투자회사, 벤처투자조합, 한국벤처투자와 「여신전문금융업법」에 따른 신기술사업금융업자, 신기술사업투자조합 등의 투자금액의 합계 및 기업의 자본금 중 투자금액의 합계가 차지하는 비율이 일정 기준 이상이고 벤처기업확인기관으로부터 해당 요건을 갖춘 것으로 평가받은 기업으로서 해당 투자를 받은 이후 1년이 경과한 기업이다. 지방소재벤처기업의 경우에는 투자를 받은 이후 1년이 경과하지 않은 기업을 포함한다.

다음으로, 「기초연구진흥 및 기술개발지원에 관한 법률」에 따라 인정받은 기업부설연구소 또는 연구개발전담부서를 보유한 기업이나 「문화산업진흥기본법」에 따라 인정받은 기업부설창작소 또는 기업창작부서를 보유한 기업의 연간 연구개발비와 연간 총 매출액에 대한 연구개발비의 합계가 차지하는 비율이 일정 기준 이상이고, 벤처기업확인기관으로부터 성장성이 우수한 것으로 평가받은 기업이다.

또한, 벤처기업확인기관으로부터 기술의 혁신성과 사업의 성장성이 우수한 것으로 평가받은 기업(창업 중인 기업을 포함한다)도 벤처기업법에 의한 벤처기업이다.

이상과 같은 벤처기업법에 의한 벤처기업 외에 '기술혁신형 중소기업', 이른바 이노비즈기업도 「코스닥시장 상장규정」에 의한 벤처기업에 포함된다. 이노비즈기업에 대한 상장특례는 2012년 4월 기술강소기업의 증권시장을 통한 자금조달 활성화 및 성장지원을 위해 기존 벤처기업에 적용되던 상장특례를 확대 적용한 것이다.[4] 이노비즈기업은 기술평가 등을 통해 기술경쟁력과 미래 성장가능성을 가진 기술혁신형 중소기업으로서 중소기업청이 인증하는 기업을 말한다.

거래소는 상장예비심사 단계에서 벤처기업확인서 등을 통해 벤처기업 여부 및 유효기간을 확인하며, 이노비즈기업의 경우 이노비즈인증 등을 통해 사실관계 및 유효기간을 확인한다.[5]

2024년 말 현재 코스닥시장 상장기업 1,661개사 중 코스닥시장 상장규정에 따른 벤처기업은 총 777개사로 46.8%를 차지하고 있다. 이 중에서 벤처기업 인증만 있는 기업은 140개사, 이노비즈기업 인증만 있는 기업은 151개사이며, 벤처기업 인증과 이노비즈기업 인증 모두 갖고 있는 기업은 486개사이다.

코스닥시장 상장기업 중 벤처기업 현황(2024년 말 현재)

상장 기업 수	벤처기업 수 (비중)	벤처기업 인증만 있는 기업	이노비즈기업 인증만 있는 회사	벤처기업/이노비즈 기업 인증 모두 있는 회사
1,661개사	777개사 (46.8%)	140개사	151개사	486개사

자료: 한국거래소

3. 벤처기업을 위한 코스닥시장 상장특례

가. 벤처기업과 코스닥시장

거래소가 개설하여 운영하는 증권시장에는 앞서 언급한 바와 같이 유

4 한국거래소 보도자료(2012.4.18., 개정상법 시행 등에 따른 상장규정 개정) 참조.

5 한국거래소, 「2024 코스닥 상장심사 이해와 실무」, 18면.

가증권시장과 코스닥시장,[6] 그리고 코넥스시장이 있다. 유가증권시장은 유가증권시장의 종합주가지수인 '코스피'(KOSPI)를 차용하여 실무상 '코스피시장'이라고도 한다. 벤처기업은 기본적으로 거래소가 개설한 3개 시장 어디에나 상장할 수 있다. 다만, 통상 벤처기업은 코스닥시장 상장요건에 부합하는 경우가 많기 때문에 코스닥시장에 주로 상장되고 있고, 거래소는 벤처기업의 코스닥시장 상장에 특별히 여러 가지 특례를 두어 벤처기업 상장을 지원하고 있다. 이 코스닥시장이 중소벤처기업을 위한 시장으로 자리매김하는 이유이기도 하다.

코스닥시장은 1996년 5월 설립된 코스닥증권(주)가 1996년 7월 1일 개설한 시장이다. 코스닥증권(주)는 1999년 6월에 사명에서 일반증권회사와의 혼동을 피하기 위하여 ㈜코스닥증권시장으로 명칭을 변경하였다. 코스닥시장은 출범 이후 정부의 중소벤처기업 육성정책과 함께 일반인들의 벤처기업에 대한 관심에 힘입어 폭발적인 양적 성장이 이루어졌으며,[7] 현재 거래소가 운영하는 코스닥시장으로 발전하였다.

코넥스시장은 거래소가 「중소기업기본법」 제2조에 따른 중소기업이 발행한 주권 등을 매매하기 위하여 개설한 증권시장이다(자본시장법 시행령 제11조 제2항). 코넥스시장은 성장과정에 있는 중소·벤처기업이 자본시장을 활용한 자금조달이 가능하도록 하기 위해 2013년 7월에 개설한 초기 중소기업 중심의 시장이다. 코넥스시장 상장에 관한 사항은 처음에는 「코스닥시장 상장규정」[8]에 포함하여 규정하였으나 2013년 9월에 별도 규정

---

6 유가증권시장과 코스닥시장은 한국증권선물거래소법 제15조에 의하여 한국증권선물거래소가 개설하는 시장으로 법률상 명시되었으며, 자본시장법(2007.8.3. 제정)에서도 제386조와 부칙 제40조(한국거래소에 대한 경과조치)에 따라 그대로 한국거래소의 증권시장으로 승계되었다. 자본시장법 제386조에 명시되었던 유가증권시장과 코스닥시장은 2013년 거래소가 복수주의체제의 허가제로 바뀜에 따라 법문에서는 삭제되었다.

7 한국거래소, 「한국거래소 55년사」, 588면.

8 2013년 3월 22일 「코스닥시장 상장규정」 개정규정 참조.

으로 독립하였다. 벤처기업이 코넥스시장에 상장할 경우 사외이사 및 상근감사에 관한 지배구조상의 특례를 부여하는(자본시장법 제165조의19) 등 코스닥시장보다 완화된 상장기준이 적용되고 있다.

나. 벤처기업에 대한 코스닥시장 상장특례

벤처기업에 대한 코스닥시장 상장특례는 크게 일반기업에 대한 상장특례와 기술성장기업에 대한 상장특례로 구분할 수 있다. 앞서 살펴본 바와 같이 많은 벤처기업이 기술성장기업에 대한 상장특례(일반적으로 기술성장기업 상장특례 또는 기술성장특례로 약칭)로 상장하는 경로(상장트랙)를 따라 상장하고 있다.

우선 벤처기업이 기술성장기업 상장특례를 적용받지 않고 일반기업으로서 상장하는 경우에는 상장예비심사요건 중 형식적 심사요건에 대해 일부 완화된 기준을 적용받을 수 있다. 벤처기업의 경우 경영성과 요건 중 일반기업의 경우 '계속사업이익 20억원 이상'을 정한 요건에 대해서 벤처기업의 경우에는 '10억원 이상'으로 완화하고 있다. 일반기업의 경우 '자기자본 30억원 이상'을 정한 요건에 대해서는 '자기자본 15억원 이상'으로 정하고 있고, '매출액 100억원 이상'을 정한 요건에 대해서는 '매출액 50억원 이상'으로 정하고 있다. 이익미실현기업의 경우에도 '매출액 100억원 이상'을 정한 요건에 대해서 벤처기업의 경우 '매출액 50억원 이상'으로 완화하고 있다.

다음으로 기술성장기업 대한 상장특례제도는 2005년 3월 바이오 벤처기업에 대한 기술평가 상장특례제도로 도입되었으며, 현재 벤처기업의 주된 상장트랙이 되고 있다. 기술평가 상장특례제도는 벤처기업에서 중소기업, 혁신 중견기업 등으로 그 대상이 점차 확대되어 왔다. 업종도 바이오 업종에서 현재의 전 업종으로 확대되어 왔다.

기술평가 상장특례제도 도입 당시에는 바이오 기업에 한정되어 도입되었으나 이후 특례대상이 2011년 3월에 17개 업종으로 확대되었다가, 2013년 4월에는 업종제한을 폐지하여 전 업종으로 확대되었다. 벤처기업에 대해 도입된 기술평가 상장특례제도는 2015년 4월에는 '중소기업'으로 확대되었고, 2019년 7월에는 혁신 중견기업(최근 2개 사업연도 평균 매출액증가율이 100분의 20 이상인 기업) 등으로 기술평가 상장특례 대상이 확대되었으며, 2023년 12월에는 딥테크 등 첨단기술 분야 기업에 대하여 중견기업이 30% 이상 출자하여 중소기업기본법에 의한 중소기업으로 인정되지 못하더라도 일정 요건을 충족한 경우 특례적용 대상기업으로 확대되었다.

현재, 기술성장기업은 '혁신기술기업'과 '사업모델기업'의 두 가지 유형으로 나뉘는데 혁신기술기업 상장특례가 벤처기업이 주로 이용하는 제도로 정착되었다. 혁신기술기업은 「중소기업기본법」 제2조에 따른 중소기업과 이에 해당하지 않는 기업으로서 최근 2개 사업연도의 매출액 증가율 평균이 20% 이상인 기업으로서 전문평가기관의 기술 등에 대한 평가를 받고 그 평가결과가 일정 등급을 충족하여 기술력과 성장성이 인정되는 기업을 말한다. 기술성장기업에 대해서는 일반기업에 대해 적용되는 형식적 심사요건(외형요건)을 적용하지 않고, 상장예비심사청구일 현재 자기자본이 10억원 이상이거나 보통주식의 기준시가총액이 90억원 이상이면 상장예비심사를 청구할 수 있도록 하여 상장 문턱을 낮추어 벤처기업의 성장을 지원하고 있다. 이에 따라 벤처기업이 기술성장기업으로 상장하는 경우에는 기술성이나 사업성, 성장성 등에 대한 질적 심사 위주로 상장예비심사가 이루어진다.

다. 전문평가기관에 의한 기술평가

벤처기업이 혁신기술기업 상장특례를 적용받기 위해서는 상장예비심사 신청 전에 미리 전문평가기관의 평가를 받고 그 평가결과가 일정 등급 이상이어야 한다. 혁신기술기업 상장특례로 상장하고자 하는 벤처기업은 상장예비심사 신청일 전 6개월 이내에 2개 전문평가기관으로부터 기술성 등에 대한 평가를 받아야 하며, 2개 전문평가기관의 평가등급 중 높은 등급이 A등급 이상이고, 낮은 등급이 BBB등급 이상이어야 코스닥시장에 상장예비심사를 신청할 수 있다. 다만, 기준시가총액이 5,000억원 이상인 기업, 소부장기업, 국가(첨단)전략기술 기업 등에 대해서는 1개 전문평가기관에 의한 평가(A등급 이상)를 허용하고 있다.

III 상장의 종류와 신규상장 절차

1. 상장의 종류

「코스닥시장 상장규정」은 상장을 신규상장, 우회상장, 재상장, 변경상장, 추가상장, 합병상장으로 구분하고 있다(코스닥시장 상장규정 제2조 제1호).

신규상장은 코스닥시장에 상장되지 않은 종목의 증권을 코스닥시장에 상장하는 것을 말한다. 우회상장은 합병, 주식의 포괄적 교환, 영업양수, 자산양수, 현물출자 등과 관련하여 코스닥시장 상장법인 또는 유가증권시장 주권상장법인이 아닌 법인의 지분증권이 코스닥시장에 상장되는 효과가 있는 것을 말한다. 재상장은 코스닥시장 상장법인의 분할, 분할합병 또는 합병으로 설립된 법인이 발행한 주식을 코스닥시장에 상장하는 것을 말한다. 변경상장은 상장증권의 종류, 종목명, 액면금액, 수량 등을 변경하여 상장하는 것(추가상장에 해당하는 것은 제외한다)을 말한다. 추가상장은 코스닥시장 상장법인이 이미 상장되어 있는 증권과 같은 종목의 증권을 새로이 발행하여 이를 상장하는 것을 말한다. 그리고 합병상장은 기업인수목적회사(SPAC)[9]와 코스닥시장 상장법인이 아닌 법인의 합병에 따라

---

9 기업인수목적회사(Special Purpose Acquisition Company)는 다른 법인과 합병하는 것을 유일한 사업목적으로 하고 모집을 통하여 주권을 발행하는 법인을 말하며, 최초로 모집한 주권의 주금납입일부터 90일 이내에 그 주권을 증권시장에 상장하여야 하고, 최초로 모집한 주권의 주금납입

주식을 상장하는 것을 말한다.

벤처기업을 포함한 일반기업이 관심을 가지는 일반적인 상장의 형태는 신규상장이다. 따라서 이하에서는 신규상장을 중심으로 살펴본다.

2. 신규상장 절차

코스닥시장 신규상장을 위한 절차는 크게 '사전준비', '상장예비심사', '공모' 그리고 마지막으로 '신규상장 신청'과 '거래개시'로 진행된다. 거래소의 상장예비심사가 흔히 말하는 '상장심사'를 뜻하며, 거래개시를 위한 최종적인 '신규상장 신청'에 앞서서 이루어지는 과정이라는 의미에서 '상장예비심사'라고 하고 있다. 상장을 위한 과정은 거래소가 정하는 상장요건을 충족하는지가 상장 여부를 판단하는 데 제일 중요하다고 할 수 있다.

신규상장 절차 Timeline

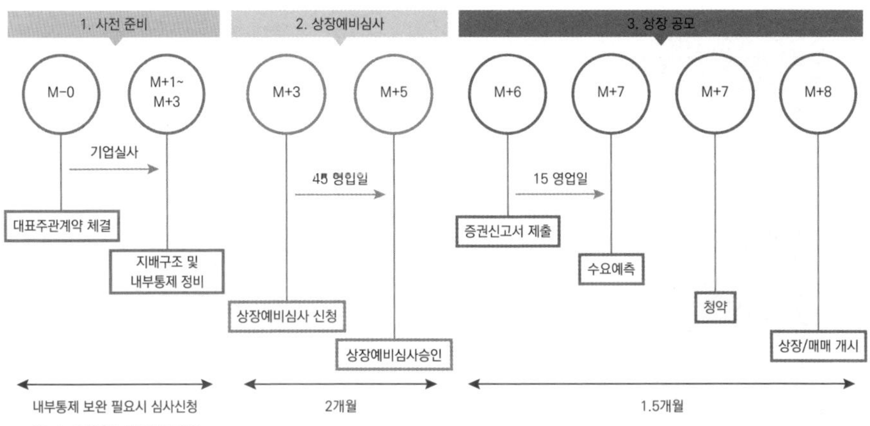

자료: KB증권

거래소가 정하는 상장요건은 형식적 심사요건과 질적 심사요건으로 구분

일부터 36개월 이내에 다른 법인과의 합병등기를 완료하여야 한다(자본시장법 시행령 제6조 제4항 제14호).

하여 거래소「코스닥시장 상장규정」에 비교적 상세히 규정되어 있다. 상장을 하고자 하는 기업은 이러한 상장요건에 부합하는지를 자체적으로도 점검하고 상장주선인인 상장주관사를 통해서도 점검하는 과정이 사전준비단계에서 면밀히 이루어져야 한다. 이하에서 상장절차의 단계별 주요 내용을 살펴본다.

코스닥시장 신규상장 절차

단계	주요 내용	관련 기관·사항
사전준비	• 대표주관계약 체결 • 지정감사인 신청 • 정관 등 사전 정비	• 금융투자협회(www.kofia.or.kr) • 금융감독원 회계감독국
상장 예비심사	• 신청계획 제출 • 상장예비심사 신청 • 상장예비심사	• 증권선물위원회 회계감리 • 코스닥 상장위원회 심의
공모	• 증권신고서 제출 • 투자설명서 교부 및 IR • 수요예측 및 공모가 결정 • 청약 및 배정	• 금융감독원 DART 조회 (dart.fss.or.kr)
신규 상장신청	• 신규상장 신청 • 상장요건 충족 여부 검토	• 납입일까지 신규상장 신청 • 분산요건 충족 여부 검토 • 예비심사승인 후 최근 사업연도 결산 확정 시 외형요건 재검토
매매개시	• 상장승인 • 매매개시	

자료: 한국거래소,「2024 코스닥 상장심사 이해와 실무」, 9면

가. 상장준비

상장준비 단계는 거래소에 대한 상장예비심사 신청을 위한 준비과정을 말한다.

상장준비는 거래소「코스닥시장 상장규정」과 금융투자협회「증권 인수업무 등에 관한 규정」에 따라 상장주선인을 선임하고, 상장주선인에 의한 기업실사 등을 거쳐 거래소에 상장예비심사를 신청하는 과정으로 진행된다. 이러한 상장준비 과정에는 외부감사법에서 정하는 바에 따른 지정감사인을 통한 외부감사와 회계감리도 포함된다.

한편, '혁신기술기업'[10]으로 상장하고자 하는 기업은 전문평가기관을 통한 기술평가를 상장예비심사 신청 이전에 받아야 한다.

(1) 상장주선인의 선임

코스닥시장에 신규상장하고자 하는 기업은 상장주선인을 선임하여야 한다(코스닥시장 상장규정 제12조 제1항). 상장주선인은 증권을 대상으로 법 제8조에 따른 투자매매업(인수업을 포함한다)과 투자중개업을 모두 인가받은 금융투자업자여야 한다(코스닥시장 상장규정 제12조 제2항).

상장주선인의 수에 관해서는 별도 규정이 없으나 복수로 선임할 수 있다.「코스닥시장 상장규정」제13조 제4항에서는 이를 전제로 상장주선인이 복수인 경우에는 '대표주관회사'에 대해 상장을 주선한 코스닥시장 상장법인의 재무상황 등을 분석한 기업분석보고서 제출 의무를 부과하고 있다.[11]「증권 인수업무 등에 관한 규정」에 따르면 "주관회사"는 증권을 인수함에 있어서 인수회사를 대표하여 발행회사와 인수조건 등을 결정하고

---

10 혁신기술기업은 사업모델기업과 더불어 '기술성장기업'의 한 종류이다. 이에 관한 자세한 내용은 형식적 심사요건 중 '기술성장기업 특례'에 관한 설명 참조.

11 상장주선인의 기업분석보고서 제출 의무를 규정한 코스닥시장 상장규정 제13조 제4항 외에 상장주선인과 관련한 규정에서 복수의 상장주선인이 있는 경우에 해당 상장주선인이 대표주관회사를 의미하는지 여부에 대해서는 규정이 불명확하다. 상장규정의 이해도 제고를 위해 이를 명확히 할 필요가 있다.

인수 및 청약업무를 통할하는 금융투자회사를 말하고, "대표주관회사"는 주관회사를 대표하는 금융투자회사를 말한다(증권 인수업무 등에 관한 규정 제2조 제5호). 이들 양 규정에서 상장주선인과 주관회사는 다른 용어를 사용하고 있으나 실질적으로 동일인에 해당하며, 상장주선인이 복수일 때에는 주관회사 중에서 대표주관회사가 상장주선인의 업무를 대표하여 수행한다. 상장 실무에서는 상장주선인보다는 주관회사 또는 대표주관회사의 개념이 더 많이 사용되고 있다.

기업공개를 위한 주식의 인수를 의뢰받은 금융투자회사가 체결하여야 하는 대표주관계약은 「코스닥시장 상장규정」에 따른 상장예비심사 신청일로부터 2개월 전까지 체결하여야 한다(증권 인수업무 등에 관한 규정 제3조 제4항). 유가증권시장, 코스닥시장 또는 코넥스시장 상장요건과 관련한 협의 및 지도에 관한 사항도 대표주관계약의 내용으로 포함되어 있는데(증권 인수업무 등에 관한 규정 제3조 제2항 제3호),[12] 대표주관계약이 체결되어 주관회사 또는 대표주관회사가 선정되면 해당 금융투자회사가 기업실사 등 상장주선인으로서의 업무를 수행하게 된다.

대표주관계약은 상장예비심사 신청 2개월 전에 체결하면 되므로 어느 정도 상장준비가 이루어진 후 상장계획이 구체화될 때 체결하는 것이 일반적이라고 한다.[13] 그러나 대표주관계약이 체결되어야 계약에 따른 기업실사가 제대로 진행될 수 있으므로 대표주관계약을 적절한 시기에 미리 체결하는 것이 바람직하다. 대표주관회사는 상장신청인의 위험수준에 따라 충분한 기간을 두어 기업실사(due-diligence)를 시행한다는 점을 감안할 때 일반적으로 6개월 이상의 기간이 필요하다고 보고 있다.[14] 거래소는

12 「증권 인수업무 등에 관한 규정」에서는 '주관계약'과 '대표주관계약'의 개념을 동시에 사용(동 규정 제3조 제4항)하면서도 양자의 관계를 명확히 규정하고 있지 않아 규정상 개념이해에 혼선이 있을 수 있어서 이를 명확히 하는 개정이 필요하다.

13 법무법인(유) 지평·IPO실무연구회, 「지평 IPO 실무연구(2025)」, 박영사, 2025.3., 42면.

14 한국거래소, 「2024 유가증권시장 상장심사 가이드북」, 253면 참조. 실무적인 관점에서 상장목표

상장신청인이 상장예비심사를 신청하기 전에 상장 절차 및 상장 시기 등을 상장신청인과 미리 협의할 수 있는데(코스닥시장 상장규정 제25조 제2항), 이러한 사전협의의 취지도 기업실사 과정에서 발견된 위험요소를 치유한 후 상장예비심사를 신청하도록 유도하기 위함이다. 따라서, 대표주관회사는 상장예비심사 신청서 제출 이전에 위험요소의 개선 여부를 확인하고, 개선계획이 효과적으로 이행되고 있는지 확인할 수 있는 기간을 두는 것이 바람직하다.[15]

상장주선인은 신규상장 절차의 전 과정에서 「코스닥시장 상장규정」 등에서 정하는 바에 따라 상장신청인의 상장을 지원하고 자문할 뿐만 아니라, 일정한 의무와 책임을 부담[16]함으로써 상장절차가 원활히 진행되는 데 매우 중요한 역할을 수행한다. 상장신청인이 직접 거래소에 상장예비심사 신청을 하는 것이 아니라 '상장주선인을 통하여' 상장예비심사 신청을 하여야 한다(코스닥시장 상장규정 제25조 제1항).[17] 이는 상장신청서의 기재내용에 대한 진실성을 상장주선인이 확인함으로써 거래소의 상장예비심사가 원활히 진행되도록 하기 위함이다.

(2) 기업실사(Due-diligence)

상장주선인은 거래소가 정하는 기업실사점검표를 활용하여 상장신청인의 재무상황, 영업활동, 지배구조, 내부통제제도 등이 상장요건에 맞는

일로부터 1~2년 전에 체결하는 것이 좋다는 의견도 있다. 천형성 외 4인, 「지금 당장 IPO를 목표로 도전하라」, 삼일인포마인, 2021.10., 258면 참조.

15 한국거래소, 「2024 유가증권시장 상장심사 가이드북」, 254면 참조.

16 상장주선인의 의무는 「코스닥시장 상장규정」 제13조에서 상세히 규정하고 있다. 상장주선인 책임 강화를 위한 의무인수제도가 2013년 3월에 도입되었는데, 국내기업 상장주선인에 대한 최소투자의무를 규정하고 있다(코스닥시장 상장규정 제13조 제5항). 상장주선인은 모집·매출하는 주식의 3%에 해당하는 수량(취득금액이 10억원을 초과할 때에는 10억원에 해당하는 수량으로 한다)을 상장일부터 3개월 동안 의무보유하여야 한다. 이와 같은 상장주선인 최소투자의무는 유가증권시장 상장에는 도입되어 있지 않다.

17 '신규상장 신청'도 상장주선인을 통하여 하여야 한다(코스닥시장 상장규정 제27조 제1항).

지 심사하여야 한다(코스닥시장 상장규정 제13조 제1항). 이러한 기업실사가 제대로 이루어지고 그 실사결과에 따라 발견된 위험요소에 대한 개선이 이루어진 후에 상장예비심사 신청이 이루어져야 함은 앞서 지적한 바와 같다. 상장주선인은 이러한 기업실사 결과를 토대로 상장신청서류[18]를 작성하게 된다. 상장신청인의 내부통제제도에 대한 점검도 기업실사 과정에서 이루어지게 되는데 내부통제제도에 미흡한 사항이 발견될 경우 이를 개선하여야 하며, 개선 이후 사안에 따라 3개월 또는 6개월 이상의 검증기간(watching period)을 거친 후 상장예비심사를 신청하여야 한다. 상장주선인은 내부통제점검을 실시하고 이와 관련하여 거래소가 정하는 서류를 상장예비심사 신청 서류로 제출하여야 한다.[19]

기술성장기업의 상장과 관련하여, 상장주선인은 혁신기술기업에 대해서는 '혁신기술기업 시장성 확인서'[20]를 작성하여 상장예비심사 신청 시에 제출하여야 하며, 사업모델기업의 경우 '사업모델기업 평가보고서'[21]를 작성하여 제출하여야 한다는 점도 유의하여야 한다.

한편, 「증권 인수업무 등에 관한 규정」에서는 대표주관회사로 하여금 기업실사업무를 수행하도록 하고 있으며,[22] 이를 위해 기업공개를 위한 기

18 상장예비심사 신청서류 및 신규상장 신청서류는 코스닥시장 상장규정 시행세칙 [별표 1]과 [별표 2]에 규정되어 있다.

19 코스닥시장 상장규정 시행세칙 [별표 1] 참조.

20 코스닥시장 상장규정 시행세칙 [별지 제9호 서식] 참조.

21 코스닥시장 상장규정 시행세칙 [별지 제10호 서식] 참조.

22 증권 인수업무 등에 관한 규정 제15조 제8항. 해당 규정은 이른바 '뻥튀기 상장' 또는 '파두 사태'로 알려진 ㈜파두의 주관사가 IPO 실사기간 중 회사의 매출 급감(1분기 177억 원 → 2분기 0.6억원)이 있었음에도 이를 증권신고서에 기재하지 않았고, 공모가 재평가(연간 매출액 추정치 1,203억 원 → 실제 225억원)를 미실시하였으며, 상장 3개월 만에 3분기 실적 발표 후 주가가 급락한 사건이 발생함에 따라 마련된 금융감독원의 「IPO 주관업무 개선방안」(2024.5.9)에 따른 후속조치로 2024. 6. 28 신설되었다.

업실사 항목 및 방법을 상세히 규정하고 있다.[23] 해당 규정에 의한 기업실사는 증권신고서 및 투자설명서 정정이 가능한 시점까지 수행하도록 규정하고 있다.[24] 이는 발행회사가 실질적으로 최종 상장에 이르기까지 발행회사의 증권신고서 및 투자설명서 중요사항 기재·표시와 관련하여 주관회사가 적절한 주의의무를 이행하도록 함으로써 주관회사의 책임을 강화한 조치이다. 대표주관회사는 청약일 전일까지 경영상 주요 변동사항 발생 여부를 확인하고, 주요 변동사항 발생 시에는 증권신고서 정정 필요성을 검토하여야 한다.[25]

(3) 외부감사인 지정감사

주권상장법인은 그 회계투명성이 투자자 보호를 위해 매우 중요하므로 기업규모 등에 관계 없이 외부감사인에 의한 외부감사 대상이다. 주권상장법인이 되려는 회사도 외부감사를 받도록 함으로써(외부감사법 제4조) 상장법인이 되었을 때에 주권상장법인으로서 처음부터 회계투명성이 확보되도록 하고 있다. 그런데 주권상장법인이 되려는 회사는 증권선물위원회가 지정하는 회계법인을 외부감사인으로 선임하여야 한다(외부감사법 제11조 제1항 제12호 및 외부감사법 시행령 제14조 제6항). 이에 따라 상장을 하고자 하는 기업이 다음 사업연도 중에 상장하고자 하는 경우 직전 사업연도 결산일 3개월 전까지 외부감사인 지정을 금융감독원에 신청하여야 한다. 이 경우 상장신청인은 직전 사업연도에 대한 재무제표 및 지정감사인의 감사보고서를 제출하여야 한다. 그리고 직전 사업연도에 외부감사인 지정을 받지 못한 기업은 상장하고자 하는 당해 사업연도에 외부감사인 지정을 받아 상장예비심사를 신청할 수 있는 방법도 허용되어 있는데

23 증권 인수업무 등에 관한 규정 [별표 2] 참조.

24 증권 인수업무 등에 관한 규정 [별표 2] 1. 3호 참조.

25 증권 인수업무 등에 관한 규정 제15조 제8항 제5호.

(외부감사법 시행령 제14조 제6항 제1호), 이 경우에는 지정감사인이 최근 사업연도 재무제표 및 감사보고서를 제출할 수 없기 때문에 상장신청인은 당해 사업연도의 최근 분기 또는 반기 재무제표 및 지정감사인의 감사고보고서를 제출하여야 한다.[26]

상장예비심사를 위한 형식적 심사요건에서 외부감사인의 감사의견은 '적정'일 것을 요구하므로 외부감사인의 감사의견이 '적정'이 아닌 경우에는 형식적 심사요건 미충족에 해당하여 상장예비심사를 신청할 수 없다. 외부감사인의 감사보고서에는 내부회계관리제도에 대한 외부감사인의 검토보고서나 운영실태 평가보고서가 첨부되는데 내부회계관리제도의 구축 및 운영은 내부통제제도의 하나로서 질적 심사의 대상이 된다는 점을 유의하여야 한다.[27]

(4) 회계감리

거래소는 재무서류에 대한 「외부감사 및 회계 등에 관한 규정」 제23조에 따른 재무제표 감리 결과 회계처리기준 위반으로 증권선물위원회가 상장신청인에 대하여 증권 발행제한, 검찰 고발, 검찰 통보, 과징금 부과 조치를 의결한 사실이 확인된 경우 해당 상장예비심사 신청을 기각한다(코스닥시장 상장규정 제6조 제3항). 감사의 공정성 확보 및 회계품질 향상을 위해 운영되는 회계감리제도가 상장예정기업에 대해서도 적용된다. 한국거래소는 2개월 주기로 상장예비심사 신청예정기업을 금융감독원에 통보하고, 금융감독원이 대상기업에 대한 위탁감리를 한국공인회계사회에 의뢰하면 한국공인회계사회는 무작위 표본추출의 방법으로 재무제표 심사 또는 감리 대상을 선정한다.

---

26 코스닥시장 상장규정 시행세칙 [별표 1] '상장예비심사 신청 서류' 참조.

27 코스닥시장에 상장된 상장법인의 내부회계관리제도 운영실태에 대한 감사인의 검토·감사 결과 중요한 취약점이 발견되거나 중요한 범위제한이 있는 경우 또는 검토·감사의견이 표명되지 않은 경우에는 투자주의 환기종목으로 지정된다. 코스닥시장 상장규정 제52조 참조.

상장주선인은 신청예정일에 맞추어 거래소에 상장예비심사 신청계획서를 신청예정기업의 신청동의서와 함께 제출 기한까지 제출해야 한다. 한국공인회계사회는 매월 재무제표 심사 또는 감리 진행 현황을 거래소에 통보하며, 거래소는 상장예비심사신청서 제출 시 신청계획서 제출 여부 및 재무제표 심사 또는 감리 대상 여부를 확인한다. 만약 제출 기한까지 상장예비심사 신청계획서를 제출하지 않으면 한국공인회계사회에 감리대상 여부를 통보하지 못하게 되므로 희망하는 일자에 상장예비심사 신청서를 접수하지 못할 수 있다는 점을 유의해야 한다.[28]

상장예비심사 신청계획서 제출 일정

상장예비심사 신청예정기간	상장예비심사 신청계획서 제출 기한
1. 1 ~ 2. 28	11. 30(직전년도)
3. 1 ~ 4. 30	1. 31
5. 1 ~ 6. 30	3. 31
7. 1 ~ 8. 31	5. 31
9. 1 ~ 10. 31	7. 31
11. 1 ~ 12. 31	9. 30

(5) 정관 정비

상장을 신청하고자 하는 기업은 상장기업에 요구되는 법률상의 기준 등에 맞게 정관을 정비하여야 한다.

정관은 코스닥협회가 제정한 '코스닥상장법인 표준정관'에 따라 정관을 개정하는 것이 바람직하다. 표준정관은 상장법인으로서 요구되는 법령사항을 반영하고 있기 때문에 표준정관을 이용하여 정비하는 것이 가장 효과적인 방법이다. 이사회 지배구조를 법령에 따라 개정하고 임직원

28 한국거래소, 「2024 코스닥 상장심사 이해와 실무」, 27-28면 참조.

에 대한 주식매수선택권 부여에 관한 사항이 있을 경우 이에 관한 사항도 정관에 반영하여야 한다. 전환사채 발행 등 자금조달 방법에 관한 사항도 정관에 반영하는 것이 일반적이다. 주식의 양도를 제한하는 내용이 정관에 있는 경우에는 이를 해소하여야 한다. 다수 주주들의 자유로운 주식거래가 보장되어야 하는 증권시장에서는 주식의 양도제한은 허용될 수 없기 때문이다. 뒤에서 살펴보는 바와 같이 '주식양도의 제한이 없을 것'을 형식적 심사요건으로 두고 있는 것(코스닥시장 상장규정 제28조 제1항 제4호)도 이러한 취지이다.

(6) 의무보유 대상주식 산정

상장신청인의 최대주주등[29]과 상장주선인 등은 상장일부터 일정 기간 상장신청인의 주식등을 의무보유하여야 한다. "의무보유"[30]란 의무보유 대상자가 가진 주식등을 일정 기간 동안 예탁결제원이 관리하는 전자등록계좌부에 전자등록하거나 예탁결제원에 해당 주식등을 보관하여 그 주식등의 계좌 간 대체, 질권 설정·말소, 매각, 인출 등을 제한하는 것을 말한다(코스닥시장 상장규정 제2조 제18호). 코스닥시장의 의무보유제도는 최대주주등의 책임경영 유도 및 단기 상장차익 방지를 위한 제도이다.[31]

---

29 "최대주주등"이란 다음 중 하나에 해당하는 자를 말한다(코스닥시장 상장규정 제2조 제1항 제13호).
가. 다음의 어느 하나에 따른 최대주주(전문투자자가 투자를 목적으로 소유하는 주식은 최대주주를 산정할 때 소유주식 수에서 제외)
1) 「금융회사의 지배구조에 관한 법률」 제2조 제6호 가목에 따른 최대주주 중에서 본인이 소유하는 주식 수가 가장 많은 자
2) 벤처금융이 최대주주인 경우 해당 벤처금융이 소유하는 주식을 제외하면 최대주주가 되는 자(벤처금융을 제외하면 최대주주가 되는 자가 경영에 참여하지 않는 경우에는 최대주주로 보지 아니함)
나. 최대주주와 「금융회사의 지배구조에 관한 법률 시행령」 제3조 제1항 각 호의 어느 하나에 따른 특수한 관계가 있는 자("특수관계인")

30 "의무보유"란 용어 이전에는 "보호예수"란 용어로 사용되었는데, 전자증권제도의 도입에 따라 "의무보유"로 용어가 변경되었다.

31 한국거래소, 앞의 책, 38면.

코스닥시장 상장규정 제26조 제1항 본문에서 정하고 있는 의무보유 대상과 의무보유 기간은 다음 표와 같다.

의무보유 대상 및 의무보유 기간

의무보유 대상	의무보유 기간
상장신청인의 최대주주등	상장일부터 6개월 (기술성장기업 또는 신속이전기업은 1년)
상장예비심사 신청일 전 1년 이내에 상장신청인의 최대주주등이 소유하는 주식등을 취득한 자	상장일부터 6개월 (기술성장기업 또는 신속이전기업은 1년)
상장예비심사 신청일 전 1년 이내에 상장신청인이 제3자 배정 방식으로 발행한 주식등을 취득한 자	상장일부터 6개월 (기술성장기업 또는 신속이전기업은 1년)
벤처금융 또는 전문투자자가 모집이나 매출이 아닌 방법으로 취득한 투자기간(상장예비심사 신청일 기준)이 2년 미만인 주식등(벤처금융 또는 전문투자자가 취득한 주식등 중에서 상장신청일 현재 상장신청인의 자본금을 기준으로 각각 10%에 상당하는 한도까지의 주식등으로 한정)[32]	상장일부터 1개월
상장주선인(공동주관회사 포함)이 취득한 투자기간(상장예비심사 신청일 기준)이 6개월 미만인 주식등	상장일부터 6개월 (취득가격과 공모가격의 괴리율이 50% 미만인 경우는 상장일부터 1개월)
상장신청인의 최대주주등이 상장일 이후 주식매수선택권의 행사로 취득하는 주식[33]	상장일부터 6개월 (기술성장기업 또는 신속이전기업은 1년)
그 밖에 거래소가 공익 실현과 투자자 보호 등을 위하여 의무보유가 필요하다고 인정하는 주주등	상장일부터 한국거래소와 협의하여 정한 2년 이내의 기간

32 해당 법인이 기술성장기업 중 코스닥시장 상장규정 시행세칙 제26조 제5항의 요건을 충족하는 K-OTC시장 등록법인 또는 지정법인, 국내기업인 대형법인, 상장예비심사 신청일을 기준으로 코넥스시장에 상장한 후 1년 이상이 경과한 코넥스시장 상장법인인 경우에는 의무보유 의무를 부담하지 않는다(코스닥시장 상장규정 시행세칙 제23조 제5항).

33 2021년 카카오뱅크 및 카카오페이의 상장 직후 해당 회사 임원의 대규모 주식매수선택권(스톡옵션) 행사에 따른 '먹튀' 논란이 제기된 후 2022년 3월 신규상장 시 책임경영 및 공정한 주가의 조기 형성 등을 지원하기 위하여 최대주주등이 의무보유기간 중 주식매수선택권(스톡옵션)을 행사하여 취득한 주식도 의무보유 대상에 포함되었다.

코스닥시장 상장규정 제26조 제1항에서 정하고 있는 의무보유 기간은 의무보유 대상자가 상장주선인과의 협의에 따라 요청하는 경우 또는 경영투명성, 경영안정성 및 투자자 보호 등을 위하여 거래소가 필요하다고 인정하는 경우에는 의무보유 대상자와 협의하여 2년 이내의 범위에서 연장될 수 있다(코스닥시장 상장규정 제26조 제1항 단서).

한편, 상장주선인의 경우 2013년 3월 의무인수 및 해당 인수주식에 대한 매각제한 제도를 도입하여 상장주선인의 책임을 강화하였다. 상장주선인은 모집·매출하는 주식의 3%에 해당하는 수량(취득금액이 10억원을 초과할 때에는 10억원에 해당하는 수량으로 한다)의 주식을 상장예비심사신청 이후 신규상장신청일까지 모집·매출가격과 같은 가격으로 취득하여 상장일부터 3개월 동안 의무보유하여야 한다. 이 경우 상장신청인이 혁신기술기업이고 상장주선인이 일정한 사유[34]에 해당하는 경우에는 해당 수량을 상장일부터 6개월 동안 의무보유하여야 한다(코스닥시장 상장규정 제13조 제5항 제1호 나목). 상장신청인이 대형법인[35]인 경우에는 거래소는 해당 의무보유 의무를 부과하지 않을 수 있다(코스닥시장 상장규정 제13조 제6항).

(7) 혁신기술기업 상장특례 적용을 위한 전문평가기관 평가

혁신기술기업의 기술성과 성장성에 대한 심사는 거래소의 상장예비심사 단계에 앞서서 전문평가기관을 통해 먼저 이루어진다. 즉, 상장신청인이 혁신기술기업 상장특례를 적용받기 위해서는 상장예비심사 신청일 전 6개월 이내에 전문평가기관으로부터 기술성 등에 대한 평가를 받고 그 평가결과가 일정 등급 이상이어야 한다(코스닥시장 상장규정 시행세칙 제28조 제

---

34 상장주선인이 상장예비심사 신청일을 기준으로 최근 3년 이내에 상장을 주선한 기술성장기업이 상장한 이후 2년 이내에 투자주의 환기종목 또는 관리종목으로 지정되거나 형식적 상장폐지사유 또는 상장적격성 실질심사에 따른 상장폐지 사유가 발생한 경우를 말한다(코스닥시장 상장규정 시행세칙 제15조 제5항).

35 상장예비심사 신청일 현재 자기자본이 1,000억원 이상인 법인 또는 상장신청일 현재 기준시가총액이 2,000억원 이상인 법인을 말한다(코스닥시장 상장규정 제2조 제1항 제42호).

1항 제1호 가목 본문). 혁신기술기업으로 상장하고자 하는 국내기업의 경우 2개 전문평가기관의 평가등급 중 높은 등급이 A등급 이상이고, 낮은 등급이 BBB등급 이상이어야 한다.[36]

그런데 이러한 복수의 전문평가기관에 의한 평가제도는 혁신기업 성장 지원 등의 정책적 목표에 따라 단수평가 허용을 통해 완화되어 왔다. 기준시가총액이 5,000억원 이상인 기업, 「소재·부품·장비산업 경쟁력 강화 및 공급망 안정화를 위한 특별조치법」 제2조 제5호에 따른 소재·부품·장비 관련 전문기업에 대해서 단수 기술평가, 즉 1개의 전문평가기관에서 받은 평가등급이 A등급 이상으로 완화하였다.

그리고 2023년 12월에는 「국가전략기술 육성에 관한 특별법」에 제2조 제1호에 따른 "국가전략기술"[37] 또는 「국가첨단전략산업 경쟁력 강화 및 보호에 관한 특별조치법」 제2조 제1호에 따른 "국가첨단전략기술"[38]을 보유한 기업으로서 기준시가총액이 1,000억원 이상이고 벤처금융의 최근 5년 동안 투자금액의 합계가 100억원 이상인 기업 등에 대해서도 '단수 기술평가'를 허용하였다(코스닥시장 상장규정 시행세칙 제28조 제1항 제1호 가목 단서).

전문평가기관은 거래소의 '전문평가제도 운영지침'[39]에서 정하는 평가항목에 따라 혁신기술기업의 기술력을 중심으로 사업성 및 경쟁력 등을 평가하여야 한다. 거래소는 2023년 2월부터 기술평가제도의 신뢰성 제고 및 혁신업종 평가역량 강화 및 신속하고 충실한 평가 도모를 위해 '코스닥 표준기술평가모델'을 개발하여 시행하였다. 코스닥 표준기술평가모델은 업종별 평가체계를 도입하고 평가지표 및 가이드를 제공하고 있다. 전문평가제도의 평가항목은 다음 표와 같으며,[40] 거래소는 평가항목별 체

36 혁신기술기업으로 상장하고자 하는 외국기업의 경우에는 2개 전문평가기관의 평가등급이 모두 A등급 이상이어야 한다.

37 우주항공(8개 기술), 인공지능(4개), 양자(3개) 등 12개 분야 50개 기술을 말한다.

38 반도체(8개 기술), 디스플레이(4개), 이차전지(3개), 바이오(2개) 등 4개 분야 17개 기술을 말한다.

39 한국거래소 법규서비스 웹페이지(https://law.krx.co.kr/las/TopFrame.jsp) 참조.

40 한국거래소, 앞의 책, 47면.

크리스트 형식의 평가지표를 반영한 표준기술평가모델을 전문평가기관에 제공하고 있다.

전문평가의 평가항목

대항목	중항목	소항목
기술성	기술의 완성도	기술의 진행 정도
		기술의 신뢰성
		기술의 자립도
	기술의 경쟁우위도	기술의 차별성
		기술의 모방난이도
		기술의 확장성
	기술개발 환경 및 인프라	연구개발 활성화 수준
		경영진의 전문성
		기술인력 등 관리체계
시장성	목표시장의 잠재력	목표시장의 규모 및 성장성
		목표시장의 특성
	제품/서비스의 사업화 수준	사업모델 수립 수준
		자본조달능력
		생산 및 품질관리 역량
		판매처 확보 수준
	제품/서비스의 경쟁력	제품/서비스의 우수성
		제품/서비스의 시장 점유수준
		제품/서비스의 확장 가능성

전문평가기관은 2024년 3월 말 현재 정부산하연구기관 18개사 등 25개사[41]가 선정되어 있다. 혁신기술기업으로 상장하고자 하는 기업은 거래

41 TCB 7사(기술보증기금, 나이스평가정보, 한국기업데이터, 이크레더블, 나이스디앤비, SCI평가

소에 전문평가기관 지정을 신청하여 지정받은 전문평가기관으로부터 기술성 등에 대한 평가를 받아야 한다. 그리고 전문평가기관으로부터 기술성 등에 대한 평가를 받은 기업은 평가결과를 통보받은 날부터 6개월 이내에 상장예비심사를 신청하여야 한다(코스닥시장 상장규정 시행세칙 제11조 제2항 및 제4항).

혁신기술기업으로 상장예비심사를 거래소에 신청할 때에는 신청서류의 하나로 상장주선인이 작성한 '혁신기술기업 시장성 의견서'를 제출하여야 한다.[42] 해당 시장성 의견서는 경력 3년 이상의 애널리스트가 작성하여야 하며, 해당 기업이 속한 산업에 대한 '산업분석'과 해당기업에 대한 '기업분석'을 포함하여야 한다. 기업분석은 당해 연도를 포함한 최소 3년 이상의 실적전망과 기술제품의 시장규모 및 성장잠재력, 기술제품의 경쟁력 등 해당 기업의 시장성 의견을 기술하여야 한다. 또한, 해당 기업의 영업위험에 대한 의견도 포함하여야 한다. 이와 같은 상장주선인의 시장성에 대한 의견서 제출은 상장주선인의 혁신기술기업 상장에 대한 책임을 강화함과 동시에 투자자들에게 예상 매출액의 산정 근거 및 가정에 대한 정보 제공을 확대하기 위한 조치이다.

부실실사 전력이 있는 상장주선인에 대해서는 책임성 부여 장치를 강화하였는데, 상장주선인이 최근 3년 이내에 주선한 기술특례상장 기업(혁신기술기업과 사업모델기업 포함)이 상장 후 2년 이내에 투자주의환기종목 또는 관리종목으로 지정되거나 상장폐지 사유가 발생한 경우에는 풋백옵션을 부과(6개월)[43]하고 의무인수주식에 대한 의무보유 기간을 3개월에서 6

정보, 한국기술신용평가), 정부산하연구기관 18사(한국과학기술연구원, 한국과학기술정보연구원, 한국보건산업진흥원, 한국산업기술평가관리원, 한국전자통신연구원, 한국생명공학연구원, 정보통신기술진흥센터, 한국기계전기전자시험연구원, 한국식품연구원, 농업기술실용화재단, 해양수산과학기술진흥원, 정보통신정책연구원, 금융보안원, 한국에너지기술평가원, 국토교통과학기술진흥원, 한국발명진흥회, 한국산업기술진흥원)

42 코스닥시장 상장규정 시행세칙 [별지 1호] '상장예비심사 신청 서류' 참조.

43 코스닥시장 상장규정 제13조 제7항(2023.12.27. 개정).

개월로 연장[44]하는 등 상장주선인의 책임을 강화하였다.

기술평가 절차

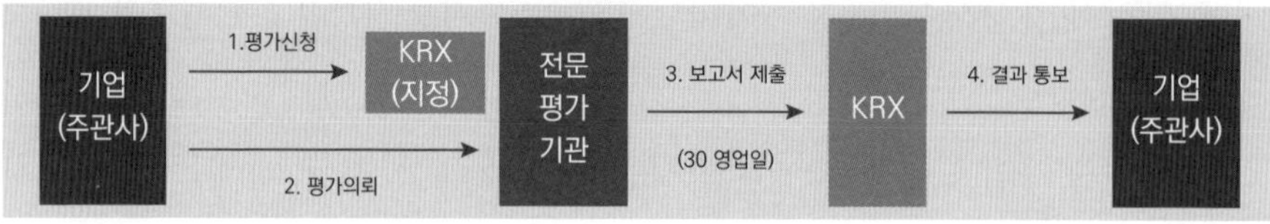

(8) **그 밖의 상장 준비사항**

공시체제를 갖추는 등 상장기업으로서 업무를 수행할 준비를 하여야 한다. 이러한 정비가 선행되어야 상장 시에 상장법인으로서 정상적으로 활동할 수 있기 때문이다. 명의개서대행회사[45]와 증권의 명의개서업무 등에 관한 명의개서대행계약을 체결하여야 한다.[46]

나. 상장예비심사

(1) **상장예비심사 신청**

상장준비 단계를 거쳐 상장신청인이 상장주선인을 통하여 상장예비심사신청서와 첨부서류를 거래소에 제출하면 상장예비심사 절차가 진행된다(코스닥시장 상장규정 제25조 제1항). 상장예비심사 신청은 앞서 살펴본 바와 같이 거래소와 상장 절차와 상장 시기에 관하여 사전에 협의한 후에 하는 것이 바람직하다. 코스닥시장 상장규정에서도 투자자 보호 및 코스닥시장의 건전성을 위하여 필요하다고 인정하는 경우 거래소는 상장신청인이 상장예비심사를 신청하기 전에 상장 절차 및 상장 시기 등을 상장신청인과 미리 협

44 코스닥시장 상장규정 제13조 제5항(2023.12.27. 개정).

45 현재 명의개서대행회사로는 국민은행, 한국예탁결제원 및 하나은행 등 3개사가 있다.

46 명의개서대행계약서 사본을 코스닥시장 상장예비심사 신청서류의 하나로 거래소에 제출하여야 한다. 코스닥시장 상장규정 시행세칙 [별표 1] 참조. 명의개서대행회사에 관한 사항은 정관에도 반영하여야 한다.

의할 수 있다고 규정하고 있다(코스닥시장 상장규정 제25조 제2항).

거래소의 상장예비심사는 상장신청인이 「코스닥시장 상장규정」에서 정하고 있는 형식적 심사요건과 질적 심사요건에 부합하는지를 심사하는 과정이다. 상장을 위한 실질적인 심사과정에 해당한다. 이 과정을 통과하면 다른 특별한 사정이 없는 한 이후 공모절차를 거쳐 상장이 이루어지는 것이 보통이기 때문이다. '상장예비심사'라고 표현한 것은 상장예비심사 이후에 공모절차를 거친 후 다시 한번 거래소에 대한 '신규상장 신청'이라는 절차가 있음을 고려한 용어선택이다.

신규상장 상장예비심사 신청 서류[47]

1) 거래소가 따로 정하는 상장예비심사 신청서
2) 신규상장신청인에 대한 재무서류
   가) 최근 사업연도의 개별·연결재무제표 및 그에 대한 감사인의 감사보고서
   나) 외부감사법 시행령 제14조 제6항 제1호에 따라 해당 사업연도 중에 감사인 지정을 받은 경우에는 다음의 추가 서류
      (1) 해당 사업연도의 최근 분기 또는 반기의 개별·연결재무제표
      (2) (1)에 대한 지정감사인의 감사보고서
   다) 해당 사업연도의 반기 개별·연결재무제표 및 그에 대한 감사인의 검토 보고서
   라) 규정 제28조 제1항 제2호 나목 3)의 요건을 적용받으려는 경우에는 다음의 추가 서류
      (1) 최근 사업연도의 직전 사업연도의 개별·연결재무제표
      (2) (1)에 대한 감사인의 감사보고서
3) 법인등기부등본
4) 정관
5) 최근 사업연도 말 현재(최근 사업연도 말 이후 주주명부를 폐쇄한 경우에는 그

47 코스닥시장 상장규정 시행세칙 [별표 1] 참조.

폐쇄시점 현재로 한다. 이하 같다)의 주주명부

6) 명의개서대행회사와 증권의 명의개서업무 등에 관한 대행계약(이하 “명의개서대행계약”이라 한다)을 체결한 계약서 사본

7) 의무보유에 관한 다음의 서류

가) 의무보유 대상자의 의무보유확약서

나) 의무보유 대상자의 의무보유를 증명하기 위하여 예탁결제원이 발행한 서류

8) 발행등록사실확인서

9) 상장 동의에 관한 이사회 의사록 사본

10) 상장주선인이 실시하는 내부통제점검과 관련하여 거래소가 따로 정하는 서류

11) 주채권은행의 의견서

12) 이해관계자의 투자현황 확인서

13) 계열 등 특수관계 부존재 확인서

14) 거래소가 개설한 상장지원을 위한 교육과정을 수료하였음을 증명할 수 있는 서류. 다만, 대형법인은 제출하지 않을 수 있다.

15) 규정 제28조 제1항 제1호 다목의 분산요건을 갖추어 상장하는 상장신청인의 경우 직전사업연도의 사업보고서 또는 이에 준하는 서류

16) 국내소재외국지주회사의 경우 다음의 추가 서류

가) 모든 외국자회사를 연결 대상으로 포함하는 최근 사업연도의 연결재무제표 및 그에 대한 감사인의 감사보고서

나) 해당 사업연도의 최근 분기 또는 반기의 개별·연결재무제표 및 그에 대한 감사인의 검토보고서

다) 외국자회사의 개별·연결재무제표 및 그에 대한 감사보고서

라) 외국자회사에 대한 세칙 제20조 제1항에 따른 별지 제34호 서식의 내부회계관리제도운영보고서

17) 벤처기업의 경우 다음의 추가 서류

가) 규정 제2조 제1항 제38호 가목 또는 나목에 따른 벤처기업: 벤처기업법 제25조에 따라 발급한 벤처기업확인서

나) 규정 제2조 제1항 제38호 다목에 따른 벤처기업: 「중소기업 기술혁신 촉진법 시행령」 제13조에 따라 발급된 기술혁신형 중소기업 확인서

18) 기술성장기업의 경우 다음의 추가 서류

가) 혁신기술기업: 다음의 서류

(1) 세칙 제28조 제1항 제1호 가목 3)에 따라 전문평가기관의 평가를 받은 경우: 별지 제9호 서식의 시장성 의견서 및 별지 제11호 서식의 지정자문인 추천서

(2) 그 외의 경우: 별지 제9호 서식의 시장성 의견서

나) 사업모델기업: 별지 제10호 서식의 사업모델기업 평가 보고서

19) 규정 제31조 제1항에 따른 신속이전기업의 경우 다음의 추가 서류

가) 규정 제31조 제1항 제3호 바목에 따른 신속이전기업의 경우: 별지 제11호 서식의 지정자문인 추천서 및 별지 제10호의2 서식의 기업 계속성 보고서

나) 그 외의 경우: 별지 제11호 서식의 지정자문인 추천서

20) 그 밖에 거래소가 상장예비심사에 필요하다고 인정하는 서류

(2) 심사기간

거래소는 상장예비심사신청서를 접수한 날부터 원칙적으로 45일(영업일을 기준으로 한다) 이내[48]에 상장예비심사 결과를 금융위원회와 해당 상장신청인 및 상장주선인에게 통지하여야 한다. 그러나 상장예비심사신청서 또는 첨부서류의 정정이나 보완이 필요한 경우, 전문평가기관에 평가를 의뢰한 경우, 그 밖에 추가적인 심사기간 확보가 필요하다고 거래소가 인정하는 경우에는 상장예비심사 결과의 통지를 연기할 수 있다. 이 경우 거래소는 그 사유와 예상처리기간을 해당 상장신청인과 상장주선인에게 서면으로 통지하여야 한다(코스닥시장 상장규정 제6조 제4항 및 제5항). 상장

48 상장예비심사기간은 원칙적으로 45일이지만, 우량기업(최근 사업연도의 매출액이 1,000억원 이상이고 법인세차감전계속사업이익이 200억원 이상인 대형법인 등을 말한다)에 해당하는 기업의 경우 30일(유가증권시장의 경우에는 20일)로 단축하는 '우량기업 신속상장(패스트트랙) 제도'가 있다(코스닥시장 상장규정 시행세칙 제10조 제1항). 카카오게임즈, HK이노엔과 같은 기업이 패스트트랙으로 코스닥시장 상장예비심사를 받아 상장된 대표적 기업이다. 패스트트랙이 적용되는 우량기업의 경우 상장예비심사에 관한 질적 심사기준 중 '기업의 계속성'에 관한 심사를 면제한다(코스닥시장 상장규정 시행세칙 제32조 제1항).

예비심사 기간이 규정에서 정한 기간 내에 완료되기 위해서는 앞서 상장주선인의 기업실사를 포함한 상장준비가 충실히 이루어질 필요가 있음은 앞서 설명한 바와 같다.

한편, 상장예비심사 심사기간은 상장예비심사 신청 기업이 많아질 경우 심사지연이 발생할 수 있는데, 지방소재벤처기업[49]과 일정 요건을 충족하는 수출우량기업 및 한국금융투자협회의 「K-OTC시장 운영규정」에 따른 등록법인 또는 지정법인에 대해서는 우선적으로 심사하도록 하고 있다(코스닥시장 상장규정 제6조 제6항).

(3) 심사방법

거래소의 상장예비심사는 서면심사와 현장답사를 병행하여 이루어진다. 현장답사는 거래소 직원이 상장예비심사기간 중 직접 상장신청 회사를 방문하여 임직원 면담과 사업진행 현황 등에 대한 설명 청취, 그리고 제품 생산과정 및 생산설비 등 사업장 확인을 하게 된다. 서면심사 및 현장답사가 어느 정도 진행된 후에는 대표이사 면담이 이루어진다. 그리고 전문평가기관의 평가가 필요한 경우 '전문가회의'를 개최하여 의견을 청취한다.[50] 특히, 혁신기술기업으로 상장예비심사를 신청한 기업에 대해서는 전문가회의가 거의 예외없이 개최된다.

(4) 심사결과의 결정

상장예비심사 결과는 코스닥시장 상장위원회(이하 "상장위원회")의 심의·의결을 거쳐 결정한다. 다만, 상장위원회의 심의결과가 상장 미승인이거나 상장위원회 위원장이 코스닥시장위원회의 심의·의결이 필요하다고 인정하는 경우에는 코스닥시장위원회의 심의·의결을 거쳐 상장예비

49 지방소재벤처기업은 서울특별시·인천광역시·경기도를 제외한 지역에 본점 및 주사업장을 둔 벤처기업을 말한다. 코스닥시장 상장규정 시행세칙 제7조 참조.

50 한국거래소의 「전문가회의 운영지침」(https://law.krx.co.kr/las/TopFrame.jsp) 참조.

심사 결과를 결정한다(코스닥시장 상장규정 제6조 제1항).[51]

상장위원회는 모두 9인의 위원으로 구성하되, 코스닥시장위원회가 필요하다고 인정하는 경우 2인 이내에서 위원을 추가할 수 있다. 상장위원회는 코스닥시장위원회의 위원 중 4인과 거래소가 위촉하는 50명 이내의 위원으로 구성된 심의위원단 중 4인, 그리고 거래소 코스닥시장본부의 상장업무 담당 집행간부 1인 등 9인으로 구성된다. 이 중에서 코스닥시장위원회의 위원 중 4인은 거래소의 사외이사 중 투자매매업자 또는 투자중개업자 대표이사 1인과 거래소 주주총회에서 선임하는 '외부기관 추천위원' 중에서 코스닥시장위원회가 정하는 위원 4인을 말한다. 상장위원회 위원장은 코스닥시장위원회의 위원인 4인의 위원 중 1인으로 한다(코스닥시장위원회 운영규정 제12조의3 제1항 및 제2항).

코스닥시장위원회는 코스닥시장위원장, 거래소 사외이사 중 투자매매업자 또는 투자중개업자 대표이사 1인, 주주총회에서 선임하는 '외부기관 추천위원' 7인,[52] 그리고 코스닥시장본부장 등 모두 10인의 위원으로 구성된다. 앞서 상장위원회 구성에서 언급한 바와 같이 코스닥시장위원회 위원 중 4인이 상장위원회의 위원이 된다.

상장위원회의 심의결과가 '상장 미승인'에 해당하는 경우에 코스닥시장위원회의 2단계 심의를 거쳐 상장예비심사결과를 확정하도록 하는 절차는 코스닥시장위원회의 위상을 강화하는 조치[53]의 일환으로 2018년 2

51 코스닥시장과 달리 유가증권시장의 경우에는 '유가증권시장 상장공시위원회'의 심의를 거쳐 상장예비심사 결과를 확정한다(유가증권시장 상장규정 제22조 제4항).

52 '외부기관 추천위원'은 금융위원회 위원장이 추천하는 1인, 중소벤처기업부 장관이 추천하는 1인, 대한변호사협회가 추천하는 법률전문가 1인, 코스닥시장 상장법인을 대표하는 자로서 코스닥협회가 추천하는 1인, 한국벤처캐피탈협회가 추천하는 1인, 코넥스협회가 추천하는 벤처전문가 1인, 한국금융소비자보호재단이 추천하는 1인으로서 거래소 주주총회에서 선임하는 7인의 위원이다.

53 상장미승인, 상장승인 효력불인정, 상장폐지에 대해서는 코스닥시장위원회에서 최종적으로 심의·의결하도록 하였다.

월 21일 코스닥시장 상장규정 개정을 통해 마련되었다.[54] 해당 개정 이전에는 상장위원회의 심의를 거쳐 상장예비심사결과를 확정하였다. 그러나 상장위원회가 '상장 미승인'을 심의·의결한 경우에 통상 상장신청인이 상장예비심사신청을 자진 철회함으로써 시장위원회의 심의가 이루어지지 않는 경우가 많다는 점에서 2단계 심의절차의 효용성이 높지 않은 것이 현실이다. 상장위원회의 심의 결과가 '상장 미승인'인 경우에 코스닥시장위원회의 심의가 이루어질 수 있도록 유도할 수 있는 방안의 마련이 필요해 보인다. 코스닥시장위원회의 심의까지 거치도록 함으로써 상장 미승인에 신중을 기하도록 하는 것이 시장위원회의 위상을 강화하고자 한 취지와 부합한다고 생각되기 때문이다.

한편, 상장위원회 이후 코스닥시장위원회의 심의를 거치는 경우에 코스닥시장위원회의 개최기한이나 상장신청인의 의견진술 기회 부여 등에 대해서는 별도의 규정을 두고 있지 않다.

상장신청인은 상장주선인 또는 상장신청인의 대표이사가 상장예비심사 결과를 통지받은 날부터 7일(영업일을 기준으로 한다) 이내에 상장예비심사 결과에 대한 이의신청을 할 수 있다. 이의신청은 '상장 미승인'의 경우에 할 것이므로 코스닥시장위원회의 심의·의결을 거쳐 '상장 미승인'이 결정되는 경우에 이의신청을 할 수 있다. 상장신청인이 이의신청을 하는 경우 거래소는 이의신청 서류를 제출받은 날부터 15일(영업일을 기준으로 한다) 이내에 코스닥시장위원회 개최하여 이의신청에 대한 인용 여부를 결정한다(코스닥시장 상장규정 제10조 제1항·제2항 및 동 시행세칙 제14조 제2항). 거래소는 이의신청에 따른 코스닥시장위원회에서 해당 상장신청인의 대표자에게 의견을 진술할 수 있는 기회를 1회 이상 부여하여야 한다(코스닥시장 상장규정 시행세칙 제14조 제2항). 상장신청인은 이의신청에 따른 코스닥

54 해당 코스닥시장 상장규정 개정은 금융위원회가 발표한 「코스닥 시장 활성화를 통한 자본시장 혁신방안」(2018.1.11. 금융위원회 보도자료)의 후속조치로 이루어졌다.

시장위원회의 결정에 대하여 다시 이의를 신청할 수 없다(코스닥시장 상장규정 시행세칙 제14조 제3항).

(5) 상장예비심사신청의 철회

상장신청인은 상장예비심사가 진행되는 중에 상장예비심사신청을 철회할 수 있다. 상장예비심사신청을 철회할 수 있다는 뜻을 직접 명시한 규정은 없으나, 「코스닥시장 상장규정」은 상장예비심사신청의 철회를 전제로 하는 규정을 일부 두고 있다. 상장예비심사신청을 철회하는 경우에 일정 기간 상장예비심사신청을 제한하는 규정(코스닥시장 상장규정 제9조 제2항)과 상장예비심사신청을 철회하는 경우에 상장신청 서류가 반환되지 않는다는 규정(코스닥시장 상장규정 제86조)이 대표적인 규정이다.

상장예비심사신청의 철회는 상장위원회 개최 이전 심사단계에서 이루어지기도 하고, 상장위원회가 '미승인'을 심의·의결한 후에 이루어지기도 한다. 상장위원회에서 '미승인'이 의결된 경우에 상장신청인이 코스닥시장위원회에서도 '미승인'으로 결정될 것으로 예상하고 자진 철회하는 것이다.

상장예비심사신청을 철회하는 것은 상장예비심사 과정에서 상장 심사요건에 미흡한 사항이 발견되어 상장예비심사 결과 미승인이 예상되는 경우에 미승인이라는 결과가 기업 이미지에 미칠 부정적 효과를 피하기 위함인 것으로 보인다. 2021년부터 2023년까지 상장예비심사신청 철회 기업의 수가 20개사 내외[55]로 미승인 기업의 수가 10개사 내외인 것과 비교할 때 적지 않은 기업이 상장예비심사신청을 철회하고 있다.[56] 이와 같이

55 상장예비심사신청 철회 기업 수는 2021년에 23개사, 2022년에 18개사, 2023년에 23개사였다. 이에 반해 상장예비심사 미승인 기업 수는 2021년에 13개사, 2022년에 9개사, 2023년에 4개사였다.

56 한국경제신문에 따르면, 2024년 11월 11일 현재 2024년에 상장예비심사를 청구한 뒤 자진 철회하거나 미승인을 통보받은 기업은 총 38곳이며, 이 중에서 자진 철회를 선택한 기업은 32곳이며, 미승인을 통보받은 기업은 6곳이라고 한다. 한국경제신문, "올 'IPO 고배' 기업 사상 최대", 2024.10.11. https://www.hankyung.com/article/2024101196011 참조.

상장예비심사신청의 철회가 많은 것은 상장신청인인 기업이 충분한 사전 준비 없이 상장예비심사를 신청하고 있는 데서도 비롯되는 것으로 보인다. 이러한 상장예비심사신청의 철회를 최소화하기 위해서는 충분한 사전 준비는 물론 상장예비심사 신청에 앞서서 거래소와의 사전 협의도 강화할 필요가 있다.

앞서 언급한 바와 같이 코스닥시장 상장규정 제9조 제2항은 상장신청인이 상장예비심사신청을 철회한 경우에는 철회일부터 일정 기간(3년간) 상장예비심사신청을 제한하는 것으로 해석되는 규정을 두고 있다. 해당 규정은 "상장신청인이 상장예비심사신청을 철회한 경우에 관하여는 제1항을 준용한다. 이 경우 "기각일 또는 효력 불인정이 결정된 날"은 "철회일"로 본다"라고 규정하고 있다. 해당 규정은 언뜻 보면 모든 상장예비심사신청의 철회에 대하여 3년간 상장예비심사신청을 제한하는 취지를 규정한 것으로 읽힌다. 그러나 거래소의 상장 실무에서는 상장예비심사신청을 철회하는 경우에도 일반적인 경우에는 상장예비심사신청에 아무런 제한을 두고 있지 않다. 다시 말해 상장예비심사신청을 철회하는 경우에도 대부분 언제든지 다시 상장예비심사를 신청할 수 있다.[57]

상장신청인이 상장예비심사신청을 철회한 경우에는 상장예비심사 결

---

57 그렇다면 코스닥시장 상장규정 제9조 제2항은 어떤 경우에 적용되는가. 이에 대해서는 해당 규정이 개정되기 이전의 규정을 살펴볼 필요가 있다. 현행 규정은 2021년 8월 25일 상장규정의 체계를 개편하는 개정으로 현재와 같이 개정되었는데, 그 이전에는 제5조 제2항에서 "상장예비심사청구를 철회한 법인이 제1항 제1호에 해당하거나 제8조 제8항 제2호의 조치를 받은 경우에는 철회일부터 3년 이내에는 제4조의 규정에 의한 상장예비심사청구를 할 수 없다"라고 규정하고 있었다. 해당 규정은 '회계처리기준 위반행위'로 인하여 신규상장요건을 미충족하거나 상장예비심사신청이 기각되거나 효력 불인정되는 경우로서 증권선물위원회로부터 일정한 조치를 받은 경우에 이를 회피하기 위하여 상장예비심사신청을 철회하는 경우라도 해당 조치를 받은 때와 마찬가지로 상장예비심사신청을 동일하게 3년간 제한하기 위한 취지의 규정이었다. 현행 코스닥시장 상장규정 제9조 제2항은 그 이전 규정과 같은 규정취지가 분명히 드러나지 않고 오히려 일반적인 철회의 경우에 상장예비심사신청을 제한하는 것으로 읽힌다. 현행 규정의 취지가 개정 전의 규정과 같은 취지라면 조문의 정비가 필요한 부분이다.

과가 확정되지 않은 상태이므로 거래소는 상장예비심사 결과를 상장신청인에게 통지할 의무가 없다. 이것은 상장위원회에서 '상장 미승인'을 심의·의결하였으나 코스닥시장위원회 심의 이전에 철회가 이루어진 경우에도 마찬가지이다.

(6) 상장예비심사신청의 기각

거래소는 재무서류에 대한 「외부감사 및 회계 등에 관한 규정」 제23조에 따른 재무제표 감리 결과 회계처리기준 위반으로 증권선물위원회가 상장신청인에 대하여 증권 발행제한, 검찰 고발, 검찰 통보, 과징금 부과 조치(금융위원회의 과징금 부과 조치를 포함한다)를 의결한 사실이 확인된 경우 해당 상장예비심사신청을 기각한다(코스닥시장 상장규정 제6조 제3항). 상장예비심사신청이 기각된 때에는 해당 조치를 받은 상장신청인은 기각일부터 3년 이내에 해당 증권의 상장예비심사를 신청할 수 없다(코스닥시장 상장규정 제9조 제1항).

(7) 상장예비심사 결과의 효력불인정

거래소는 상장예비심사 결과를 통지한 후에 일정한 사유가 발생하여 상장예비심사 결과에 중대한 영향을 미친다고 판단하는 경우 코스닥시장위원회의 심의·의결을 거쳐 상장예비심사 결과의 효력을 인정하지 않을 수 있다.

상장예비심사 결과의 효력을 불인정할 수 있는 사유로는 ① 발행한 어음이나 수표의 부도, 합병, 소송의 제기, 영업활동의 중지, 주요자산의 변동 등 경영상 중대한 사실이 발생한 경우, ② 상장예비심사신청서 또는 첨부서류를 거짓으로 기재하거나 중요한 사항을 빠트린 사실이 확인된 경우,[58] ③ 재무서류에 대한 재무제표 감리 결과 증권선물위원회가 증권 발

58 한국거래소는 2024년 6월 18일 코스닥시장위원회의 심의를 거쳐 ㈜이노그리드의 코스닥시장 상장예비심사 승인 결과의 효력을 불인정하기로 결정하였다. 해당 결정은 '상장예비심사신청서의 거짓 기재 또는 중요사항 누락' 등으로 인한 것으로 해당 회사는 관련내용을 사전에 인지하고 있었음

행제한, 검찰 고발, 검찰 통보 또는 과징금 부과 조치(금융위원회의 과징금 부과 조치를 포함한다)를 의결한 사실이 확인된 경우, ④ 자본시장법 제122조에 따른 정정신고서의 정정내용이 중요한 경우, ⑤ 상장예비심사 결과를 통보받은 날부터 6개월 이내에 상장신청서를 제출하지 않은 경우,[59] ⑥ 상장을 신청할 때 제출한 재무내용 등이 상장예비심사신청 시에 제출한 내용 등과 현저하게 다르거나 중대한 변경이 발견된 경우, ⑦ 그 밖에 상장예비심사 결과에 중대한 영향을 미치는 것으로 세칙으로 정하는 경우 등이다(코스닥시장 상장규정 제8조 제1항).

그리고 재무서류에 대한 재무제표 감리 결과 증권선물위원회가 상장신청인에 대하여 임원(상법 제408조의2에 따른 집행임원을 포함한다)의 해임·면직 권고, 임원의 직무정지 또는 감사인 지정 조치를 의결한 사실이 확인된 경우에는 거래소는 상장 심사요건에 따라 심사하여 심사의 효력이 불인정되어야 한다고 판단되는 때에는 코스닥시장위원회의 심의·의결을 거쳐 상장예비심사 결과의 효력을 인정하지 않을 수 있다(코스닥시장 상장규정 제8조 제2항).

상장예비심사 결과의 효력이 인정되지 않는 경우 상장신청인은 재심사를 신청할 수 있으며, 거래소 재심사 신청이 있는 경우 상장예비심사 절차를 준용하여 심사한다. 이 경우 상장신청인은 재심사 결과에 대하여 다시 재심사를 신청할 수 없다(코스닥시장 상장규정 제8조 제4항 및 제5항).

상장신청인이 재무제표 감리 결과 회계처리기준 위반으로 증권선물위원회로부터 임원의 해임·면직 권고, 임원의 직무정지, 증권 발행제한, 감

에도 '중요사항'이 아니라고 판단하여 상장예비심사신청서 등에 기재하지 않았고, 이로 인해, 상장예비심사 단계에서 동 사실을 심의할 수 없었다고 판단하였다. 관련 중요사항으로서 누락된 내용은 최대주주 지위분쟁 관련 사항으로, 증권신고서 수리 단계에서 발견되어, '소송 등 법적 분쟁 발생 가능성 위험'이 증권신고서(6차 정정)에 기재된 사항이었다. 한국거래소 보도자료(2024.6.28.) "한국거래소 코스닥시장위원회, ㈜이노그리드 상장예비심사효력 불인정 의결" 참조.

59 해당 법인이 코스닥시장의 상황 급변 등 불가피한 사유로 제출기한의 연장을 신청하여 거래소가 승인하는 경우에는 6개월 이내에서 제출기한을 연장할 수 있다.

사인 지정 또는 과징금 부과 조치를 받은 경우(다만, 위반행위에 대한 조치결과를 반영하여 재무서류를 정정한 결과 형식적 심사요건이나 상장심사 특례에 관한 요건을 충족하지 못한 경우로 한정한다) 및 검찰 고발 또는 검찰 통보 조치를 받은 경우에 해당하여 상장예비심사 결과의 효력이 불인정된 경우에는 효력불인정이 결정된 날부터 3년 이내에 해당 증권의 상장예비심사를 신청할 수 없다(코스닥시장 상장규정 제9조 제1항). 그리고 상장예비심사신청서 또는 첨부서류를 거짓으로 기재하거나 중요한 사항을 빠트린 사실이 확인된 경우에 해당하여 상장예비심사 결과의 효력이 불인정된 경우에는 효력불인정이 결정된 날부터 1년 이내에 상장예비심사를 신청할 수 없다(코스닥시장 상장규정 제9조 제3항).

다. 공모

거래소로부터 상장예비심사 승인을 받은 기업은 금융감독원에 증권신고서를 제출함으로써 모집 또는 매출을 위한 공모절차를 개시하게 된다. 이러한 증권신고서의 제출과 증권의 모집 또는 매출에 관한 사항은 자본시장법과 금융위원회의 「증권의 발행 및 공시 등에 관한 규정」, 그리고 금융투자협회의 「증권 인수업무 등에 관한 규정」이 정하는 바에 따른다.

형식적 심사요건 중 주식분산에 관한 요건은 공모절차를 거친 후에 그 충족 여부를 판단한다. 따라서 공모절차를 통해 주식분산 요건에서 정하는 소액주주 수 및 소액주주 지분율을 충족하여야 한다. 공모는 신주모집과 구주매출을 병행해서 실시할 수도 있고, 신주모집 또는 구주매출 중 하나를 단독으로 실시할 수도 있다.

증권신고서에는 모집 또는 매출에 관한 사항, 발행인에 관한 사항을 기재하고, 증권신고서 신고 당시 해당 발행인의 대표이사 및 신고업무를 담당하는 이사(대표이사 및 신고업무를 담당하는 이사가 없는 경우 이에 준하는 자를 말한다)는 그 증권신고서의 기재사항 중 중요사항에 관하여 거짓의 기재 또는 표시가 있거나 중요사항의 기재 또는 표시가 누락되어 있지 아니하다는 사실 등을 확인·검토하고 이에 각각 서명하여야 한다(자본시장법 제119조 제5항 및 동법 시행령 제125조 제1항).

코스닥시장 상장예비심사 흐름도

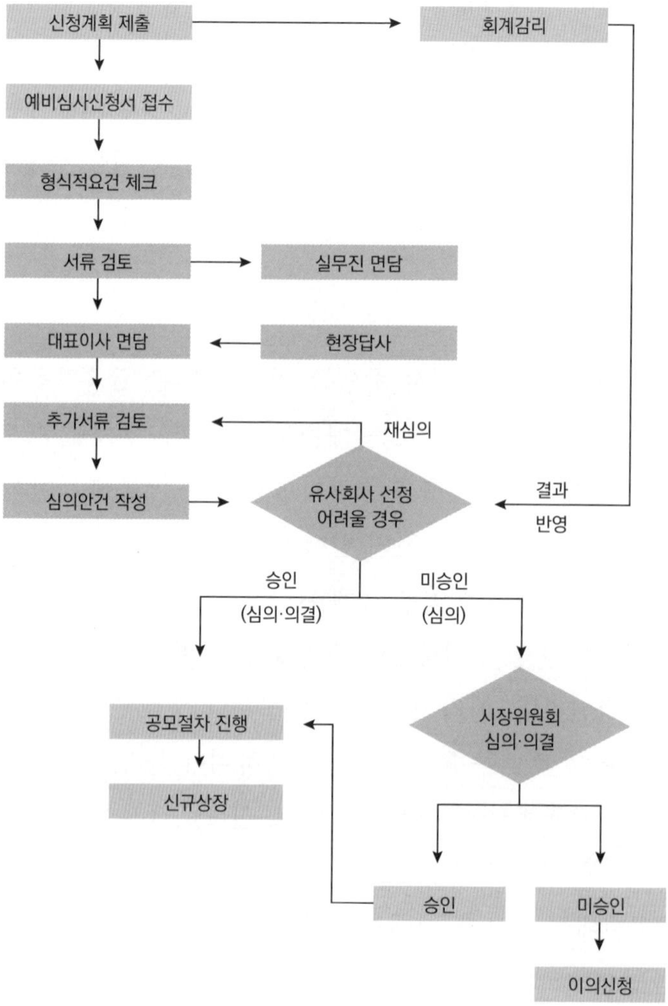

자료: 한국거래소, 「2024 코스닥 상장심사 이해와 실무」

증권신고서는 금융감독원에 제출되어 수리된 날부터 15일이 경과한 날에 효력이 발생한다(자본시장법 제120조 제1항 및 동법 시행규칙 제125조 제1항 제2호). 금융감독원은 증권신고서의 형식이 제대로 갖추어져 있지 않은 경우 또는 중요사항에 관하여 거짓의 기재 또는 표시가 있거나 중요사항의 기재나 표시내용이 불분명하여 투자자의 합리적인 투자판단을 저해하거나 투자자에게 중대한 오해를 일으킬 수 있는 경우에는 그 증권신고서에 기재된 증권의 취득 또는 매수의 청약일 전일까지 정정신고서의 제출을 요구할 수 있다.

증권신고서가 효력을 발생하면 그 이후 청약권유문서인 투자설명서 작성 및 공시, 기업설명회(IR) 개최, 수요예측 및 공모가 확정, 청약 및 배정, 납입의 순서로 일련의 공모절차가 진행된다. 이와 같은 공모절차는 증권신고서가 수리되면 '기계적으로' 진행되기 때문에 공모과정의 핵심은 결국 금융감독원의 증권신고서 수리 여부가 된다.[60]

증권신고서가 수리된 후 수요예측의 결과 수요가 부진한 경우에는 공모를 철회하는 증권신고서 철회신고서를 제출하는 경우도 있다.[61] 이 경우에는 증권신고서를 보완하여 공모절차를 다시 진행하거나 제반 사정을 감안하여 거래소시장에의 상장 자체를 철회할 수도 있다.

60 법무법인(유) 지평·IPO실무연구회, 앞의 책, 46면.

61 최근 유가증권시장 상장을 추진하던 케이뱅크(K-Bank)는 상장예비심사 승인과 증권신고서 수리 이후에 실시한 수요예측 결과 수요가 부진하여 2024년 10월 18일 상장을 위한 공모를 철회하는 철회신고서를 제출하였다. https://dart.fss.or.kr/dsaf001/main.do?rcpNo=20241018000208 참조.

공모절차 흐름도

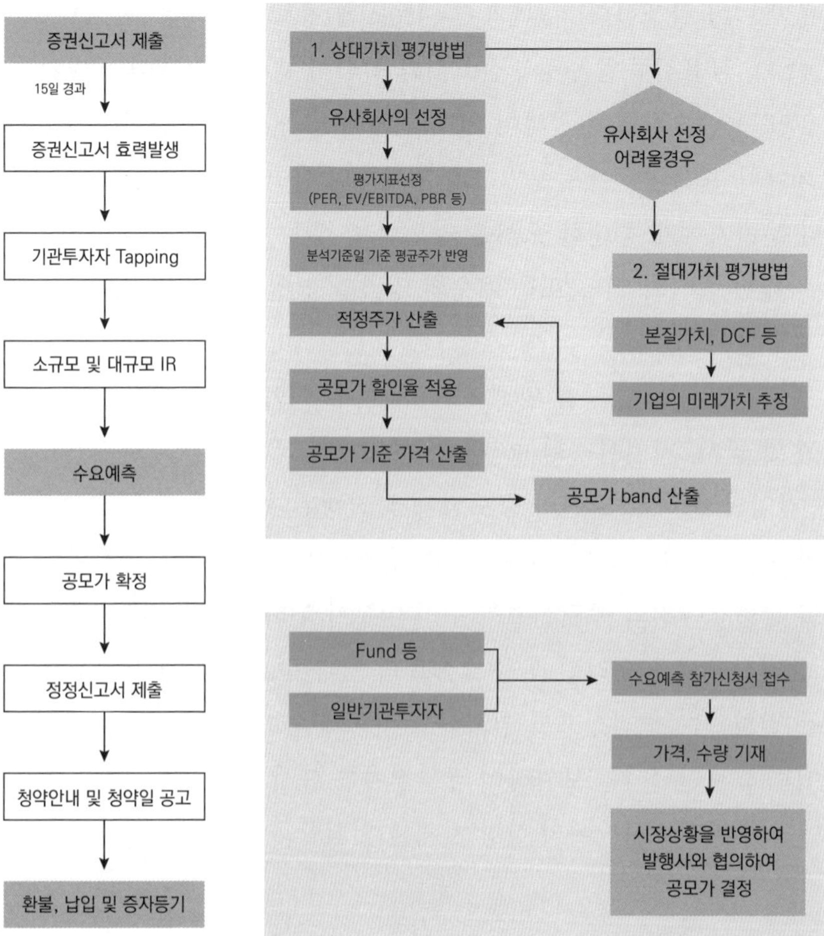

자료: 한국거래소, 「2024 코스닥 상장심사 이해와 실무」

라. 신규상장 신청 및 거래개시

상장예비심사를 신청한 후에 모집 또는 매출을 하는 경우에는 해당 모집 또는 매출의 주금 납입기일까지 신규상장신청서를 거래소에 제출하여야 한다(코스닥시장 상장규정 제27조 제3항). 신규상장서 제출은 상장예비심사 결과를 통보받은 날부터 6개월 내에 이루어져야 한다(코스닥시장 상장규정 제8조 제1항 제5호). 상장예비심사 결과 통보일부터 6개월 이내에 신규상장을 신청하지 않으면 코스닥시장위원회의 심의·의결을 거쳐 상장예비심사 결과의 효력이 불인정될 수 있기 때문이다.

신규상장 신청 시에는 신규상장신청서와 첨부서류를 함께 제출하여야 하는데 상장예비심사를 신청한 때 제출한 서류에서 변경된 사항이 없는 경우에는 해당 첨부서류를 제출하지 않을 수 있다(코스닥시장 상장규정 제27조 제2항). 제출서류로는 발행등록사실확인서, 의무보유 대상자의 의무보유를 증명하기 위하여 예탁결제원이 발행한 서류, 상장계약서, 의무이행확약서, 주주명부요약표 또는 청약·배정명세서 요약표, 기업설명회 관련 확인서,[62] 상장주선인의 의무보유확약서 및 예탁결제원이 발행한 의무보유를 증명할 수 있는 서류, 주금의 납입을 증명할 수 있는 서류 등이 있다.[63] 이들 서류를 통해 상장예심사 시 확인하지 못한 주식분산요건 및 시가총액 등의 충족 여부를 심사하게 되며, 공모자금이 납입되었는지, 의무보유 대상주식에 대한 의무보유 조치 여부 등을 확인하게 된다.

벤처기업의 경우 벤처기업확인서 등을 통해 벤처기업 여부 및 유효기간을 확인하며, 이노비즈인증 기업의 경우 이노비즈인증 등을 통해 사실관계 및 유효기간을 확인한다.[64]

신규상장 신청에 따른 거래소의 심사는 본심사로서 코스닥시장 상장의 최종절차에 해당하지만 상장예비심사와 달리 코스닥시장 상장위원회의 심의·의결을 거치지 않고 거래소 자체적인 심사과정을 통해 승인 여

62 기업공개 및 신규상장과 관련하여 실시하는 기업설명회(IR)는 증권신고서 효력 발생 이후 일반청약 시까지 집중적으로 실시한다. 기업은 독자적으로 IR을 실시할 수도 있으며, 대표주관회사 또는 IR을 전문적으로 지원하는 회사(IR 대행업체) 등과 협의하여 실시할 수도 있다. 한국IR협의회(www.kirs.or.kr)도 신규상장을 위한 기업설명회(IPO IR)을 지원하고 있다. 한국거래소, 「2024 유가증권시장 상장심사 가이드북」, 35-36면 참조.

63 코스닥시장 상장규정 시행세칙 [별표 2] 참조.

64 한국거래소, 앞의 책, 18면.

부를 결정한다. 상장예비심사와 공모절차를 통해 상장 적합성이 충분히 확인되었으므로 거래소는 신규상장신청서와 제출서류를 통해 상장 요건이 충족되고 있는지 여부만을 최종 확인한 후 지체없이 신규상장 승인을 하게 된다.

신규상장 승인이 되면 승인 후 2영업일이 되는 날 최초 매매거래를 개시한다.[65] 청약일로부터 최초 매매거래개시일까지는 통상 6~14일 정도 소요된다.[66]

IV 상장 심사요건

상장요건은 크게 형식적 심사요건과 질적 심사요건으로 구분한다. 먼저 형식적 심사요건은 기업이 상장하기 위해서 객관적으로 갖추어야 하는 요건이다. 따라서 상장을 하고자 하는 기업은 형식적 심사요건을 충족하는지 여부를 우선 판단하여야 하고 그렇지 못한 경우에는 형식적 심사요건을 충족하는 시기에 맞추어 상장을 준비하고 추진하여야 한다. 형식적 심사요건을 미충족하는 기업은 거래소에 상장예비심사를 청구하더라도 상장예비심사를 통과할 수 없기 때문에 형식적 심사요건의 충족 여부를 우선 판단하여야 한다.

질적 심사요건은 형식적 심사요건을 갖추었더라도 기업의 성장성이나 사업성이 있는 사업을 영위하는 기업인지를 평가하는 요건이다. 상장기업은 다수의 투자자가 수익을 기대하고 투자하는 기업이기 때문에 성장성이나 사업성이 있는 기업이어야 한다. 상장을 추진하는 기업은 형식적 심사요건이 객관적인 요건이므로 이를 충족하는 경우가 대부분일 것이므로 상장신청기업의 상장예비심사 승인 여부는 질적 심사요건의 충족 여

---

65 법무법인(유) 지평·IPO실무연구회, 앞의 책, 46면.

66 한국거래소, 앞의 책, 19면.

부에 달려 있다고 할 수 있다.

벤처기업의 상장절차상 특례는 주로 형식적 심사요건에 대해 부여되고 있다. 형식적 심사요건은 일반기업에 비해 다소 완화 적용하더라도 질적 심사요건을 충족한다면 상장을 허용함으로써 벤처기업의 성장과 발전을 지원하고자 하는 취지이다.

형식적 심사요건은 질적 심사요건으로 전환하거나 완화되는 흐름을 보여 왔다. 특히 코스닥시장은 중소벤처기업과 혁신성장기업의 성장을 지원하기 위해 상장 심사요건이 지속적으로 완화되는 경향을 보여 왔다. 이러한 코스닥시장 진입요건의 완화로 코스닥시장 상장기업의 수는 꾸준히 증가해 오고 있다.

1. 형식적 심사요건

코스닥시장 상장을 위한 형식적 심사요건은 한국거래소 「코스닥시장 상장규정」 제28조에서 열거되어 있다. 동 규정에서는 형식적 심사요건으로 1. 주식분산, 2. 경영성과 및 시장평가 등, 3. 감사의견, 4. 주식의 양도제한, 5. 액면가액, 6. 상근감사, 7. 사외이사에 대해 각각 요건을 정하고 있다. 이 중에서 상장을 고려할 때 기업 입장에서 제일 우선적으로 고려되는 것이 경영성과 및 시장평가 등에 관한 항목이 될 것이다. 나머지 요건은 경영성과 및 시장평가 등의 요건 충족을 전제로 상장을 위해 갖추어야 할 외형 요건이라 할 수 있다. 형식적 심사요건의 개요를 도표로 정리하면 다음과 같다.

코스닥시장 형식적 심사요건 개요

<table>
<tr><th rowspan="2"></th><th colspan="2">일반기업(벤처 포함)</th><th colspan="2">기술성장기업</th></tr>
<tr><th>수익성/매출액 기준</th><th>이익미실현 기준 (테슬라)</th><th>기술평가 (혁신기술)</th><th>상장주선인 추천(사업모델)</th></tr>
<tr><td rowspan="2">경영 성과/시장 평가 등 (택일)</td><td rowspan="2">① 법인세전순익 20억(벤처 10억) & 시총 90억
② 법인세전순익 20억(벤처 10억) & 자기자본 30억 (벤처 15억)
③ 법인세전순익 有 & 시총 200억 & 매출 100억(벤처 50억)
④ 법인세전순익 50억</td><td rowspan="2">① 시총 500억 & 매출 30억 & 최근 2년 평균매출 증가율 20%
② 시총 300억 & 매출 100억(벤처 50억)
③ 시총 500억 & PBR 200%
④ 시총 1,000억
⑤ 자기자본 250억
⑥ 코넥스 이전상장 요건</td><td colspan="2">① 자기자본 10억
② 시가총액 90억</td></tr>
<tr><td>전문평가기관의 기술 등에 대한 평가와 “A, BBB” 이상의 평가 결과를 받을 것</td><td>상장주선인이 사업모델, 성장성을 평가하여 추천한 기업일 것</td></tr>
<tr><td>주식분산 (택일)</td><td colspan="4">① 소액주주 500명 & 25% 이상, 공모 5% 이상(소액주주 25% 미만 시 공모 10% 이상)
② 소액주주 500명 & 공모 10% 이상 & 공모주식 수가 일정 주식 수 이상
③ 소액주주 500명 & 공모 25% 이상
④ 소액주주 500명 & 국내외 공모 20% 이상 & 국내 공모 주식 수 30만 주 이상
⑤ 심사청구일 기준 소액주주 500명 & 소액주주 지분 25%(or 10% 이상 & 규모별 일정 주식 수 이상)</td></tr>
<tr><td>감사의견</td><td colspan="4">최근 사업연도 적정</td></tr>
<tr><td>경영 투명성</td><td colspan="4">사외이사, 상근감사 충족</td></tr>
<tr><td>기타</td><td colspan="4">주식양도 제한이 없을 것 등</td></tr>
</table>

코스닥시장의 형식적 심사요건을 이해하기 위해서는 유가증권시장의 형식적 심사요건과 개략적으로 비교해 보는 것도 한 방법이다. 유가증권시장의 형식적 심사요건은 한국거래소 유가증권시장상장규정 제29조에서 규정하고 있다. 코스닥시장의 형식적 심사요건과 유가증권시장의 형식적 심사요건을 항목별로 비교하면 다음 표와 같다.

코스닥시장과 유가증권시장의 형식적 심사요건 비교

심사항목	코스닥시장	유가증권시장
1. 영업활동기간(3년)	– (2018.4. 폐지)	○
2. 기업규모(자기자본 30억원 이상 or 기준시가총액 90억원 이상)	– (2018.4. 폐지)	○
3. 주식분산	○	○
4. 자본상태(자본잠식이 없을 것)	– (2018.4. 폐지)	–
4. 경영성과/시장평가 등	○	○
5. 감사의견	○	○
6. 액면가액	○	–
6. 주식양도 제한	○	○
7. 사외이사	○	○
8. 상근감사/감사위원회	○	○

가. 영업활동기간

우선 영업활동기간의 경우 유가증권시장에서는 상장예비심사 신청일 현재 설립 후 3년 이상이 경과하고 영업활동을 계속하고 있을 것을 요구하고 있다. 이에 따라 경영성과 심사항목 중 매출액 기준에서는 최근 사업연도의 매출액이 1,000억원 이상이고 직전 3개 사업연도의 연평균 매출액이 700억원 이상일 것을 규정하고 있다. 따라서 유가증권시장 상장을 위한 3년이라는 영업활동기간은 실질적으로 회사설립 후 3년 만에 이와 같은 매출액을 달성하는 것은 쉽지 않고 경영성과 충족을 위해서는 통상 3년보다 많은 기간이 소요될 것이라는 측면에서 영업활동기간 요건은 실질적인 의미는 크지 않다고 할 것이다. 유가증권시장 경영성과 요건으로 매출액 기준이 아니라 기준시가총액 기준으로 2,000억원 이상이면서 다른 기준을 충족하는 경우도 인정되고 있는데, 이 경우 역시 기준시가총액이 2,000억원 이상을 달성하기 위해서는 통상 3년 이상의 기간이 소요된다 할 것이고, 설혹 3년 이내에 달성된 경우라면 영업활동기간을 3년 이상으로 제한해야 할 이유가 있을까 하는 의문이 있다는 점에서 영업활동기간은 굳이 설정할 필요가 없는 요건이라 할 수 있다.

코스닥시장의 경우에도 유가증권시장에서와 같은 영업활동기간 요건이 있었으나 한국거래소는 2018년 4월 해당 규정[67]을 삭제하였다. 이러한 조치는 정부의 「자본시장 혁신을 위한 코스닥시장 활성화('18.1.11., 금융위)」에 따라 성장잠재력 중심으로 진입요건을 개편하는 조치의 일환으로 이루어졌다. 그런데 벤처기업에 대해서는 그 이전에도 영업활동기간의 예외를 적용하고 있었다. 영업활동기간 요건의 폐지는 벤처기업에 한정되던 예외조치를 일반기업으로까지 확대한 것이라 할 수 있다. 이러한 영업활동기간 요건의 폐지는 코스닥시장에 진입하는 기업의 성장잠재력을 평가하고 3년 미만의 기업이라도 해당 기업의 상장을 가능하도록 함으로써 혁신성장기업의 출현과 성장을 지원한다는 측면에서 이루어진 조치였다.

나. 기업규모

기업규모 요건의 경우 유가증권시장에서는 개별 심사항목으로는 있으나 코스닥시장에서는 개별 심사항목이 아니다. 영업활동기간 요건과 마찬가지로 2018년 4월 삭제되었다. 해당 규정[68]이 삭제되기 전에는 상장예비심사청구일 현재 자기자본이 30억원 이상이거나 기준시가총액이 90억원 이상일 것을 규정하고 있었다. 최소한의 자기자본이나 기준시가총액 기준을 획일적으로 적용하는 요건을 2018년 4월 폐지하고 대신 경영성과 요건과 통합하는 방향으로 변경하였다. '자기자본 30억원 이상'이나 '기준시가총액 90억원 이상' 기준을 '법인세비용차감전계속사업이익 20억

---

67 당시 코스닥시장 상장규정 제6조 제1항 제1호.

68 당시 코스닥시장 상장규정 제6조 제1항 제2호.

원 이상' 기준과 결합하여 선택적 기준으로 반영함으로써 경영성과 및 시장평가 등의 요건을 다양화하고 확대하는 방향으로 개선하였다.

유가증권시장의 경우에는 기업규모 요건으로 상장예정인 보통주식총수가 100만주 이상이고 자기자본이 300억원 이상일 것을 요구하고 있다(유가증권시장 상장규정 제29조 제1항 제2호). 유가증권시장의 자기자본 300억원 기준은 2013년 5월 개정을 통해 종전 100억원에서 300억원으로 상향조정한 수치이다. 당시 유가증권시장 진입을 위한 재무요건의 장기 미조정으로 유가증권시장에 시가총액규모가 작은 소형기업이 다수 존재하여 코스닥시장과 상당 부분 중첩되는 상황[69]을 개선하기 위하여 유가증권시장의 진입 재무요건을 상향조정하였다. 이때 기업규모 요건으로서의 자기자본은 100억원에서 300억원으로 상향조정되었다. 이와 함께 매출액 기준도 300억원(3년 평균 200억원)에서 1,000억원(3년 평균 700억원)으로 상향조정되었다.

다. 경영성과 및 시장평가 등

(1) 개요

형식적 심사요건 중에서 경영성과 및 시장평가 등의 요건은 기업이 상장 여부를 고려할 때 일차적으로 점검해야 하는 요건이다. 앞서 살펴본 바와 같이 영업활동기간 요건과 기업규모 요건이 삭제되었기 때문에 경영성과 및 시장평가 등의 요건 충족 여부가 상장추진 여부를 결정하는 데 핵심적인 외형요건이 된다. 또한 경영성과 및 시장평가등의 요건은 선택적 요건으로 규정되어 있는데, 그 선택에 따라 이른바 상장트랙(상장경로)이 달라진다.

---

69 당시 코스닥시장의 주요 상장기업군(시가총액 100억원~1,000억원)과 동일한 규모의 유가증권시장 소형기업이 전체 유가증권시장 상장기업중 약 40%을 차지하고 있었다. 한국거래소 보도자료(2013.5.13., "개정 유가증권시장 상장규정 및 동 규정세칙 시행") 참조.

경영성과 및 시장평가 등 기준은 코스닥시장 상장신청인의 기업특성에 따라 해당 기업에 적합한 최적의 진입기준을 선택할 수 있도록 하여 성장 가능성이 높은 기업들에게 많은 상장 기회를 제공하는 데 초점을 두고 변경되어 왔다.

경영성과 및 시장평가 등 요건의 변경과정은 크게 3단계로 구분해 볼 수 있다. 첫 번째 단계는 재무성과 요건만 적용하는 단계이다. 2005년 1월「코스닥시장 상장규정」제정 당시에는 ROE[70]나 당기순이익만을 고려하다가 이후 매출액이나 시가총액을 반영하였다. 두 번째 단계는 '이익미실현기업 요건(테슬라 요건)'을 도입한 단계이고, 세 번째 단계는 수익성 요건의 조정과 이익미실현기업 요건의 확대가 이루어진 단계라고 할 수 있다. 첫 번째 단계는 2005년「코스닥시장 상장규정」제정 시부터 이익미실현기업 요건이 도입된 2016년까지이고, 두 번째 단계는 이익미실현기업 요건이 도입된 2016년부터 시가총액 기준이 도입된 2018년까지이며, 세 번째 단계는 2018년 이후를 말한다. 이를 표로 정리하면 다음과 같다.

코스닥시장 경영성과 및 시장평가 등 요건 변경과정

		규정 제·개정	경영성과 요건 개선내용
1단계	수익성 요건 확대	2005.1.21	자기자본이익률(ROE) 요건(10% 이상) 등 적용
		2005.12.23	자기자본 상향(10억원 → 30억원) 당기순이익 요건(20억원 이상) 도입 부채비율 요건 삭제

70 자기자본이익률(ROE)은 다음 산식에 따라 산정한 비율을 말한다(코스닥시장 상장규정 제3조 제1항 제44호).

자기자본이익률 = 최근 사업연도의 당기순이익 ÷ 최근 사업연도 말의 자기자본 × 100

		2007.4.27	경상이익이 있을 것 → 법인세비용차감전계속사업이익이 있을 것으로 변경
		2008.9.12	기준시가 총액(90억원 이상) 요건을 기업규모 요건의 하나로 도입 매출액(100억원 이상)&시가총액(300억원 이상) 요건 도입
		2013.2.22	매출액&매출액증가율 요건 도입
2단계	이익미실현 요건 도입	2016.12.14	이익미실현 요건(테슬라 요건) 도입 상장주선인 추천에 의한 성장성 특례(사업모델기업) 도입
3단계	수익성 요건 조정, 이익 미실현 요건 확대	2018.4.4	기업규모 요건 폐지 자본잠식이 없을 것 요건 폐지 ROE, 당기순이익 기준 폐지 법인세차감전 계속사업이익이 없을 것 요건 폐지 이익미실현 요건(테슬라 요건) 확대

벤처기업에 대해서는 경영성과 및 시장평가 등 기준을 일부 완화하여 적용하고 있다. 「코스닥시장 상장규정」에서 말하는 벤처기업에는 앞서 살펴본 바와 같이 벤처기업법에 의한 벤처기업뿐만 아니라 「중소기업 기술혁신 촉신법」 제2소 제3호의2에 따른 기술혁신형 중소기업인 '이노비즈기업'을 포함하고 있다.

상장신청인이 벤처기업 특례를 적용받기 위해서는 상장예비심사 신청 시 벤처기업 확인기관으로부터 발급받은 확인서를 거래소에 제출하여야 한다.

(2) 일반기업에 대한 경영성과요건 및 벤처기업 특례

일반기업의 경우 수익성 또는 매출액 등이 다음 중 어느 하나를 충족하여야 한다. 1) 최근 사업연도의 법인세비용차감전계속사업 50억원 이상일 것, 2) 최근 사업연도의 법인세비용차감전계속사업이익이 20억원 이상(벤처기업의 경우 10억원 이상)이고, 기준시가총액이 90억원 이상일 것, 3)

최근 사업연도의 법인세비용차감전계속사업이익이 20억원 이상(벤처기업의 경우 10억원 이상)이고, 상장예비심사 신청일 현재 자기자본이 30억원 이상(벤처기업의 경우 15억원 이상)일 것, 4) 최근 사업연도에 법인세비용차감전계속사업이익이 있고, 기준시가총액이 200억원 이상이면서 최근 사업연도의 매출액이 100억원 이상(벤처기업의 경우 50억원 이상)일 것 등이다(코스닥시장 상장규정 제28조 제1항 제2호 가목).

벤처기업이 일반기업 상장트랙으로 상장하는 경우에는 벤처기업이 아닌 일반기업에 적용되는 기준에 비하여 완화된 기준이 적용된다. 이 완화된 기준을 적용받아 상장되는 벤처기업의 수가 얼마인지는 공개된 정보가 없어서 알기 어려우나, 적용례가 많지 않은 것으로 알려져 있다. 일반기업으로 상장하고자 하는 벤처기업이 벤처기업 특례에 따라 완화된 기준을 적용받아 상장하고자 할 경우 해당 기업에 대한 시장의 평가는 특례 적용에도 불구하고 좋지 않을 것으로 여겨지기 때문이다.

따라서 일반기업 상장트랙으로 상장하는 기업의 경우 벤처기업이라 하더라도 벤처기업 특례를 적용받아 상장하는 기업은 거의 없다고 보이며, 이러한 의미에서 일반기업 상장트랙에서의 벤처기업 특례는 제도적 의의가 많이 약화되어 있다고 평가할 수 있다.

일반기업의 수익성 등 요건

일반기업	벤처기업
① 법인세차감전계속사업이익 50억원 이상	(좌동)
② 법인세차감전계속사업이익 20억원 이상 & 기준시가총액 90억원 이상	② 법인세차감전계속사업이익 10억원 이상 & 기준시가총액 90억원 이상
③ 법인세차감전계속사업이익 20억원 이상 & 자기자본 30억원 이상	③ 법인세차감전계속사업이익 10억원 이상 & 자기자본 15억원 이상
④ 법인세차감전계속사업이익이 있을 것 & 기준시가총액이 200억원 이상 & 매출액이 100억원 이상	④ 법인세차감전계속사업이익이 있을 것 & 기준시가총액이 200억원 이상 & 매출액이 50억원 이상

(3) 이익미실현기업 특례[71]

2016년 12월 「코스닥시장 상장규정」 개정을 통해서 이익이 없더라도 상장의 기회를 가질 수 있도록 기준시가총액을 고려한 이익미실현 요건(테슬라 요건)을 도입하였다. 그리고 2018년 4월에는 이익미실현 요건을 더욱 확대하기에 이르렀다(아래 표에서 ③, ④ 및 ⑤의 경우 추가 신설). 이와 같은 변화의 흐름은 재무상태나 영업성과 위주에서 기업의 실질적인 성장성에 대한 시장의 평가로 볼 수 있는 시가총액 기준으로 확대함으로써 기업의 특성에 따라 유리한 진입요건을 선택하도록 하고자 하는 데 있다.

「코스닥시장 상장규정」에서는 신규장상 심사요건 중 경영성과 및 시장평가 등에 관한 제28조 제1항 제2호 가목의 요건, 즉 수익성 등 요건을 충족하지 못하고 같은 호 나목의 요건, 즉 이익미실현 요건을 충족하여 상장하는 기업은 법인세비용차감전계속사업이익을 전제로 하지 않는 점에서 "이익미실현기업"이라고 정의하고 있다(코스닥시장 상장규정 제2조 제41호).

이익미실현기업 특례로 상장하기 위해서는 시장평가 또는 성장성 등이 다음 중 어느 하나를 충족하여야 한다. 1) 기준시가총액이 1,000억원 이상일 것, 2) 기준시가총액이 500억원 이상이고, 공모(매출만 하는 경우는 제외) 후 자기자본 대비 기준시가총액 비율이 100분의 200 이상일 것, 3) 기준시가총액이 500억원 이상이고, 최근 사업연도의 매출액이 30억원 이상이면서 최근 2개 사업연도 매출액 증가율의 평균이 100분의 20 이상일 것, 4) 기준시가총액이 300억원 이상이고, 최근 사업연도의 매출액이 100억원 이상(벤처기업의 경우 50억원 이상)일 것 등이다. 그리고, 마지막으로 상장예비심사 신청일 현재 자기자본이 250억원 이상일 것 등이다(코스닥시장 상장규정 제28조 제1항 제2호 나목 제1호~제5호).

---

71 코스닥시장 상장규정 제2조 제38호 다목. '이익미실현기업'이라는 용어는 코스닥시장에 상장하고자 하는 기업의 입장에서는 부정적 뉘앙스가 있다고 할 수 있으므로 다른 용어로 대체하는 것도 고려할 만하다고 생각된다.

이익미실현기업의 경우에는 위와 같이 기준시가총액과 매출증가율, 자기자본 등을 보고 있는데, 이익미실현기업으로 상장하고자 하는 벤처기업에 대해서는 매출액에 대해 완화된 기준을 적용하고 있다. 일반기업 상장트랙의 경우와 같은 이유로 이익미실현기업 상장트랙의 경우에도 벤처기업에 대해 완화된 기준을 적용받아 상장하고자 하는 기업은 많지 않을 것으로 추정된다.

이익미실현기업의 시장평가 등 요건

이익미실현기업	벤처기업
① 기준시가총액 500억원 이상 & PBR 2배 이상	(좌동)
② 기준시가총액 500억원 이상 & 최근 사업연도 매출액 30억원 이상 & 최근 2개 사업연도 평균 매출액증가율 20%	(좌동)
③ 기준시가총액 300억원 이상 & 최근 사업연도 매출액 100억원 이상	④ 기준시가총액 300억원 이상 & 최근 사업연도 매출액 50억원 이상
④기준시가총액 1,000억원 이상	(좌동)
⑤자기자본 250억원 이상	(좌동)

(4) 기술성장기업 특례

현재 벤처기업에 대한 명시적인 상장특례는 위에서 살펴본 경우로 한정되어 있다. 그렇지만 기술성장기업 상장특례제도가 벤처기업에 대한 실질적인 상장특례제도로서 매우 활발히 이용되고 있다. 기술성장기업 상장특례로 상장되는 기업이 계속 증가하고 있고 이들 상장기업은 구체적 통계는 확인하기 어려우나 대부분 벤처기업으로 알려져 있다. 이러한 점에서 여전히 기술성장기업 상장특례제도는 벤처기업의 상장을 위한 제도로서 기능을 하고 있으며, 코스닥시장이 중소벤처기업을 위한 시장으로 자리매김하고 있다고 평가되는 이유이기도 하다.

앞에서 살펴본 바와 같은 일반기업과 이익미실현기업에 대한 경영성과 및 시장평가 등의 요건을 충족하지 못하는 기업이지만 기술력과 성장성이 뛰어난 기업은 코스닥시장에 진입할 수 있는 길이 열려 있다. 2005년 3월 벤처기업에 대해 도입되어 발전해 온 기술성장기업 상장특례제도가 그것이다. 상장신청인이 기술성장기업이면 일반기업에 대해 적용되는 경영성과 및 시장평가 등 요건을 적용받지 않고 별도의 기준을 적용받아 상장할 수 있는 특례가 마련되어 있다.

「코스닥시장 상장규정」에서는 기술성장기업을 '혁신기술기업'과 '사업모델기업'의 2가지 유형으로 정의하고 있다(코스닥시장 상장규정 제2조 제39호). 먼저 혁신기술기업은 「중소기업기본법」 제2조에 따른 중소기업[72]과 이에 해당하지 않는 기업으로서 최근 2개 사업연도의 매출액 증가율 평균이 20% 이상인 기업[73]으로서 전문평가기관의 기술 등에 대한 평가를 받고 그 평가결과가 일정 등급을 충족하여 기술력과 성장성이 인정되는 기업을 말한다(코스닥시장 상장규정 제30조 제1항 제1호 및 동 규정 시행세칙 제28조 제1항 제1호). 여기서 혁신기술기업이 반드시 벤처기업인 것은 아니라는 점은 유의할 필요가 있다. 즉, 벤처기업이든 아니든 중소기업으로서 전문평가기관으로부터 기술력과 성장성에 관하여 일정 평가등급을 받은 때에는 혁신기술기업으로서 상장특례를 적용받을 수 있다. 벤처기업은 중소기업이기 때문에 혁신기술기업이 될 수 있을 뿐만 아니라 벤처기업이 아닌 중소기업도 전문평가기관의 평가를 받아 혁신기술기업이 될 수 있다.

혁신기술기업 상장특례는 벤처기업에 대한 상장특례로서 도입되어 발전하여 왔다는 점에서 사실상 벤처기업을 제도라 해도 과언이 아니다. 혁

---

72 중견기업 등이 30% 이상 출자하여 상장신청인이 법률상 중소기업으로 인정되지 못하더라도 상장예비심사 신청일을 기준으로 일정 요건을 충족하는 경우 중소기업으로 보아 혁신기술기업 상장특례를 적용한다. 「코스닥시장 상장규정」 제30조 제1항 제1호 가목 단서 참조.

73 흔히 '스케일업 기업'이라고 한다.

신기술기업 상장특례제도는 2005년 3월 벤처기업 상장특례로 도입되었다. 기술력과 성장성이 인정되는 '벤처기업'에 대해 도입 당시의 경영성과 요건(최근 사업연도의 경상이익이 있을 것)과 자기자본이익률(ROE) 요건(최근 사업연도 말 현재 자기자본이익률이 10% 이상일 것)의 적용을 면제하는 방식으로 도입되었다. 그리고 이와 같은 '성장형 벤처기업'에 대해서는 거래소가 지정하는 전문평가기관의 평가를 받아 상장예비심사를 청구하도록 함으로써 기술평가 상장특례제도가 틀을 갖추었다. 기술평가 상장특례 제도 도입 당시에는 바이오 기업에 한정되어 도입되었으나 이후 특례대상이 2011년 3월에 17개 업종으로 확대되었다가,[74] 2013년 4월에는 업종제한을 폐지하여 전 업종으로 확대되었다.[75] 벤처기업에 대해 도입된 기술평가 상장특례제도는 2015년 4월에는 '중소기업'으로 확대되었다. 2019년 7월에는 혁신중견기업 등으로 기술평가 상장특례 대상을 확대하였는데 중소기업이 아닌 경우에도 최근 2개 사업연도 평균 매출액증가율이 100분의 20 이상인 기업도 기술평가 상장특례를 적용받을 수 있게 되었다. 2023년 12월에는 딥테크 등 첨단기술 분야 기업에 대하여 중견기업이 30% 이상 출자하여 중소기업기본법에 의한 중소기업으로 인정되지 못하더라도 일정 요건을 충족한 경우 기술성장기업 상장특례 적용대상에 포함되도록 하여 특례적용 대상기업을 확대하였다.[76]

다음으로, 사업모델기업은 지식 기반의 독창적 사업모델을 보유하여

---

74 2011년 3월에 특례대상 업종을 17개 신성장동력업종으로 확대하면서 특례적용기업의 명칭을 '성장형 벤처기업'에서 '신성장동력기업'으로 용어를 변경하였다. 이때도 신성장동력기업은 벤처기업을 전제로 하였다.

75 2013년 2월 코스닥시장 상장규정 개정(2013년 4월 시행)을 통해 '신성장동력기업'을 '기술성장기업'으로 용어를 변경하였다.

76 제도개선 전에는 중견기업이 최대 출자자이면서 30% 이상 출자한 경우, 피투자기업은 실질이 중소기업이더라도 출자자 때문에 기술특례상장이 불가하였는데, 기술특례상장을 위해 모회사(중견기업)가 인위적으로 지분율을 30% 미만으로 낮추는 경우도 발생하였다고 한다. 금융위원회 2023.7.27. 보도자료(첨단·전략기술기업 특례상장 문호 넓힌다) 참조.

상장주선인이 사업모델의 경쟁력과 성장성을 평가하여 추천을 통해 상장하는 기업을 말한다(코스닥시장 상장규정 제2조 제39호 나목). 사업모델기업은 「중소기업기본법」 제2조에 따른 중소기업과 이에 해당하지 않는 기업으로서 최근 2개 사업연도의 매출액 증가율 평균이 20% 이상인 기업이어야 한다(코스닥시장 상장규정 제30조 제2항). 이와 같은 사업모델기업은 2017년부터 도입되었다.[77] 사업모델기업은 전문평가기관의 평가 없이도 상장예비심사 청구할 수 있도록 하는 대신 사업모델기업을 상장주선한 상장주선인의 책임성을 강화하고 있다. 즉, 상장주선인은 상장 후 6개월간 일반청약자에 대해 공모가의 90% 이상의 가격으로 공모 주식을 상장주관사에 매도할 수 있는 환매청구권(풋백옵션)을 부여하여야 한다(코스닥시장 상장규정 제13조 제7항, 「증권 인수업무 등에 관한 규정」 제10조의3). 또한, 사업모델기업의 상장을 주선한 상장주선인은 해당 기업이 보유한 사업모델의 경쟁력과 성장성 등을 평가한 보고서를 투자자에게 공개하여야 한다(코스닥시장 상장규정 제13조 제8항). 이에 따라 상장주선인은 상장예비심사 승인을 통지받은 날부터 7일 이내에 거래소와 상장주선인의 인터넷 홈페이지 등에 사업모델 평가보고서를 게시하여야 한다(코스닥시장 상장규정 시행세칙 제15조 제6항).[78]

기술성장기업에 대해서는 경영성과 및 시장평가 등 외형요건을 적용하지 않고 별도로 최소한의 자본금 기준과 기준시가총액 기준을 적용하고 있다. 기술성장기업은 상장예비심사청구일 현재 자기자본이 10억원 이상이거나 보통주식의 기준시가총액이 90억원 이상이면 상장예비심사를 청구할 수 있다(코스닥시장 상장규정 제30조 제3항). 일반기업에 적용되는 경영성과 및 시장평가 등 요건을 적용하지 않는다는 점에서 통상의 상장

77 코스닥시장 상장규정(2016.12.14. 개정) 참조.

78 다만, 사업모델 평가보고서에 해당 기업의 기밀 사항 등이 포함된 경우에는 거래소와 협의하여 그 내용을 제외할 수 있다(코스닥시장 상장규정 시행세칙 제15조 제6항 단서).

절차에 대한 특례라 할 수 있으며, 이에 따른 상장을 '기술평가 특례상장'이라고도 부르고 있다.

기술성장기업의 경영성과 요건 특례

<table>
<tr><th>일반기업</th><th>기술성장기업(벤처기업 포함)</th></tr>
<tr><td>① 법인세차감전계속사업이익 50억원 이상</td><td rowspan="4">① 자기자본 10억 원 이상
② 기준시가총액 90억 원 이상</td></tr>
<tr><td>② 법인세차감전계속사업이익 20억원 이상 & 기준시가총액 90억원 이상</td></tr>
<tr><td>③ 법인세차감전계속사업이익 20억원 이상 & 자기자본 30억원 이상</td></tr>
<tr><td>④ 법인세차감전계속사업이익이 있을 것 & 기준시가총액이 200억원 이상 & 매출액이 100억원 이상</td></tr>
</table>

상장신청인이 경영성과 및 시장평가 등 기준을 충족하는 경우에 기술성장기업 상장특례에 따라 상장예비심사를 신청할지 여부는 해당 상장신청인의 선택사항이다. 기술성장기업 중 혁신기술기업으로 상장하려는 기업은 상장예비심사 신청일 전 6개월 이내에 전문평가기관의 평가를 받아야 한다(코스닥시장 상장규정 시행세칙 제11조 제2항 제1호). 그러나 기술성장기업 상장특례를 선택하지 않는다 하더라도 바이오 기업과 같이 거래소가 상장예비심사 단계에서 전문평가기관의 평가가 필요하다고 인정하는 기업은 전문평가기관으로부터 기술성 등에 대한 평가를 받아야 하며, 거래소는 전문가회의의 자문을 받아 평가할 수 있음을 유의하여야 한다(코스닥시장 상장규정 제7조 제1항 및 동 규정 시행세칙 제11조 제2항 제2호 및 제12조 제1항).

라. 주식의 분산

코스닥시장에 상장하기 위해서는 주식분산에 관한 요건을 충족하여야 한다. 상장신청인은 통상 주식분산 요건을 충족하기 위해 공모절차를 거치는 것이 일반적이다. 주신분산에 관한 요건 중 어느 경우든지 상장신청인의 소액주주[79]의 수가 500인 이상이어야 한다. 그런데 비상장기업이 500인 이상의 소액주주를 확보한 경우는 드물기 때문에 대부분 공모절차를 거치게 된다. 그리고 상장예비심사 신청일 현재 소액주주의 수가 500인 이상인 경우에는 공모지분 규모 등에 따라 공모 여부를 달리 정하고 있다.

(1) 직상장의 경우

먼저, 상장예비심사 신청일 현재 주식분산 요건을 갖춘 것으로 인정되어 공모절차를 거치지 않고 바로 상장이 가능한 경우("직상장"이라 한다)는 다음과 같다(코스닥시장 상장규정 제28조 제1항 제1호 다목).

첫째로, 상장예비심사 신청일 현재 소액주주의 수가 500인 이상이고, 상장예비심사 신청일 현재 소액주주의 공모지분[80]이 25% 이상인 경우이다.

둘째로, 상장예비심사 신청일 현재 소액주주의 수가 500인 이상이고, 상장예비심사 신청일 현재 소액주주의 공모지분이 10% 이상으로서 모집에 의한 주식의 수가 자기자본 또는 보통주식의 기준시가총액을 기준으로 100만주, 200만주 또는 500만주 이상[81]인 경우이다.

---

79 발행주식 총수의 100분의 1 미만의 주식을 소유하는 자, 전문투자자 또는 우리사주조합을 말한다(코스닥시장 상장규정 제2조 제16호).

80 직상장의 경우 '공모지분'은 상장예비심사 신청일 현재 발행주식 총수 및 보통주식총수에 대하여 '모집'으로 소유하는 주식의 총수 및 보통주식의 총수의 비율을 말한다.

81 1) 상장예비심사 신청일 현재 자기자본을 기준으로 다음의 어느 하나에 해당할 것
가) 자기자본 500억원 이상 1,000억원 미만인 법인: 100만주 이상
나) 자기자본 1,000억원 이상 2,500억원 미만인 법인: 200만주 이상
다) 자기자본 2,500억원 이상인 법인: 500만주 이상
2) 보통주식의 기준시가총액을 기준으로 다음의 어느 하나에 해당할 것
가) 기준시가총액 1,000억원 이상 2,000억원 미만인 법인: 100만주 이상
나) 기준시가총액 2,000억원 이상 5,000억원 미만인 법인: 200만주 이상

직상장의 경우 소액주주의 수와 소유주식 수를 산정할 때 상장예비심사 신청일 전 6개월 이내(주금 납입일을 기준으로 한다)의 모집분 또는 매출분은 제외한다. 6개월 이내 모집분 또는 매출분을 제외하는 것은 정보의 비대칭성 문제를 방지하기 위함이며, 우리사주조합원을 제외하는 것은 일정기간 예탁되거나 회사와의 관계 등으로 현실적으로 유통이 제약될 수 있으므로 주식의 유동성 확보라는 분산제도 취지에 반할 수 있기 때문이다.[82]

(2) 의무공모의 경우

추가적인 공모 없이 상장할 수 있는 직상장 요건에 해당하지 않는 경우에는 다음 구분에 따라 의무적으로 공모를 하여 주식분산 요건을 충족하여야 한다.

첫째로, '상장예비심사 신청일' 현재 소액주주의 수가 500인 이상이고, 소액주주 지분이 25% 이상 또는 10% 이상인 경우에는 다음과 같이 일정 비율 이상 공모를 하여 주식분산 요건을 충족하여야 한다(코스닥시장 상장규정 제28조 제1항 제1호 가목). 즉, ① 상장예비심사 신청일 현재 소액주주 지분[83]이 25% 미만인 경우에는 공모지분[84]이 10% 이상 되도록 공모하여 '상장신청일 현재' 소액주주 지분이 25% 이상이 되어야 하며, ② 상장예비심사 신청일 현재 소액주주 지분이 25% 이상인 경우에는 공모지분이 5% 이상 되도록 공모하여야 한다.

둘째로, '상장예비심사 신청일' 현재 소액주주의 수 및 소액주주 지분이 첫 번째 경우를 충족하지 못한 경우에는 일정 비율 이상 공모를 하여

다) 기준시가총액 5,000억원 이상인 법인: 500만주 이상

82 한국거래소, 앞의 책, 53면.

83 '소액주주 지분'은 상장예비심사 신청일 현재 발행주식 총수 및 보통주식 총수에 대하여 소액주주가 소유하는 주식의 총수 및 보통주식의 총수의 비율을 말한다.

84 의무공모의 경우 '공모지분'은 상장신청일 현재 발행주식 총수 및 보통주식 총수에 대하여 공모한 주식의 총수 및 보통주식의 총수의 비율을 말한다.

다음 구분에 따라 주식분산 요건을 충족하여야 한다. 즉, ① '상장신청일' 현재 소액주주의 수가 500인 이상이고 공모 지분이 10% 이상 공모하여 공모에 의한 주식의 수가 자기자본 또는 보통주식의 기준시가총액을 기준으로 100만주, 200만주 또는 500만주 이상[85]이 되도록 하거나(코스닥시장 상장규정 제28조 제1항 제1호 나목), ② '상장신청일 현재' 소액주주가 500인 이상이고, 공모지분이 25% 이상 되도록 공모하여야 한다(코스닥시장 상장규정 제28조 제1항 제1호 라목).

주식분산 요건

	소액주주 수	공모 요건
직상장	상장예비심사신청일 현재 500인 이상	① 상장예비심사 신청일 현재 공모지분이 25% 이상인 경우 → 공모 불필요 ② 상장예비심사 신청일 현재 공모지분이 10% 이상이고, 자기자본/기준시가총액 기준 공모주식수가 100만주~500만주 이상인 경우 → 공모 불필요
의무 공모	상장예비심사신청일 현재 500인 이상	① 상장예비심사 신청일 현재 소액주주 지분 25% 미만인 경우 → 공모지분 10% 이상 공모(상장신청일 현재 소액주주 지분 25% 충족 필요) ② 상장예비심사 신청일 현재 소액주주 지분 25% 이상인 경우 → 공모지분 5% 이상 공모
	상장신청일 현재 500인 이상	① 공모지분 10% 이상 공모(자기자본/기준시가총액 기준 공모주식수가 100만주~500만주 이상)
		② 공모지분 25% 이상 공모

85 1) 상장예비심사 신청일 현재 자기자본을 기준으로 다음의 어느 하나에 해당할 것
가) 자기자본 500억원 이상 1,000억원 미만인 법인: 100만주 이상
나) 자기자본 1,000억원 이상 2,500억원 미만인 법인: 200만주 이상
다) 자기자본 2,500억원 이상인 법인: 500만주 이상
2) 보통주식의 기준시가총액을 기준으로 다음의 어느 하나에 해당할 것
가) 기준시가총액 1,000억원 이상 2,000억원 미만인 법인: 100만주 이상
나) 기준시가총액 2,000억원 이상 5,000억원 미만인 법인: 200만주 이상
다) 기준시가총액 5,000억원 이상인 법인: 500만주 이상

벤처금융이 상장예비심사 신청일부터 1년 이전에 출자한 출자지분의 경우 발행주식 총수의 5%를 한도로 하여 상장예비심사 신청일 및 상장신청일 현재 소액주주가 소유하는 주식의 총수에 산입한다(코스닥시장 상장규정 제28조 제2항 제1호).

마. 기타 형식적 심사요건

(1) 주식의 양도제한

주식의 자유로운 이동을 전제로 하는 주식회사 제도의 특성상 원칙적으로 주식은 타인에게 양도할 수 있다(상법 제335조 제1항 본문). 그럼에도 불구하고 상법은 예외적으로 정관으로 정하는 바에 따라 그 발행하는 주식의 양도에 관하여 이사회 승인을 받도록 할 수 있다고 규정하고 있다(상법 제335조 제1항 단서). 비상장회사는 대체로 소수의 인원으로 구성되어 이론적으로 인식되는 주식회사의 본질과는 달리 인적회사에 못지 않은 인적 유대를 기초로 운영되는 실정이므로 주식회사의 이론적인 모형을 기준으로 주식양도의 자유를 절대적으로 관철함은 비현실적이므로 폐쇄적인 주주의 구성을 유지하고자 하는 회사들이 자율적으로 주식의 양도를 제한할 수 있는 길을 열어 준 것이다.[86]

이러한 상법의 주식의 양도제한 허용은 다수 주주들의 자유로운 주식거래를 전제로 하는 증권시장의 경우에는 적합하지 않기 때문에 상장신청인은 주식의 양도의 제한이 없어야 한다(코스닥시장 상장규정 제28조 제1항 제4호). 주식의 양도를 제한하는 정관 규정은 상장신청 이전에 해소하여야 한다.

한편, 주식의 양도를 제한하는 '주주 간 약정'을 체결한 경우가 있다. 주주 간 양도제한 약정은 회사에 대하여 그 효력을 주장하거나 회사가 그 효

86 이철송, 「회사법 강의」, 박영사, 2024, 397면.

력을 원용할 수는 없다.[87] 이러한 주주 간 약정이 있는 경우 주주 간 분쟁의 가능성이 있어 기업경영의 안정성에 영향을 미칠 수 있으므로 경영안정성과 관련한 질적 심사사항이 된다는 점을 유의하여야 한다.[88]

(2) 감사의견

최근 사업연도의 재무제표에 대한 외부감사인의 감사의견(종속회사가 있는 법인은 연결재무제표에 대한 감사의견을 포함한다)이 적정이어야 한다. 이 경우 상장예비심사를 신청하는 사업연도 중에 감사인 지정을 받은 법인은 해당 사업연도의 최근 분기 또는 반기의 재무제표에 대한 지정감사인의 감사의견도 적정이어야 한다(코스닥시장 상장규정 제28조 제1항 제3호).

(3) 액면가액

코스닥시장에서 주식이 거래되기 위해서는 그 1주의 액면가액이 100원, 500원, 1,000원, 2,000원, 2,500원 또는 5,000원이어야 한다(코스닥시장 상장규정 제28조 제1항 제5호 및 동 시행세칙 제26조 제3항).

(4) 상근감사 및 사외이사

자산총액이 1,000억원 이상인 상장회사는 상근감사를 1명 이상 두어야 한다(상법 제542조의10 제1항 본문 및 동법 시행령 제36조 제1항). 다만, 감사위원회를 설치한 경우에는 상근감사를 두지 않아도 된다(상법 제542조의10 제1항 단서). 감사와 감사위원회 제도는 양자가 병립할 수 없기 때문이다. 한편, 상법은 자산총액이 2조원 이상인 회사는 감사위원회를 의무적으로 설치하도록 하고 있다(상법 제542조의11 제1항 및 동법 시행령 제37조 제1항).

상장회사는 자산총액 1,000억원 미만의 벤처기업을 제외하고는 이사 총수의 4분의 1 이상을 사외이사로 하여야 하며, 자산총액이 2조원 이상인 경우에는 사외이사를 3명 이상으로 하되, 이사 총수의 과반수가 되도

87 이철송, 앞의 책, 409면.

88 한국거래소, 앞의 책, 58면.

록 하여야 한다(상법 제542조의8 제1항 및 동법 시행령 제34조 제1항 제1호). 상장회사의 최대주주 및 그의 특수관계인, 주요주주 및 그의 배우자와 직계 존속·비속, 그 밖에 사외이사로서의 직무를 충실하게 수행하기 곤란하거나 상장회사의 경영에 영향을 미칠 수 있는 자 등은 사외이사가 될 수 없다(상법 제542조의8 제2항 및 동법 시행령 제34조 제5항).

2. 질적 심사요건

가. 개요

코스닥시장 상장을 위한 질적 심사요건은 한국거래소 「코스닥시장 상장규정」 제29조에서 규정하고 있다. 질적 심사는 해당 기업의 상장이 '공익 실현'과 '투자자 보호'에 적합한지에 대하여 심사하는 과정이다. 여기서 공익 실현이란 해당 기업이 상장을 통해 기업 운영과 발전에 필요한 자금을 증권시장을 지속적으로 조달하여 성장 발전함으로써 해당 기업의 발전은 물론 국가 경제의 발전에 기여하는 것을 말한다. 그리고 투자자 보호란 상장된 기업이 증권시장 투자자의 투자대상이 되기 때문에 투자자가 믿고 신뢰할 수 있는 투자대상이 될 만한 기업이 상장되어야 한다는 것을 의미한다.

이와 같은 공익 실현과 투자자 보호에 적합한지를 심사하기 위하여 코스닥시장 상장규정 제29조는 '기업의 계속성', '경영투명성 및 안정성', '투자자 보호' 등 세 가지를 구체적인 심사기준으로 들고 있다. 구체적으로는 첫째, 영업, 재무상황, 기술력 및 성장성, 그 밖에 경영환경 등에 비추어 기업의 계속성이 인정될 것, 둘째, 기업지배구조, 내부통제제도, 공시체제, 이해관계자와의 거래, 상장 전 주식거래 등에 비추어 경영투명성 및 경영안정성이 인정될 것, 셋째, 그 밖에 투자자 보호와 코스닥시장의 건전한 발전을 해치지 않는다고 인정될 것을 요구하고 있다.

상장을 추진하고자 하는 기업은 질적 심사요건을 자체적으로 미리 점검해 볼 필요가 있다. 상장 실무상으로는 이러한 사항들을 상장 사전준비 단계에서 점검하게 되는데 주관사와 협의하는 과정에서 점검이 이루어진다. 이러한 사항들에 대한 사전 점검이 충분히 이루어지면 거래소의 상장 예비심사도 원활히 진행될 가능성이 높아진다. 상장을 추진하고자 하는 기업은 질적 심사요건의 충족 여부를 자체적으로 점검할 때에 비교적 엄격한 기준으로 점검해 보는 것이 바람직하다. 주관적인 판단에 따르기보다는 제3자적 관점에서 살펴보아야 하고 객관적 사실에 기반하여 주관사와도 충분히 협의하는 것이 바람직하다. 사안에 따라 필요하다면 법무법인 등의 외부 자문을 받아 질적 심사요건의 충족 여부를 점검해 보는 것도 적극 고려하여야 한다.

거래소는 상장예비심사 단계에서 질적 심사요건의 충족 여부를 심사하게 되는데 구체적인 질적 심사기준은 「코스닥시장 상장규정 시행세칙」에서 정하고 있다. 「코스닥시장 상장규정 시행세칙」 제27조에 따른 별표 6에서 정하고 있는 질적 심사기준은 다음 표에서 보는 바와 같이 '기업의 계속성', '경영의 투명성 및 안정성', 그리고 '투자자 보호'로 구분하여 규정하고 있다. 특히, 기업의 계속성에 관해서는 상장신청기업을 일반기업, 이익미실현기업, 기술성장기업으로 구분하여 규정하고 있고, 업종의 특성을 고려할 필요성이 높은 딥테크 산업과 바이오 산업에 대해서는 특별히 업종별 질적 심사기준을 따로 정하고 있다.

거래소는 이와 같이 질적 심사기준을 규정에 명시함으로써 상장심사의 객관성과 예측가능성을 높이고 상장신청인인 기업이나 상장을 준비하는 기업이 스스로 상장 적합성을 점검할 수 있는 기준을 제시하고 있다. 한편, 거래소는 구체적으로 질적 심사기준의 내용과 취지, 그리고 적용사례 등을 정리한 해설서[89]를 발간하여 공개함으로써 상장 심사의 객관성과

89 https://listing.krx.co.kr/contents/LST/04/04020100/2024_2024_코스닥_상장심사_이해와_실무.pdf

투명성을 높이고 있다.

상장예비심사 신청 시에는 형식적 심사요건 중 '최근 사업연도의 매출액'이 심사요건을 충족하였으나 '상장예비심사 신청 사업연도의 매출액'은 형식적 심사요건을 충족하지 못할 것으로 예상되는 경우에는 비록 외형상 형식적 심사요건을 충족하였다 하더라도 매출의 지속성 등 질적 심사요건을 충족하지 못하는 것으로 평가될 수 있음을 유의할 필요가 있다. 이러한 경우에는 추가 매출이 발생할 수 있는 계약이 존재하는지 여부[90] 및 향후 매출의 지속적인 발생 가능성 여부 등에 따라 질적 심사요건의 충족 여부가 평가될 수 있다.

질적 심사기준에 관해서는 거래소의 해설서에 상세하게 그 내용과 관련 심사사례가 정리되어 있으므로 이를 참고하는 것이 좋다. 이하에서는 질적 심사기준 중 기업의 계속성에 관한 사항 중 '혁신기술기업의 기업의 계속성', 경영의 투명성 및 안정성에 관한 사항, 그리고 투자자 보호에 관한 사항 중 '물적분할 상장'에 관한 사항의 심사에 대하여 살펴보고자 한다.

나. 혁신기술기업의 기업의 계속성

기술성장기업의 계속성에 관해서는 앞서 살펴본 바와 같이 별도 기준을 정하고 있는데, 이 중에서도 혁신기술기업의 '기업의 계속성'에 관한 심사기준을 살펴보고자 한다.

거래소의 혁신기술기업에 대한 상장예비심사 중 '기업의 계속성'에 대한 질적 심사는 전문평가기관의 기술성 등에 대한 평가결과와 상장주선인이 작성한 시장성 의견서 등을 토대로 이루어진다. 여기서 유의할 것은 전문평가기관의 평가결과가 양호하다 하더라도 이는 상장예비심사를 위한 선결조건으로서의 성격이기 때문에 거래소의 상장예비심사가 면제되거나 그 평가결과에 구속되지 않는다는 점이다. 다시 말하면 혁신기술기업

---

90 한국거래소, 「2024 유가증권시장 상장심사 가이드북」, 139면.

의 기술성이나 사업성, 성장성 등에 대한 거래소의 심사가 생략되지 않고 이루어지게 된다. 다만, 전문평가기관의 평가결과가 AA등급 이상인 경우에는 '기술성·사업성' 심사항목을 적용하지 않는다.[91]

거래소는 이와 같은 심사를 충실하게 하기 위해 '전문가회의'의 자문을 받을 수 있는 절차를 두고 있다.[92] 전문가회의는 상장신청기업의 기술성 및 사업성 등에 대한 자문을 위하여 산업분야별 전문가들로 구성된다. 전문가회의는 일반기업의 상장심사에서도 개최할 수 있지만 혁신기술기업의 상장심사에서는 대부분 개최된다.[93] 전문가회의에서는 필요한 경우 상장신청인인 기업의 대표 등을 전문가회의에 출석하게 하여 기술성 및 사업성 등에 관한 의견을 청취할 수 있다.

(1) 매출실현 가능성

혁신기술기업으로 상장을 하려는 기업은 혁신기술기업에 대한 '기업의 계속성'에 대한 '성장성' 심사항목 중 '상장 후 일정기간 이내 매출, 영업이익 등 수익실현 가능 여부'가 중요한 심사기준의 하나라는 점을 유의할 필요가 있다. 기술성장기업의 경우 이미 시현된 매출액 대신 기술력 및 시장성 평가 결과 등을 토대로 향후 매출실현 가능성을 중점적으로 보게 된다.[94] 매출실현 가능성은 상장 이후 투자자의 투자판단에 중요한 요소가 된다는 점에서 이에 대한 객관적 심사가 매우 중요하다. 따라서 상장신청기업은 매출실현 가능성에 대한 충분한 근거와 자료를 확보하여 상장예비심사 과정에서 적극적으로 소명할 필요가 있다.

---

91 코스닥시장 상장규정 시행세칙 [별표 6] 질적 심사기준 중 1. 기업의 계속성, 다. 혁신기술기업의 주석 참조. 이 경우 전문평가기관이 제출한 평가서 상의 종합평가등급이 다른 때에는 높은 평가등급을 최종 평가등급으로 하되, 1개 평가기관이라도 종합평가등급이 BBB 이하일 경우에는 낮은 평가등급을 최종 평가등급으로 한다.

92 코스닥시장 상장규정 제7조 및 동 규정 시행세칙 제12조 참조.

93 전문평가기관의 평가 등급이 AA와 A등급 이상인 기업은 전문가회의를 생략할 수 있다.

94 한국거래소, 「2024 코스닥 상장심사 이해와 실무」, 70면.

그런데 혁신기술기업의 경우 전문평가기관의 평가, 전문가회의 자문을 통하여 기술력에 대한 심사에서는 객관적인 공통의 의견이 형성되는 경우가 많은 반면에 매출의 실현 가능성에 대해서는 다양한 의견이 노정되는 경우가 많다. 상장신청기업은 매출실현 가능성에 대한 근거와 자료를 확보하여 상장예비심사 과정에서 적극적으로 소명하기 위해 노력하지만, 객관적으로 이를 입증하기란 쉽지 않다. 상장을 신청한 기업은 미래의 다양한 시나리오를 가정하고 이러한 시나리오별 예상 매출액을 추정하게 되는데, 상장 후에 추정 매출액대로 매출을 달성하는 경우가 많지 않은 것이 현실이다. 아래 표에서 보듯이 IPO 3년차 바이오기업을 대상으로 한 조사 결과 상장과정에서 추정손익을 제시한 10개 바이오기업 중 그에 부합하는 실적을 기록 중인 곳은 1곳에 불과했다는 사례[95]를 보더라도 이러한 매출액 추정이 쉽지 않음을 알 수 있다.

상장 3년차 바이오기업 매출현황

구분	상장일 (2022년)	2022년 매출액	상장 시 제시한 2024년 추정 매출	2024년 상반기 매출액
애드바이오텍	1월24일	106억원	587억원(2023년)	54억원
바이오에프디엔씨	2월21일	159억원	481억원	77억원
노을	3월3일	5억원	402억원(흑자전환)	16억원(적자)
보로노이	6월24일	97억원	965억원(흑자전환)	0원(적자)
루닛	7월21일	139억원	916억원(흑자전환)	174억원(적자)
에이프릴바이오	7월28일	2억원	480억원(흑자전환)	207억원 (영업익 156억원)
선바이오	10월5일	74억원	217억원	5억원
샤페론	10월19일	20억원	150억원	1,800만원
플라즈맵	10월21일	133억원	900억원	66억원
인벤티지랩	11월22일	37억원	123억원	5억원

* 애드바이오텍은 1월 상장사로 2023년 추정 손익까지 제시
* 노을은 3분기 기준 누적 매출액
자료: 머니투데이, 2024.11.11. 기사

95 머니투데이, '양치기 소년 된 K바이오, 상장 3년차에도 매출 목표 턱없이 미달', 2024.11.11.

이와 같이 매출액 추정이 쉽지 않음에도 상장 후 일정 기간 이내 매출 실현 가능성을 객관적으로 추정하여야 하는 것은 매우 어렵고 그 실제 결과가 추정과 다른 경우가 많다는 한계를 안고 있다. 또한 이러한 추정은 해당 업종이나 기술에 따라 매출액의 실현 가능성 자체에도 차이가 있는 것이 현실이다. 기술력과 성장성을 주된 경쟁력으로 하여 사업을 추진하는 벤처기업의 경우 그 특성에 따라 매출실현 가능 시기가 다양할 수 있다는 측면에서도 매출액 추정에 관한 기준의 개선이 필요해 보인다.

(2) 기술성장기업의 상장관리 특례

한편, 혁신기술기업을 포함하여 기술성장기업으로 상장된 기업은 상장 이후 상장관리에 있어서 특례가 적용되고 있다. 즉, 상장 초기 일반기업 대비 미흡한 영업실적 특성을 고려하여 퇴출기준을 완화하여 운영하고 있다.

먼저, 최근 사업연도의 매출액이 30억원 미만인 경우 해당 상장법인의 보통주식은 관리종목으로 지정되는데, 여기에는 두 가지 예외를 두고 있다. ① 기술성장기업의 경우에는 상장 이후 5년간 해당 규정을 적용하지 않는다(코스닥시장 상장규정 제53조 제1항 제1호 가목). 그리고 ② 기술성장기업 중에서 제약·바이오 기업에 대해서는 해당 업종의 특성을 감안하여 기술성장기업에 대한 일반적인 5년간의 적용 유예에 더하여 추가적으로 매출액 기준 적용을 면제하고 있다. 즉, 1) 최근 사업연도 말 현재 「제약산업 육성 및 지원에 관한 특별법」 제2조 제3호에 따른 혁신형 제약기업으로서 연구개발 우수기업 확인서를 제출하여 거래소가 인정하는 기업(연구개발 우수기업), 2) 최근 사업연도의 일평균 시가총액이 4,000억원 이상이고, 그 금액이 최근 사업연도 말 현재의 자본금을 초과하는 기업으로서 시장평가 우수기업 확인서를 제출하여 거래소가 인정하는 기업(시장평가 우수기업), 3) 최근 3개 사업연도의 매출액 합계가 90억원 이상이고, 최근 사업연도의 직전 사업연도의 매출액이 30억원 이상인 기업의 경우에는 매출액 미달의 경우라도 관리종목으로 지정하지 않는다(코스닥시장 상장규정 제53조 제1항 제1호 나목).

다음으로, 최근 3개 사업연도 중 2개 사업연도에 각각 10억원 이상이면서 해당 사업연도 말 자기자본의 50%를 초과하는 법인세비용차감전계속사업손실이 발생하고, 최근 사업연도에 법인세비용차감전계속사업손실이 발생한 경우 해당 상장법인의 보통주식은 관리종목으로 지정되는데, 여기에 대해서도 기술성장기업의 경우에는 상장 이후 3년간 적용을 유예한다(코스닥시장 상장규정 제53조 제1항 제2호 나목).

기술성장기업의 퇴출기준 특례

일반기업		기술성장기업
매출액 30억원 미만 시 관리종목 지정	⇨	① 상장 후 5년간 적용유예 ② 제약·바이오 기업의 경우: 추가 적용면제 - 최근 3개사업연도 매출액 합계가 90억원 이상 & 최근 사업연도의 직전사업연도 매출액이 30억원 이상 - 연구개발우수기업(혁신형제약기업*) - 시장평가우수기업(일평균시가총액이 4,000억원 이상이면서 그 금액이 자본금을 초과) * 「제약산업 육성 및 지원에 관한 특별법」 제2조제3호
자기자본 50% 초과 법인세차감전계속사업손실(10억원 이상)이 최근3년간2회이상발생&최근 사업연도에 법인세차감전계속 사업손실 발생 시 관리종목 지정	⇨	상장 후 3년간 적용유예

기술성장기업이 매출액 미달로 관리종목으로 지정된 상태에서 최근 사업연도에도 매출액이 30억원 미만인 경우에는 상장적격성 실질심사 절

차를 거쳐 해당 보통주식의 상장폐지 여부 등을 결정하게 된다(코스닥시장 상장규정 제56조 제1항 제3호 파목). 마찬가지로 기술성장기업이 법인세비용차감전계속사업손실이 발생하여 관리종목으로 지정된 상태에서 최근 사업연도에도 최근 사업연도 말 자기자본의 100분의 50을 초과하고 10억 원 이상인 법인세비용차감전계속사업손실이 발생한 경우에도 상장적격성 실질심사 대상이 된다(코스닥시장 상장규정 제56조 제1항 제3호 하목).

다. 경영의 투명성 및 안정성

(1) 경영의 투명성

경영의 투명성 및 안정성은 상장예비심사 과정에서 상장신청 기업이 직면하게 되는 상장기업으로서 요구되는 엄격한 경영수행의 업무기준이라 할 수 있다. 상장기업의 경영은 투명해야 하며 안정성이 확보되어야 상장기업 주주의 이익에 부합할 수 있다. 거래소는 경영의 투명성 및 안정성에 관한 심사항목으로 기업지배구조, 내부통제제도, 공시체제, 이해관계자와의 거래, 상장 전 주식거래, 경영안정성을 제시하고 있다.[96] 질적 심사기준 중 '기업의 계속성'과는 달리 상장신청기업의 유형에 따른 차이를 두고 있지 않다. 따라서 경영의 투명성 및 안정성은 모든 상장기업이 그 유형에 관계없이 공통적으로 갖추어야 할 요건이다.

상장을 하고자 하는 기업은 경영의 투명성 및 안정성을 확보한 후에 상장예비심사를 신청하는 것이 바람직하다. 그렇지 못한 상태에서 상장예비심사를 신청하는 경우 상장예비심사 결과 미승인이 되거나 심사기간이 장기화될 수 있기 때문이다. 예컨대, 경영진의 불법행위가 있는 경우 해당 불법행위로 인해 기업경영에 미치는 영향이 미미하더라도 상장신청인은 경영진의 불법행위가 재발하지 않도록 재발 방지 방안을 마련하여야 하고, 실효성 있는 운영에 대한 충분한 검증기간을 거친 후 상장예비심사

96 코스닥시장 상장규정 제29조 제1항 제2호 및 동 규정 시행세칙 제29조 [별표 6] 참조.

를 신청하여야 한다. 만약 충분한 검증기간을 거치지 않고 상장예비심사를 신청한 경우 한국거래소는 운영의 효과성 검증을 위해 상장예비심사기간을 연장할 수 있다.[97] 또한, 내부통제제도의 구축 및 운영과 관련하여 미흡사항이나 중대한 흠결이 발견된 경우 거래소는 이러한 흠결에 대한 개선사항이 일정기간 제대로 운영되고 있는지 여부를 살펴보게 되는데, 사안별로 중대한 내부통제 흠결의 개선사항에 대해서는 예비심사신청일 이전 최소 6개월 이상 해당 내부통제제도가 운영되어야 하며, 중요성이 낮은 내부통제 흠결의 개선사항에 대한 내부통제제도는 상장예비심사 신청일 이전 최소 3개월 이상 해당 내부통제제도가 실질적으로 운영되고 있는지를 살펴보고 확인하게 된다. 이러한 확인을 위한 검증기간(watching period)을 두고 있다는 점에 유의하여 상장주선인은 상장예비심사 신청일 이전에 일정기간 동안 내부통제제도의 적정성 여부에 대한 충분한 실사(due-diligence)를 실시해야 하고, 내부통제제도의 보완이 있었다면 적절한 운영기간을 거친 후 상장예비심사를 신청하는 것이 바람직하다.[98]

상장법인은 일반 비상장기업과 비교하여 엄격한 경영의 투명성이 요구된다. 경영의 투명성에 관한 질적 심사는 상장기업의 경영투명성을 확보하고자 하는 측면에서 상장예비심사 과정에서 비교적 엄격한 심사기준이 적용된다. 예를 들어 상법 제542조의9는 상장법인은 주요주주 및 그의 특수관계인, 이사 및 감사 등을 상대방으로 하거나 그를 위하여 금전대여, 채무이행의 보증 등의 신용공여[99]를 하여서는 아니 된다고 규정하고 있다. 코스닥시장 상장예비심사 과정에서 '이해관계자와의 거래' 심사항목의 경우는 이보다 더 이해관계자 등을 확대하여 심사하고 있다.[100] 기

97 한국거래소, 앞의 책, 106면.

98 한국거래소, 앞의 책, 110면.

99 비상장회사의 경우 회사가 신주를 발행할 때 대주주가 회사로부터 자금을 차입하여 신주를 인수하는 예가 허다하다. 이철송, 「회사법 강의」, 박영사, 2024, 423면.

100 상장신청인이 최대주주의 특수관계자가 설립한 관계회사의 대표이사의 급여를 부담하는 등 가

업지배구조에 관해서도 앞서 형식적 심사요건에서 살펴본 바와 같이 상법은 상근감사의 설치(상법 제542조의10) 또는 사외이사의 선임(상법 제542조의8)에 대한 특별한 규정을 두고 있다. 거래소는 이러한 법령의 준수에서 더 나아가 기업지배구조의 구축을 통한 주요 의사결정의 독자적 수행 여부 및 상장신청기업의 이익에 반하는 최대주주 또는 경영진의 중대한 도덕적 흠결의 존재 여부 등까지 살펴봄으로써 실질적으로 경영투명성이 확보되어 있는지를 심사한다. 예를 들어, 거래소는 상장신청인의 이사회에 최대주주의 친인척이 다수인 경우 최대주주 친인척이 아닌 제3자가 이사회 과반수 이상이 되도록 이사회를 재구성하는 것이 바람직하고, 이는 최대주주의 친인척인 이사가 충분한 자격이 있는 경우에도 마찬가지로 적용하고 있다.[101]

내부통제제도의 구축과 운영에 관해서는 실제 다양한 내부통제 미흡을 지적하고 이를 보완·개선한 다양한 심사사례가 있다. 상장신청인의 직원이 약 2개년에 걸쳐 외상매출금 회수대금을 본인 계좌 또는 현금으로 회수하여 횡령하는 사건이 발생한 사례에서 해당 직원의 횡령액에 대해서는 자금대여약정을 체결하여 대여금 처리 및 연대보증인의 지불각서를 받아 횡령액을 회수하고, 상장신청인은 전사원 신원보증보험을 가입하고, 거래처에는 정기적으로 채권채무조회서를 발송하고 법인계좌 입금을 원칙으로 하는 등 내부통제시스템을 개선하도록 한 사례[102]에서 보듯이 상장신청인은 상장예비심사 과정에서 내부통제제도의 구축 및 운영에 관한 전반적인 심사가 이루어진다는 점에 유의하여야 한다.

족기업 형태로 기업을 운영하여 경영투명성이 미흡하다고 심사한 사례가 있다. 한국거래소, 앞의 책, 119면 참조.

101 한국거래소, 앞의 책, 103면 참조. 동 해설서(103면)에는 "정관 및 규정개정을 통해 최대주주이자 대표이사의 친인척을 등기이사로 선임하지 않겠다는 내용을 명문화"한 사례가 있는데 해당 내용을 정관 개정으로까지 명문화하도록 한 것이 타당한지에 대해서는 의문이 있다.

102 한국거래소, 앞의 책, 111면.

(2) 경영의 안정성

경영의 안정성에 대한 심사도 중요한 심사항목인데, 기술성장기업에 대해서는 특별히 "수익실현 시점까지 경영의 안정적 유지 여부"를 심사기준으로 두고 있다(코스닥시장 상장규정 시행세칙 제29조 및 [별표 6]). 경영의 안정성과 관련하여 최대주주등의 안정적 지분 보유 여부를 우선 심사하게 되는데, 이때 최대주주의 안정적 경영권 확보 여부는 주요주주들의 지분율 및 성격, 소액주주 대상 주식분산 정도, 기업규모 등에 따라 달라질 수 있어 최대주주등의 최소 지분율 기준은 없다. 다만, 한국거래소는 최대주주등이 회사의 최고 의사결정기구인 주주총회 운영에 있어 큰 애로가 없는 수준으로 판단되는 '상장 후 20%' 수준을 가이드라인으로 제시하고 있지만, 이 역시 상장신청인의 개별적인 상황에 따라 달리 적용할 수 있다.[103] 상장신청인은 A, B, C 3사가 공동출자하여 설립된 회사로 신청일 현재 공동 최대주주(각 9.6%, 총 28.9%) 체제로, 상장을 추진하기 위해 공동 최대주주 간 의결권 관련 협약을 체결하였으나, 의결권행사의 경우 당사자간 합의로 한다고 명기하여 공동 최대주주 간 의결권 통일 행사가 가능하지 않을 수 있다는 점과 이로 인해 최대주주로서의 지배력이 취약한 것으로 판단한 사례가 있다.[104]

그리고 최대주주가 코스닥 상장사인 상장신청인의 경우 상장신청인의 설립자인 대표이사의 경영 독립성 및 안정성이 상장신청인의 영업 계속성 측면에서 필수적인 상황임을 고려하여 ① 최대주주로부터 상장신청인 경영독립성 보장 확약, ② 최대주주의 경영권을 상장후 3년간 매각하지 않겠다는 의무보유 확약, ③ 최대주주 지분 매각 시 대표이사 또는 대표이사가 지정한 제3자에게 우선매수권 부여 확약, ④ 최대주주의 의결권을 대표이사에게 위임하는 공동목적보유 확약을 하고, 이와 같은 경영권 안정

---

103 한국거래소, 앞의 책, 130면.

104 한국거래소, 앞의 책, 130-131면.

방안을 증권신고서에 기재하도록 한 사례가 있다.[105]

기술성장기업의 경영안정성은 일반적으로 기술성장기업의 경우 최대주주등이 기술을 보유한 핵심인력인 경우가 많아 최대주주 등의 이탈은 회사의 기업 계속성에도 부정적인 영향을 초래할 수 있기 때문에 기술성장기업은 상장 후 수익실현 시점까지 최대주주등이 안정적으로 경영을 할 수 있어야 한다. 이를 위해 많은 기술성장기업들이 최대주주등의 의무보유 기간을 상장 후 1년[106] 이외에 추가의무보유를 통해 경영권 안정화 방안을 마련하고 있다.[107]

경영권 분쟁이 있는 경우 기업경영에 미치는 영향도 경영안정성과 관련하여 심사대상이다. 2024년 6월 상장예비심사 승인이 취소된 ㈜이노그리드의 경우 최대주주 지위분쟁 관련 사항이 증권신고서 수리 단계에서 발견되어 '소송 등 법적 분쟁 발생 가능성 위험'이 증권신고서(6차 정정)에 기재되었고, 이에 따라 거래소는 상장예비심사 단계에서 관련내용을 사전에 인지하고 있었음에도 '중요사항'이 아니라고 판단하여 상장예비심사 신청서 등에 기재하지 않았고, 이로 인해 상장예비심사 단계에서 동 사실을 심의할 수 없었음을 이유로 해당 회사의 코스닥시장 상장예비심사 승인 결과의 효력을 불인정하는 결정을 한 사례가 있다.[108]

최대주주 변경의 경우 상장 전 1년간 최대주주의 변경을 제한하는 형식적 심사요건을 두고 있었으나 2013년 2월 질적 심사요건으로 변경하였다. 상장예정기업의 경영권 안정 및 불건전한 단기차익 추구 방지를 위해 최대주주의 변경을 제한하고 있었으나 최대주주인 부인이 2대 주주이

105 한국거래소, 앞의 책, 131면.

106 상장신청인의 최대주주등의 경우 원칙적 의무보유기간은 일반기업의 경우에는 6개월, 기술성장기업의 경우에는 1년으로 정하고 있다(코스닥시장 상장규정 제26조 제1항 제1호).

107 한국거래소, 앞의 책, 132면.

108 한국거래소 보도자료(2024.6.18.), '한국거래소 코스닥시장위원회, ㈜이노그리드 상장예비심사 효력 불인정 의결' 참조.

자 대표이사인 남편에게 자신의 지분을 양도하여 남편이 최대주주가 된 경우와 같이 경영권 변동과 무관한 최대주주 변경 시에도 동 요건을 획일적으로 적용함에 따라 신속한 상장에 애로가 생기는 점을 해소하기 위한 조치였다.[109]

상장심사 과정에서 경영개선이 이루어지면 이러한 개선내용에 따라 심사가 진행된다. 한국거래소는 상장신청인에게 중요한 경영투명성 훼손사항이 발견되면 이에 대한 개선을 요구할 수 있으며, 필요한 경우 개선내용 및 방안을 증권신고서에 기재할 것을 요구할 수 있다. 상장신청인이 증권신고서에 기재된 경영투명성 개선방안을 이행하지 않는 경우 증권신고서 허위 기재로 법적 책임을 부담할 수 있으므로 증권신고서 기재사항은 반드시 이행하여야 한다.[110]

라. 물적분할과 투자자 보호

상장신청인이 물적분할로 설립된 경우에는 상장신청인의 모회사(상법 제342조의2 제1항에 따른 모회사를 말한다)가 주주 의견수렴, 주주와의 소통 등 주주 보호노력을 충실히 이행한 것으로 인정되는지 여부는 투자자 보호와 관련한 대표적 질적 심사사항이다. 해당 규정은 일부 기업이 고성장 사업부문을 물적분할하여 단기간 내 상장하면서 주주권 상실과 주가 하락 등 일반주주의 피해문제가 제기됨에 따라 2022년 9월 개정으로 도입되었다. 이와 같은 물적분할은 벤처기업과의 관련성은 거의 없으나 투자자 보호와 관련한 질적 심사요건이 확장되어 적용될 수 있음을 보여 주는 대표적 사례라 할 수 있다.[111]

상장신청인이 코스닥시장 상장법인 또는 유가증권시장 주권상장법인

---

109 한국거래소 보도자료(2023.5.15.), 개정 유가증권시장 상장규정 및 동 규정세칙 시행 참조.

110 한국거래소, 앞의 책, 100면.

111 질적 심사기준 중 투자자 보호에 관한 사항은 "그 밖에 공익 실현과 투자자 보호를 저해할 가능성" 항목을 통해 확장 적용될 수 있다.

의 「상법」 제530조의12에 따른 물적분할로 설립되고, 설립등기일부터 5년 이내에 상장예비심사를 신청하는 경우에 적용한다. 다만, 물적분할 이후 모회사가 변경되거나 상장신청인의 주된 영업부문이 변경된 경우 등에는 이 요건을 적용하지 않을 수 있다(코스닥시장 상장규정 시행세칙 [별표 6]).

물적분할은 인적분할과 달리 분할된 신설회사의 주식을 분할전 회사의 일반주주들이 배분받지 못하게 됨에 따라 일반주주들이 분할부문에 대한 주주권을 직접 행사하지 못하게 되고, 이렇게 물적분할·상장된 유망 사업부문의 가치가 모회사 주식가치에도 제대로 반영되지 않을 수 있으므로[112] 이러한 주주 보호 노력을 사전에 충분히 기울인 이후에 상장을 추진하여야 한다.

상장신청인은 물적분할과 관련하여 모회사의 주주 보호를 위해 실시한 주주 간담회, IR 개최 등 모회사의 소통 노력 및 그 결과를 제시해야 하며, 스튜어드십 코드에 참여하는 주주와의 소통도 주주와의 소통 노력 중 하나로 평가될 수 있다. 모회사 주주 보호 방안으로는 첫째로, 자회사로 분할된 사업부문에 대한 주주권의 회복기회를 부여할 수 있는 방안으로 ① 모회사가 보유한 상장신청기업 주식을 모회사 일반주주에게 현물배당, ② 모회사 일반주주를 대상으로 자기주식(모회사 주식)을 공개매수하고 매수대가로 상장신청기업 주식(자회사 주식)을 교부(모자회사 주식교환)하는 방안이 있을 수 있다. 둘째로, 자회사 성장에 따른 이익을 모회사 주주에게 적극적으로 환원하는 방안으로 배당 확대, 자사주 취득 및 자사주 소각 등이 있을 수 있다.[113]

---

112 금융위원회 보도자료(2022.9.5.), "물적분할 자회사 상장 관련 일반주주 권익 제고방안" 참조.

113 한국거래소, 앞의 책, 138면.

질적 심사기준

1. 기업의 계속성

영업, 재무상황, 기술력 및 성장성, 그 밖에 경영환경 등에 비추어 기업의 계속성이 인정될 것

가. 일반기업

심사항목	중점 심사사항
영업상황	• 산업의 성장주기, 시장규모, 경쟁상황 및 진입장벽 등 산업 성장성 및 변화 추이 • 산업의 국내·외 규제환경 및 정부 정책 영향 • 과거 매출액 및 이익의 변동요인, 향후 매출액 및 이익 확대 가능성 • 주된 매출처와의 거래 지속 가능성 및 신규 매출처 확보 가능성 • 매출채권 및 재고자산 규모와 관리체계의 적정성
재무상황	• 동종 업계 및 경쟁기업과 비교한 재무안정성 수준 • 영업활동으로 인한 현금흐름 규모 및 추이를 감안한 유동성 현황 • 우발채무로 인한 재무상황의 악화가능성
기술력	• 지적재산권, 기술인력 수준, 기술의 완성도 및 경쟁 우위도 등 기술력 수준 • 보유 또는 개발 중인 기술의 상용화 경쟁력
성장성	• 기업 성장전략 및 성장을 위한 사업계획의 합리성 여부 • 주력제품의 경쟁력 강화, 신규사업 진출 등을 통한 사업의 확장가능성 • 공모자금 사용의 합리성 및 공모자금 유입에 따른 성장가능성
기타 경영환경	• 특허, 경영권 등과 관련한 소송 또는 분쟁이 발생한 경우 기업경영에 미치는 영향 • 경영진 경험수준 등 전문성, 경영진의 자본참여도 등이 기업의 성장에 미치는 영향

나. 이익미실현 기업

심사항목	중점 심사사항
영업상황	• 산업의 성장주기, 시장규모, 경쟁상황 및 진입장벽 등 산업 성장성 및 변화 추이 • 산업의 국내·외 규제환경 및 정부 정책 영향 • 적자규모·추이 및 적자 원인의 타당성* 여부 * R&D, 생산시설 확충 등 성장 추진과정에서 발생한 적자인지 또는 전반적인 매출 감소에 따른 구조적 문제인지 여부 • 주된 매출처와의 거래 확장 가능성 및 신규 매출처 확보 등으로 인한 흑자 전환 가능성 • 매출채권 및 재고자산 규모와 관리체계의 적정성
재무상황	• 동종 업계 및 경쟁기업과 비교한 재무 안정성 수준 • 적자로 인한 현금흐름 감소 규모, 향후 성장 추이 등을 감안한 유동성 확보 여부 • 우발채무로 인한 재무상황의 악화가능성
성장성	• 경쟁업체 대비 차별화된 사업모델 보유 여부 및 사업모델 경쟁력 [제품(서비스)생산 또는 판매(유통) 분야 등] • 기업 성장전략 및 성장을 위한 사업계획* 합리성 여부 * 인력 채용 및 설비투자 계획, 특허권 확보 등 • 외부투자자의 성장성 평가 현황 및 평가 근거 * 외부투자자로부터 자금조달 현황 등 포함 • 주력 제품 경쟁력 강화, 신규 사업 진출 등을 통한 사업의 확장 가능성 • 공모자금 사용목적의 합리성(설비 확충 등 성장성 확보 여부) 및 공모자금 유입의 효과
기타 경영환경	• 특허, 경영권 등과 관련한 소송 또는 분쟁이 발생한 경우 해당 소송 또는 분쟁이 기업 경영에 미치는 영향 • 경영진 경험수준 등 전문성, 경영진의 자본참여도 등이 기업의 성장에 미치는 영향 • 상장주선인의 환매청구권(풋백옵션) 부여 등 충분한 투자자 보호 장치의 구축 여부

※ 이익미실현기업의 사업구조 등을 고려하여 거래소가 필요하다고 인정하는 경우에는 일반기업 질적 심사기준과 이익미실현기업 질적 심사기준을 동시에 적용할 수 있다.

다. 기술성장기업

<table>
<tr><th>심사항목</th><th>중점 심사사항</th></tr>
<tr><td>영업상황</td><td>• 산업의 성장주기, 시장규모, 경쟁상황 및 진입장벽 등 산업 성장성 및 변화 추이
• 기존 시장 진입·확장가능성 및 신규 시장 창출 가능성
• 매출처와의 거래 지속 가능성 또는 신규 매출처 확보 가능성
• 산업의 국내·외 규제환경 및 정부 정책 영향
• 경영진의 지식, 경험 등 내부역량이 영업의 지속성 및 향후 성장에 미치는 영향</td></tr>
<tr><td rowspan="2">기술성·사업성</td><td>【 혁신기술기업주) 】
• 기술개발 단계, 자립도, 모방의 난이도 등 기술의 완성도
• 기술의 차별성, 연구개발의 수준과 투자규모 및 적정성, 지적재산권 보유 현황 등 경쟁우위도
• 기술인력의 전문성, 기술경영 관리능력 등 기술인력의 수준
• 기술의 상용화 경쟁력 보유 여부</td></tr>
<tr><td>【 사업모델기업 】
• 사업모델의 사업화 정도, 매출실현 가능성 등 완성도
• 사업모델의 차별성, 시장 내 지위 등 경쟁우위도
• 사업에 필수적인 인적·물적 자원 확보 여부</td></tr>
<tr><td>성장성</td><td>• 기업의 성장을 위한 인력 및 설비 투자계획, 지적재산권 확보 등 사업계획의 합리성 여부
• 공모자금 사용의 합리성 및 공모자금 유입에 따른 성장가능성
• 상장 후 일정기간 이내 매출, 영업이익 등 수익실현 가능 여부</td></tr>
<tr><td>기타 경영환경</td><td>• 특허, 경영권 등과 관련한 소송 또는 분쟁이 발생한 경우 기업경영에 미치는 영향
• 영업 관련 주요계약의 조건 등에 따른 우발채무가 경영에 미치는 영향</td></tr>
</table>

주) 국내기업(국내소재외국지주회사는 제외한다)에 대한 전문평가기관의 평가결과가 AA등급 이상인 경우에는 기술성·사업성 심사항목을 적용하지 않는다. 이 경우 전문평가기관이 제출한 평가서 상의 종합평가등급이 다른 때에는 높은 평가등급을 최종 평가등급으로 하되, 1개 평가기관이라도 종합평가등급이 BBB 이하일 경우에는 낮은 평가등급을 최종 평가등급으로 한다.

※ 기술성장기업의 사업구조 등을 고려하여 거래소가 필요하다고 인정하는 경우에는 일반기업 질적 심사기준과 기술성장기업 질적 심사기준을 동시에 적용할 수 있다.

2. 경영의 투명성 및 안정성

기업지배구조, 내부통제제도, 공시체제, 이해관계자와의 거래, 상장 전 주식거래 등에 비추어 경영 투명성 및 경영 안정성이 인정될 것

심사항목	중점 심사사항
기업지배구조	• 독립적인 기업지배구조 구축을 통한 주요 의사결정의 독자적 수행 여부 • 경영진의 불법행위가 있는 경우 기업경영에 미치는 영향 • 상장신청인의 이익에 반하는 최대주주 또는 경영진의 중대한 도덕적 흠결 존재 여부
내부통제제도	• 이사회운영규정 등 내부통제제도의 구축 및 운영 수준 • 회계감사 및 세무조사 결과 등을 통해 확인된 중대한 오류 및 특이사항 여부 • 상장신청인이 지주회사인 경우 임원 선임, 경영성과 보고체계, 경영계약 체결 등 자회사 관리 시스템 구축·운영의 적정성 • 신뢰성 있는 회계정보를 산출하기 위한 인력, 회계규정 등 내부통제절차 및 회계시스템 구축·운영 여부
공시체제	• 관련 법규의 제반 공시의무(공시체제 심사와 관련하여 최대주주가 명목회사인 경우에는 그 명목회사의 경영상 주요사항에 대한 공시의무를 포함한다) 수행을 위한 인력 및 조직 구축 여부 • 미공개 중요정보 이용 방지를 위한 공시체제 구축 여부
이해관계자 거래	• 이해관계자와의 거래 배경, 조건, 절차 등의 관련 법령 준수 여부 • 제3사와의 거래와 비교한 이해관계자 거래 조건의 타당성
상장 전 주식거래	• 상장 전 주식거래의 필요성, 절차의 적법성, 거래가격의 적정성 등을 고려한 주주이익의 침해 가능성 • 미공개정보를 이용한 주식거래 여부
경영안정성	• 최대주주등(최대주주등이 명목회사인 경우 명목회사의 실질적인 지배주주를 포함한다)의 안정적 지분 보유 여부 • 기술성장기업의 경우 수익실현 시점까지 경영의 안정적 유지 여부 • 경영권 분쟁이 있는 경우 기업경영에 미치는 영향 • 최대주주가 변경된 경우 경영진 변동, 사업구조의 변화 등으로 인한 기업경영의 연속성 유지 여부 • 구주매출이 있는 경우 상장신청인의 자금조달수요 및 안정적 경영권 유지 여부 등을 감안한 구주매출의 적정성

3. 투자자 보호

그 밖에 공익 실현과 투자자 보호를 해치지 않는다고 인정될 것

심사항목	중점 심사사항
공익 실현 및 투자자 보호	• 상장예비심사 신청서 및 첨부서류의 내용 중 허위의 기재 또는 표시, 중요한 사항의 기재 또는 표시 누락 여부 • 최대주주 또는 경영진이 상장법인 경영권을 매각 또는 인수한 사실이 있는 경우 동 과정에서의 시장건전성 저해 여부 • 상장신청인이 물적분할로 설립된 경우에는 상장신청인의 모회사(상법 제342조의2 제1항에 따른 모회사를 말한다)가 주주 의견수렴, 주주와의 소통 등 주주 보호노력을 충실히 이행한 것으로 인정되는지 여부[주)] • 재상장신청인이 분할재상장을 신청하는 경우에는 주주 의견수렴, 주주와의 소통, 배당정책, 자기주식소각 등 분할 신설법인 또는 존속법인의 소액주주 보호를 위한 노력을 충실히 이행한 것으로 인정되는지 여부 및 인적분할 이후 존속법인에 대하여 기업의 계속성이 인정되는지 여부 • 그 밖에 공익 실현과 투자자 보호를 저해할 가능성

주) 상장신청인이 코스닥시장 상장법인 또는 유가증권시장 주권상장법인의 「상법」 제530조의12에 따른 물적분할로 설립되고, 설립등기일부터 5년 이내에 상장예비심사를 신청하는 경우에 적용한다. 다만, 물적분할 이후 모회사가 변경되거나 상장신청인의 주된 영업부문이 변경된 경우 등에는 이 요건을 적용하지 않을 수 있다.

업종별 질적 심사기준 (기업의 계속성)

1. 딥테크 산업[주1)주2)]

심사항목	중점 심사사항
혁신성	• 연관 산업에 미치는 영향, 신기술 및 신산업 창출 기여도 등 주력 기술의 국민경제적 측면의 중요성 • 주력 개발·보유기술의 독창성과 경쟁력에 따른 기술의 혁신성 • 주력 기술을 바탕으로 한 사업수행 능력 및 정부의 혁신성 인증[주3)] 여부
기술성	• 주력 기술의 합리성 및 개발단계의 완성도에 따른 기술의 실현가능성 여부 • 주력 기술의 상용화 경쟁력 여부 및 주요 제품의 상용화 가능성 • 주력 기술의 전문성 및 연구개발 역량 등에 따른 기술력의 지속 유지 가능성
성장성	• 기업의 성장을 위한 인력 및 설비 투자계획, 지적재산권 확보 등 사업 계획의 합리성 여부 • 주력 사업의 합리성 및 수익실현을 위한 완성도 등 사업의 성장 잠재력 • 사업의 파생 및 다른 산업과의 연계 가능성 등 사업의 확장성
기타 경영환경	• 특허, 경영권 등과 관련한 소송 또는 분쟁이 발생한 경우 기업경영에 미치는 영향 • 영업 관련 주요계약의 조건 등에 따른 우발채무가 경영에 미치는 영향

주1) 제1호는 「국가전략기술육성법」에 따른 국가전략기술 또는 「국가첨단전략산업법」에 따른 국가첨단전략기술을 보유하고 해당 분야의 기술을 주력 사업으로 영위하는 기업에 적용한다. 다만, 제2호의 바이오 산업에도 해당하는 기업의 경우에는 제2호의 기준을 적용할 수 있다.

주2) 이익미실현기업으로 상장예비심사를 신청하는 경우에는 제1호에 따른 기술성 심사항목을 적용하지 않고, 별표 6의 질적 심사기준에 따른 이익미실현기업의 재무상황을 추가하여 적용한다.

주3) 「금융혁신지원 특별법」에 따른 금융위원회의 혁신금융서비스 지정 등 관련 법령에 따라 기술에 관한 혁신성을 인증 받은 경우를 말한다.

2. 바이오 산업주)

심사항목	중점 심사사항
기술성	**【 기술의 경쟁 우위 】** • 개발 파이프라인을 지속하여 확대시킬 수 있는 원천기술의 보유 여부 • 기술이전 계약 체결실적 및 계약구조 등에 따른 수익창출력 • 국가과제 수행 내역 및 주요 결과 • 주요 제약·바이오 기업과 공동 연구개발 실적 및 네트워크 구축 여부 • 핵심기술 관련 국내외 학회 및 논문 발표 실적
	【 기술의 성공 가능성 】 • 보유 파이프라인의 수, 임상 진행단계 및 임상 결과 • 개발 의약품 등의 상용화 경쟁력
	【 연구개발 역량 】 • 주요 경영진의 연구개발 경력, 바이오 산업 관련 전문성 및 경영능력 • 핵심 연구개발 인력 존재 여부 및 재직기간
	【 지식재산의 보유 】 • 핵심기술의 국·내외 특허 등록 여부 • 경쟁업체와 특허 관련 분쟁 이력 및 분쟁 가능성
	【 수익창출 가능성 】 • 시장 규모 및 경쟁 현황 등에 비추어 수익모델의 적정성 • 벤처금융 등 투자자로부터 자금조달 실적 및 규모
영업상황	• 산업의 성장주기, 시장규모, 경쟁상황 및 진입장벽 등 산업 성장성 및 변화 추이 • 기존 시장 진입·확장가능성 및 신규시장 창출 가능성 • 산업의 국내·외 규제환경 및 정부 정책 영향 • 경영진의 지식, 경험 등 내부역량이 영업의 지속성 및 향후 성장에 미치는 영향
성장성	• 기업의 성장을 위한 인력 및 설비 투자계획, 지적재산권 확보 등 사업계획의 합리성 여부 • 공모자금 사용의 합리성 및 공모자금 유입에 따른 성장가능성 • 상장 후 일정기간 이내 매출, 영업이익 등 수익실현 가능 여부
기타 경영환경	• 특허, 경영권 등과 관련한 소송 또는 분쟁이 발생한 경우 기업경영에 미치는 영향 • 영업 관련 주요계약의 조건 등에 따른 우발채무가 경영에 미치는 영향

주) 제2호는 규정 제2조 제1항 제40호 나목에 해당하거나 신약 연구개발을 전문으로 하는 기업으로 거래소가 인정하는 경우에 적용한다.

V 벤처기업의 코스닥시장 IPO 현황

1. 혁신기술기업 상장특례의 지속적 증가

기술성장기업으로 상장특례를 적용받아 코스닥시장에 상장되는 기업의 수는 꾸준히 증가하고 있다. 특히, 2024년에는 기술성장기업 특례로 상장된 기업 수가 42개사로 기술성장기업 상장특례제도 도입 이후 최대를 기록하였다. 기술성장기업 상장특례로 상장된 기업은 모두 혁신기술기업이었다. 사업모델기업으로 상장예비심사 승인을 받은 기업은 있었으나[114] 2024년에 상장된 기업은 없었다. 이에 반해 일반기업은 46개사에 그쳐 50개사에 미치지 못하면서 부진한 모습을 보였다.

이러한 혁신기술기업의 꾸준한 증가추세는 코스닥시장에 기술력과 성장성을 보유한 다양한 혁신기업들이 시장에 진입하면서 코스닥시장이 기술력과 성장성이 있는 중소·벤처기업의 중요한 자금조달 창구 역할을 수

상장기업유형별 코스닥시장 상장기업 수 추이

상장기업유형		2018년	2019년	2020년	2021년	2022년	2023년	2024년
일반기업		59	54	57	55	51	58	41
이익미실현기업		1	2	2	5	5	2	4
기술성장기업	혁신기술기업	20	17	18	26	27	34	42
	사업모델기업	1	5	7	5	1	1	0
	(소계)	21	22	25	31	28	35	42
계		81	78	84	91	84	95	88

자료: 한국거래소

114 2024년 중에는 사업모델기업으로 상장된 기업은 없으나, 2024년에 상장예비심사 승인을 받은 인공지능 기반 인슈어테크 기업인 아이지넷이 사업모델기업 상장특례로 2025년 2월 4일 상장되었다.

행[115]하고 있음을 보여 주는 것이라 할 수 있다. 또한 기술성장기업 중에서도 혁신기술기업 상장특례제도가 코스닥시장의 성장에 핵심적 역할을 하는 상장트랙으로 정착되었다고 평가할 수 있다.

이와 같은 기술성장기업 상장특례의 증가는 자칫 일반기업 상장트랙을 선택할 경우 실적 충족이 어려운 기업들이 기술성과 성장성이 상대적으로 취약함에도 우회상장 통로로 이용되는 부작용을 초래할 수도 있다. 기술성장기업 상장트랙으로 신규상장한 기업 수가 지속적으로 증가하여 2024년에 42개사를 기록하면서, 일반기업 상장트랙으로 신규상장한 기업 수 41개사를 넘어섬으로써 기술성장기업 상장특례가 코스닥시장의 주된 상장트랙으로 되고 있다. 이러한 흐름에 따라 전문평가기관 평가신청 기업 수도 2023년과 2024년에 각각 99개사, 93개사를 기록하였다. 기술성과 성장성이 있는 기업의 상장을 위한 특례라는 기술성장기업 상장특례 제도의 본래 취지를 고려하여 상장트랙이 선택될 수 있도록 하여[116] 기술성장기업 상장특례제도가 지속적으로 발전할 수 있도록 관리할 필요가 있다. 기술성장기업 상장특례를 통한 신규상장이 확대될수록 해당 특례

연도별 기술특례 상장기업 수 및 전문기관 평가 신청 기업 수

연도	'16년	'17년	'18년	'19년	'20년	'21년	'22년	'23년	'24년
전문평가기관 평가신청 기업 수(A)	33	26	36	47	52	79	80	99	93
기술성장특례 신규상장 기업 수(B)	10	7	21	22	25	31	28	35	42
B/A	30.3	26.9	58.3	46.8	48.1	39.2	35.0	35.4	45.2

자료: 한국거래소

115 한국거래소 보도자료(2024.12.26.), '2024년도 코스닥시장 신규상장 현황 및 주요 특징' 참조.

116 2024년 하반기 한국거래소 IB간담회(2024.9월)에서도 주요 안건으로 논의된 바 있다.

를 통해 신규상장하고자 하는 수요가 여러 가지 이유로 증가할 수 있다. 이러한 사정을 감안할 때 상장주관사의 상장 적정성 실사 및 평가에 대한 역할과 전문평가기관의 객관적 기준에 의한 평가의 중요성이 점점 커지고 있다.

2. 소부장 기업의 꾸준한 증가 및 바이오 기업 상장 회복

기술성장기업 상장특례로 상장한 기업들을 업종별로 살펴보면, 2021년 이후 비바이오 기업 수가 꾸준한 증가세를 유지하고 있고, 특히 지난해에는 바이오 기업 수도 2023년도 9개사에 비하여 크게 증가하여 16개사를 기록하였다.

비바이오 상장기업 중에는 소재·부품·장비 인증기업의 상장이 꾸준히 증가하여 2024년에는 17개사가 상장하였는데, 바이오 기술특례 상장기업으로 분류된 소재·부품·장비 인증기업 4사까지 포함하면 2024년에 총 21개사가 상장하였다. 2024년에 코스닥시장에 상장된 전체 소재·부품·장비 인증기업은 32개사인데 이 중 66%에 해당하는 21개사가 기술성장기업 상장특례로 상장된 기업이었다.

코스닥 소부장 인증기업 상장트랙별 신규상장 현황

(단위 : 사(社))

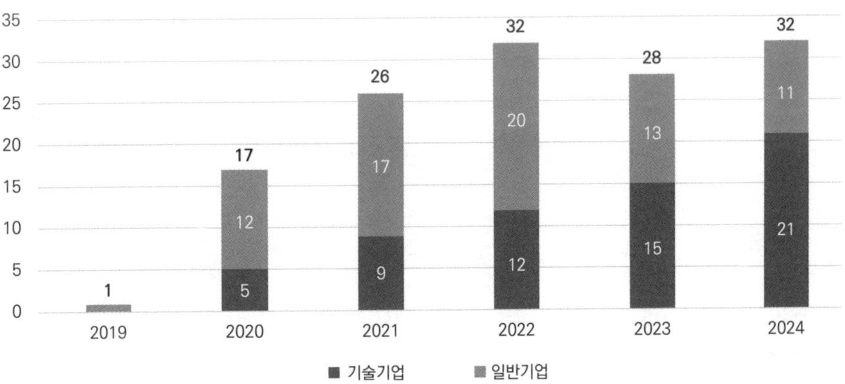

자료: 한국거래소 보도자료(2024.12.26.)

주요 업종별 코스닥 기술성장특례 신규상장 기업 현황

(단위: 사)

업종 \ 연도	'16	'17	'18	'19	'20	'21	'22	'23	'24
非바이오	**1**	**2**	**6**	**8**	**8**	**22**	**20**	**26**	**26**
소재·부품·장비	–	–	–	–	5	9	11	13	17
소프트웨어	–	–	2	3	3	11	5	9	5
기타	1	2	4	5	–	2	4	4	4
바이오	**9**	**5**	**15**	**14**	**17**	**9**	**8**	**9**	**16**
신약개발	7	2	8	6	6	6	4	6	4
체외진단	1	3	1	4	8	2	1	1	1
의료기기제조	–	–	3	2	1	–	1	1	7
바이오(기타)	1	–	3	2	2	1	2	1	4
계	**10**	**7**	**21**	**22**	**25**	**31**	**28**	**35**	**42**

자료: 한국거래소 보도자료(2024.12.26., 2021.12.28.)

한편, 코스닥시장에 혁신기술기업 특례로 상장된 바이오 기업 수는 2020년까지 꾸준히 증가하다가 2021년부터 2023년까지는 크게 감소하면서 주춤하는 모습을 보였으나 2024년 들어 다시 증가하였다. 2024년에 상장된 바이오 기업 수는 16개사로 2023년의 9개사 대비 크게 증가하였다. 바이오 업종도 신약개발, 체외진단 등으로 비교적 다양한 모습을 보였는데, 그중에서도 의료기기제조 분야가 눈에 띄게 증가하였다.

기술성장특례 연도별 상장건수 추이

(단위: 사)

업종 \ 연도	'13	'14	'15	'16	'17	'18	'19	'20	'21	'22	'23	'24
非바이오	2	1	2	1	2	6	8	8	22	20	26	26
바이오	2	1	10	9	5	15	14	17	9	8	9	16
계	4	2	12	10	7	21	22	25	31	28	35	42

3. 공모금액의 정체

유가증권시장과 코스닥시장을 합산한 공모금액이 가장 많았던 회사는 2021년 약 20조원의 연간공모금액을 달성한 바 있다. 2022년에도 공모금액은 다소 감소하였지만 약 16조원을 달성하였다. 이러한 공모금액은 그 이전까지 약 4조원 수준이던 공모금액과 비교하면 매우 높은 수준이라 평가된다. 2021년과 2022년 당시에는 초저금리로 인한 시장의 풍부한 유동성이 IPO 시장에도 긍정적인 영향을 끼친 것이라 평가된다. 이후 2023년과 2024년에는 다시 평균 4조원 안팎의 공모규모를 기록하며 예년 수준으로 회귀하였다.

시장별 공모금액 추이

(단위: 조원)

연도 / 시장	'17	'18	'19	'20	'21	'22	'23	'24
유가증권시장	4.45	0.71	0.92	2.11	16.46	13.15	1.09	1.85
코스닥시장	3.53	2.05	2.56	2.59	3.58	2.97	2.77	2.43
합계	7.98	2.76	3.48	4.70	20.04	16.12	3.86	4.28

자료: 한국거래소 KIND

코스닥시장의 경우 2024년에 신규상장을 통해 조달한 공모금액은 2.4조원으로 2023년 대비 소폭 감소하였다. 2021년 이후 공모금액은 감소추세를 보이고 있으나 2021년과 2022년에 비해 대폭 감소한 유가증권시장과는 달리 상대적으로 완만한 감소세라 할 수 있다. 풍부한 유동성과 대형법인[117]의 상장으로 공모금액이 급증했던 2021년과 2022년에 유가증권시장 공모금액이 코스닥시장 공모금액을 크게 상회하였으나 이 기간을 제외

117 2021년에는 크래프톤(4조 3,098억원), 카카오뱅크(2조 5,526억원), SK아이이테크놀로지(2조 2,460억원), 카카오페이(1조 5,300억원), SK바이오사이언스(1조 4,918억원), 현대중공업(1조 800억원) 등이 상장되었다.

코스닥시장 공모금액 현황

(단위: 조원)

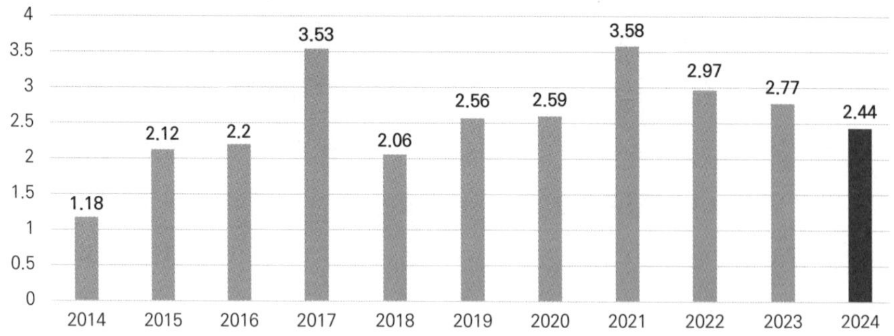

자료: 한국거래소 보도자료(2024.12.26.)

하고는 코스닥시장 공모금액이 약 2.5조원 안팎의 수준을 유지하면서 유가증권시장 공모금액보다 높은 경우가 대부분이었다.

또한 신규상장 기업 수도 지난해 소폭 감소하였으나 꾸준한 증가세를 유지하고 있는 데에 기인한다고 보인다. 특히, 앞서 살펴본 바와 같이 기술성장특례 신규상장 기업 수가 꾸준히 증가하는 데 힘입은 바도 크다. 이와 같이 코스닥시장의 공모금액과 신규상장 기업 수가 비교적 일정한 수

최근 코스닥시장 신규상장 기업 현황

(단위: 사(社))

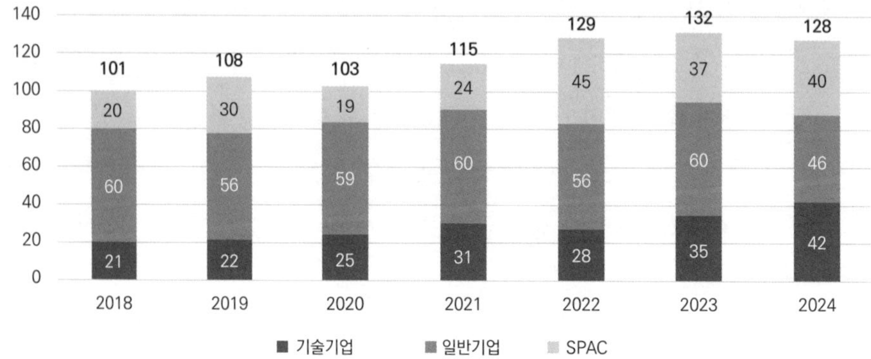

자료: 한국거래소 보도자료(2024.12.26.)

준을 유지하고 있고, 특히 신규상장 벤처기업 수가 꾸준히 증가하고 있다는 점에 비추어 코스닥시장이 벤처기업의 성장에 중요한 역할을 하고 있다고 평가할 수 있다.

4. 상장예비심사기간의 장기화

기술성장기업 상장트랙으로 상장한 기업의 상장예비심사기간은 2024년에 상장예비심사 결과가 확정된 기업의 경우 156일 소요되었다. 기술성장특례 상장기업을 제외한 나머지 기업의 경우 85일 소요되었다. 그리고 기술성장특례 상장기업 수가 늘어나면서 상장예비심사기간도 해마다 증가하는 모습을 보이고 있다. 상장예비심사 소요일수가 200일 이상인 기업도 해마다 증가하는 모습을 보이고 있는데 2023년과 2024년의 경우 각각 6개사를 기록하였다.

신규상장기업 평균 상장예비심사일수 추이

구분	'20	'21	'22	'23	'24
기술성장특례 상장기업	87일	98일	140일	146일	156일
기타	61일	73일	68일	85일	85일

* 연도별 대상기업은 상장예비심사 결과확정일 기준
자료: 한국거래소 FIND

상장예비심사의 경우 신청서 접수일부터 45일 이내에 상장예비심사결과를 통지하는 것이 원칙이나(코스닥시장 상장규정 제6조 제4항) 대부분의 경우에 이러한 원칙을 지키는 것이 어려운 것이 현실이다. 특히, 기술성장특례 신청기업의 상장예비심사기간이 상대적으로 더 길다는 것은 상장신청기업의 기술력과 성장성에 대한 심사에 상대적으로 더 시간이 소요되기 때문인 것으로 보인다.

혁신기술기업의 경우 그 기술력과 성장성에 대한 심사는 거래소의 상

상장예비심사 소요일수 200일 이상인 기업 현황

연도	회사명	청구일	결과확정일	심사일수
2024년 (6개사)	이엔셀	2023-07-27	2024-04-11	259
	온코크로스	2024-01-05	2024-09-12	251
	웨이비스	2023-11-21	2024-07-25	247
	아이빔테크놀로지	2023-09-26	2024-05-09	226
	씨어스테크놀로지	2023-08-10	2024-03-14	217
	넥스트바이오메디컬	2023-10-31	2024-05-30	212
2023년 (6개사)	에스바이오메딕스	2022-05-23	2023-02-09	262
	이노시뮬레이션	2022-09-15	2023-04-27	224
	이에이트	2023-05-12	2023-12-21	223
	디앤디파마텍	2023-05-24	2023-12-21	211
	씨유박스	2022-07-07	2023-02-02	210
	파로스아이바이오	2022-08-26	2023-03-16	202
2022년 (3개사)	지아이이노베이션	2022-04-20	2022-12-29	253
	핀텔	2021-12-21	2022-07-21	212
	에이프릴바이오	2021-11-02	2022-05-23	202
2020년 (1개사)	와이더플래닛	2020-02-10	2020-09-17	220

자료: 한국거래소 FIND

장예비심사 단계에 앞서서 전문평가기관[118]을 통해 먼저 이루어진다. 즉, 상장신청인이 혁신기술기업 상장특례를 적용받기 위해서는 상장예비심사 신청일 전 6개월 이내에 전문평가기관으로부터 기술성 등에 대한 평가를 받고 그 평가결과가 일정 등급 이상이어야 한다(코스닥시장 상장규정 시행세칙 제28조 제1항 제1호 가목 본문). 그런데 이러한 전문평가기관을 통한 사

118 전문평가기관은 2024년 3월 말 현재 정부산하연구기관 18개사 등 25개사가 선정되어 있다.

전 기술성 평가제도는 2개 또는 1개[119] 전문평가기관의 평가결과를 통해 최소한의 기술성과 시장성을 미리 검증하고자 하는 제도이지만, 실제 상장예비심사 단계에서 거래소에 의한 기술성에 대한 평가가 다시 이루어지는 것을 배제하지는 않는다. 이와 같이 상장예비심사에 앞서서 전문평가기관의 평가를 통한 사전 기술평가가 이루어지고 있지만 기술성장특례 상장기업의 상장예비심사 과정에서도 기술력과 성장성에 대한 심사가 이루어지기 때문에 다른 일반기업에 비해 상장예비심사기간이 늘어나는 원인의 하나가 되고 있다.

상장예비심사기간의 지나친 장기화는 상장신청기업에게도 부담이 됨은 물론 이를 심사하는 거래소에도 업무부담이 되기 때문에 심사기간을 단축할 수 있는 방안이 모색되어야 할 필요가 있다. 거래소는 기술성장기업의 경우 전문평가기관의 평가결과가 AA등급 이상인 경우에는 기술성장기업 질적 심사기준 중 기술성 및 사업성 심사항목을 적용하지 않도록 함으로써 심사부담을 완화하고 있다. 일종의 중복심사 가능성을 최소화한 조치라 볼 수 있다.

---

119 혁신기술기업으로 상장하고자 하는 국내기업의 경우 2개 전문평가기관의 평가등급 중 높은 등급이 A등급 이상이고, 낮은 등급이 BBB등급 이상이어야 한다. 그런데 이러한 복수의 전문평가기관에 의한 평가제도는 혁신기업 성장 지원 등의 정책적 목표에 따라 단수평가 허용을 통해 완화되어 왔다. 기준시가총액이 5,000억원 이상인 기업, 「소재·부품·장비산업 경쟁력 강화 및 공급망 안정화를 위한 특별조치법」 제2조 제5호에 따른 소재·부품·장비 관련 전문기업에 대해서 단수 기술평가, 즉 1개의 전문평가기관에서 받은 평가등급이 A등급 이상으로 완화하였다. 그리고 2023년 12월에는 「국가전략기술 육성에 관한 특별법」에 제2조 제1호에 따른 "국가전략기술" 또는 「국가첨단전략산업 경쟁력 강화 및 보호에 관한 특별조치법」 제2조 제1호에 따른 "국가첨단전략기술"을 보유한 기업으로서 기준시가총액이 1,000억원 이상이고 벤처금융의 최근 5년 동안 투자금액의 합계가 100억원 이상인 기업 등에 대해서도 '단수 기술평가'를 허용하였다(코스닥시장 상장규정 시행세칙 제28조 제1항 제1호 가목 단서).

개선과제

○ **2단계 상장예비심사절차 개선**

코스닥시장 상장예비심사는 상장위원회와 코스닥시장위원회의 2단계 심의절차를 거치고 있다. 다만, 코스닥시장위원회의 심의는 상장위원회의 심의결과가 '상장 미승인'에 해당하는 경우에 한하여 거치도록 하고 있다. 유가증권시장에서는 상장공시위원회의 심의로 상장예비심사 결과를 사실상 확정하는 절차와는 다르다. 코스닥시장위원회의 위상을 강화하는 조치의 일환으로 이러한 절차가 마련되었으나, 실제로는 상장신청인이 상장예비심사를 철회하는 방법으로 코스닥시장위원회의 심의절차를 거치는 경우가 매우 드물다는 점에서 개선이 필요하다. 상장위원회의 심의 결과가 '상장 미승인'인 경우에 코스닥시장위원회의 심의를 '의무적으로' 거치도록 하거나 상장위원회의 심의만으로 상장예비심사 결과를 확정할 필요가 있다.

* 발표된 '상장폐지 제도 개선방안'(2025.1, 관계기관 합동)에서는 코스닥시장 상장폐지 실질심사의 경우 현행 3심제(기업심사위원회 → 코스닥시장위원회 → 코스닥시장위원회)를 2심과 3심을 합쳐 2심제로 축소하기로 한 바 있다.

○ **상장신청인의 의견진술권 명시**

거래소 유가증권시장의 경우 2015년부터 중요 이슈에 관하여 상장신청인의 의견진술권을 도입하였다. 이에 따라 거래소의 진술요청이 없는 경우라도 심사일 전일까지 거래소에 서면으로 신청하면 상장공시위원회에서 의견을 진술할 수 있다. 코스닥시장의 경우에는 실무상으로는 이슈가 있는 사항에 대해서는 실제 상장신청인에게 의견진술의 기회를 부여하고 있는 것과는 별개로 상장위원회나 코스닥시장위원회의 심의절차에서 이에 관한 명시적 규정을 두고 있지 않다. 상장위원회 심의 이전 단계에서의 상장적격성 검토 과정에서 이슈에 대한 충분한 논의 및 협의가 이루어지고 있는 것과 마찬가지로 상장위원회의 심의 단계에서도 의견진술권을 명시적으로 부여하는 것이 합리적이다.

○ **상장예비심사 철회의 제한**

상장예비심사신청의 철회가 그 사유에 대한 제한 없이 허용됨으로써 거래소의 상장예비심사 업무에 과도한 부담을 초래하고 상장심사기간이 장기화되는 데 한 요인으로 작용하고 있다고 보이므로 이에 대한 개선을 검토할 필요가 있다. 상장예비심사를 신청한 경우에는 원칙적으로 상장예비심사신청의 철회를 금지하고 특별한 사정이 있는 경우에 한하여 예외적으로 상장예비심사신청의 철회를 허용하고, 상장예비심사 철회 시에 상장예비심사신청을 일정 기간 제한하는 규정을 두는 방안을 고려할 필요가 있다.

제7장

벤처기업의 주식평가

요약

○ 개요

- 주식을 어떻게 평가하느냐에 따라 기업관계자들의 경제적·법적 이해가 달라진다. 합병, 분할, 주식교환·이전 등의 경우 대가의 산정, 합병 등 반대주주가 주식매수청구권을 행사하는 경우 매수가격의 결정, 회사가 주식 등을 발행하거나 양도 또는 양수하는 경우 등에 있어서 이사의 민·형사상 책임 여부의 판단 등에 있어 주식의 평가는 그 전제가 된다.
- 또한 주식의 평가는 주식의 양도, 상속, 증여 등에 따른 조세부담에 직접적인 영향을 미친다. 주식을 양도하는 경우 양도소득세 또는 법인세의 과세를 위한 양도차익의 산정, 주식을 증여하는 경우 증여세 과세를 위한 증여재산가액의 산정, 주식을 상속하는 경우 상속세 과세를 위한 상속재산가액의 산정에 있어 주식의 평가는 그 전제가 된다.

○ 상법, 자본시장법, 조세법 및 벤처기업법의 주식평가방법

- **상법**: 주식의 평가에 관하여, 현물출자의 목적재산이 거래소의 시세 있는 유가증권인 경우의 주식평가를 제외하고는, 구체적인 개별규정을 두고 있지 아니하다. 상법상 비상장주식의 평가에 관한 판례의 대부분은 그 평가방법으로 시장가치, 자산가치, 수익가치 등에 가중치를 부여하는 '델라웨어 가중평균법'을 채택하고 있고, 이 경우 통상 자산가치와 미래 수익가치를 2:3으로 가중평균하여 평가한다.
- **자본시장법**: 주권상장법인의 합병 등에 있어서 합병비율 등의 산정 및 주권상장법인의 주식매수청구 시의 매수가격 결정과 관련하여 주식의 평가에 관한 상세한 규정을 두고 있다.
- **조세법**: 주식을 포함한 자산평가의 원칙으로 시가(時價)주의를 채택하고 있다. 개별조세법에서는 규율하는 세목에 따라 시가의 개념과 범위를 약간씩 달리 정하고 있지만, 주식의 평가에 관한 기본적인 법률은 상증세법이다. 상증세법은 상장주식과 비상장주식의 평가에 관한 상세한 기준을 규정하고 있고 여타의 개별조세법에서 이를 준용하고 있다. 법인세법, 소득세법 등은 규율하는 세목과 관련하여 시가에 관한 사항을 규정하고 있고, 시가가 불분명한 경우나 비상장주식에 관한 사항은 대부분 상증세법을 준용하도록 하고 있다. 비상장주식은 원용할

수 있는 거래 사실이 없는 경우가 대부분이어서 상증세법의 보충적 평가방법이 주로 활용된다.

- **벤처기업법**: 주식매수선택권의 행사가격 설정에 필요한 주식의 시가와 주식매수선택권을 행사한 날을 기준으로 한 주식의 시가는 상증세법 제60조 및 동법 시행령 제49조를 준용한다고 규정하고 있다.

○ 주식매수선택권제도와 관련한 주식평가

- 주식매수선택권과 관련하여, 주식의 평가는 주식매수선택권의 행사가격과 행사이익에 바로 영향을 미친다. 주식매수선택권의 행사가격은 부여 시의 시가를 기준으로 하고, 주식매수선택권의 행사이익은 행사 시의 시가에서 행사가격을 뺀 나머지이다. 또한 이사에게 발생하는 주식매수선택권의 행사이익은 이사의 보수를 구성하므로 주식의 평가는 상법상 이사의 보수에 관한 규정의 적용에도 영향을 미친다.
- 벤처기업법은 주식매수선택권의 행사가격 결정에 필요한 주식의 시가와 주식매수선택권을 행사한 날을 기준으로 한 주식의 시가는 상증세법 제60조 및 동법 시행령 제49조를 준용한다고 규정하고 있다.
- 조세법상의 시가와 상법상의 시가는 원칙적으로 구분된다. 조세법상 비상장주식을 평가함에 있어서는 상증세법상 매매가액, 수용가액, 경매가액, 공매가액, 감정가액 등을 우선으로 하지만 보충적 평가방법에 의하는 경우가 대부분인데, 일반적으로 벤처기업은 과거의 수익가치보다 미래의 수익가치가 크기 때문에 상법상 주식평가에 의한 시가가 조세법상의 주식평가에 의한 시가보다 높다. 통상적인 경우라면 상법상 주식의 평가방법에 의한 시가보다 낮은 가격으로 결정되는 경우에는 이사의 선관주의의무 위반에 의한 손해배상책임 또는 배임죄가 문제 될 수 있겠지만, 벤처기업법에 따른 상증세법상 주식의 평가방법에 의한 시가라면 면책될 수 있을 것이다.

○ 성과조건부주식제도와 관련한 주식평가

- 성과조건부주식과 관련하여, 조세법상 주식의 평가는 이를 부여받는 임직원의 소득금액과 이를 부여하는 기업의 비용에 바로 영향을 미친다. 또한 이사에게 부여되는 주식의 시가는 이사의 보수를 구성하므로 상법상 이사의 보수에 관한 규정의 적용에도 영향을 미친다.

- 일반적으로 벤처기업은 과거의 수익가치보다 미래의 수익가치가 크기 때문에 상법상 주식평가에 의한 시가가 조세법상의 주식평가에 의한 시가보다 높다. 그러므로 이사의 보수 등 상법상 이슈와 관련된 사안에 조세법에 따라 평가한 시가를 적용하는 경우에는 이사의 선관주의의무 위반에 의한 손해배상책임이나 배임죄가 문제 될 수 있다.
- 벤처기업법은 성과조건부주식에 대하여 주식매수선택권의 경우처럼 주식의 시가를 상증세법 제60조 및 동법 시행령 제49조를 준용하여 평가할 수 있도록 하는 규정을 두고 있지 아니하므로, 이사의 보수 등 상법상 이슈와 관련된 사안에 조세법에 따라 평가한 시가를 적용하는 경우에는 이사의 선관주의의무 위반에 의한 손해배상책임이나 배임죄가 문제 될 수 있다.

I 총설

1. 주식평가의 의의

주식을 어떻게 평가하느냐에 따라 기업관계자들의 경제적·법적 이해가 달라진다. 합병, 분할, 주식교환·이전 등의 경우 대가의 산정, 합병 등 반대주주가 주식매수청구권을 행사하는 경우 매수가격의 결정, 회사가 주식 등을 발행하거나 양도 또는 양수하는 경우 등에 있어서 이사의 민·형사상 책임 여부의 판단 등에 있어 주식의 평가는 그 전제가 된다. 또한 주식의 평가는 주식의 양도, 상속, 증여 등에 따른 조세부담에 직접적인 영향을 미친다. 주식을 양도하는 경우 양도소득세 또는 법인세의 과세를 위한 양도차익의 산정, 주식을 증여하는 경우 증여세 과세를 위한 증여재산가액의 산정, 주식을 상속하는 경우 상속세 과세를 위한 상속재산가액의 산정에 있어 주식의 평가는 그 전제가 된다.[1]

1 상법과 자본시장법의 주식평가 규정에 관한 상세한 내용은 '최성근, "상법과 자본시장법의 주식평

현행법은 주식평가의 목적과 상장주식·비상장주식 여부에 따라 주식평가방법을 달리 정하고 있다. 먼저 주식평가의 목적별로 보면, 상법 또는 자본시장법에서의 주식평가는 합병 등의 대가와 관련하여 합병 등 무효 여부를 가리거나, 합병 등 반대주주의 주식매수청구권 행사와 관련하여 매수가격을 결정하거나, 또는 주식의 발행가액이나 매매가액과 관련하여 이사의 손해배상책임 또는 배임죄의 성립 여부를 판단하기 위한 것이다. 또한 조세법에서의 주식평가는 양도소득세, 법인세, 상속세·증여세 등의 과세대상 소득금액을 산정하기 위한 것이다. 다음으로 상장주식과 비상장주식의 평가방법을 보면, 상장주식은 증권시장에서 가격이 형성되므로 시가를 발견하는 데 큰 어려움이 없지만, 비상장주식은 거래시장이 존재하지 않기 때문에 시가를 파악하기가 쉽지 않다. 이로 인하여 현행법의 주식평가방법은 대상 주식이 상장주식인가 비상장주식인가에 따라 큰 차이를 보이고 있다. 또한 현행법은 같은 비상장주식이라도 평가의 목적에 따라 상법·자본시장법과 조세법에서 그 평가방법을 달리 정하고 있다.

주식평가에 있어서의 핵심은 '공정한 가격' 내지는 '시가'의 발견이라고 할 수 있다. 주식의 '공정한 가격' 내지는 '시가'를 찾아내야 합병비율 등이나 매수가격 또는 발행가액·매매가액의 적정성 여부를 판단할 수 있고, 또 과세와 관련해서는 담세력에 부합하는 과세소득을 산정할 수 있다. 문제는 무엇이 주식의 '공정한 가격' 내지는 '시가'이고 이를 어떻게 발견할 것인가인데, 상법·자본시장법 및 조세법이 주식평가에 관하여 각기 다른 방법을 채용하고 있고 이로 인하여 기업관계자 및 납세의무자는 합리적인 판단을 내리는 데 어려움이 있고 불필요한 노력과 비용을 감수해야 한다.

이하에서는 비상장주식을 중심으로, 상법, 자본시장법 및 조세법에서의 주식평가방법과 주식매수선택권제도 및 성과조건부주식제도와 관련한 주식평가에 대하여 살펴본다.

가방법에 대한 해석론과 입법론", 상사법연구, 제38권 제1호, 2019'를 참고할 것.

2. 상법, 자본시장법, 조세법 및 벤처기업법의 주식평가방법 개요

상법은 주식의 평가에 관하여 구체적인 개별규정을 두고 있지 아니하고, 특정한 거래에 대하여 '공정한 가액'으로 주식의 가치를 평가하도록 하는 일반규정만을 두고 있다. 자본시장법은 주권상장법인의 합병 등에 있어서 합병비율 등의 산정(자본시장법 제165조의4)[2] 및 주권상장법인의 주식매수청구 시의 매수가격 결정(자본시장법 제165조의5)과 관련하여, 당사회사인 주권상장법인 및 주권상장법인과 합병하는 주권비상장법인의 주식평가에 관하여 상세한 규정을 두고 있다.[3] 그러나 자본시장법도 '공정한 가액'이 무엇인가를 정의하는 규정은 두고 있지 아니하다.

조세법은 주식을 포함한 자산평가의 원칙으로 시가(時價)주의를 채택하고 있다. 개별 조세법에서는 규율하는 세목에 따라 시가의 개념과 범위를 약간씩 달리 정하고 있지만, 주식의 평가에 관한 기본적인 법률은 상증세법이다. 상증세법은 상장주식과 비상장주식의 평가에 관한 상세한 규정을 두고 있고 여타의 개별 조세법에서 이를 준용하고 있다. 법인세법, 소득세법 등은 규율하는 세목과 관련하여 시가에 관한 사항을 규정하고 있고, 시가가 불분명한 경우나 비상장주식에 관한 사항은 대부분 상증세법을 준용하도록 하고 있다.[4]

---

2 합병비율의 산정과 관련해서는, 주권상장법인 간의 합병과 주권상장법인과 주권비상장법인 간의 합병으로 나누어 각각의 합병당사회사 주식에 대한 평가방법을 규정하고 있다.

3 거래량이 매우 적거나, 관리종목으로 지정되거나, 일시에 큰 폭으로 주가가 등락하는 등 주가에 객관적인 교환가치가 적정하게 반영되지 아니한 주식 및 상장법인과 합병하는 비상장법인의 주식은 자산가치와 수익가치를 1:1.5의 비율로 가중산술평균한 가격으로 평가한다(자본시장법 제165조의4 제1항, 동법 시행령 제176조의5 제1항 제2호 나목 및 동조 제2항 등 참조). 자산가치는 분석기준일 현재의 평가대상회사의 주당 순자산가액으로서 순자산을 발행주식총수로 나누어 산정한다. 수익가치는 현금흐름할인모형, 배당할인모형 등 미래의 수익가치 산정에 관하여 일반적으로 공정하고 타당한 것으로 인정되는 모형을 적용하여 합리적으로 산정한다.

4 조세법의 주식평가 규정에 관한 상세한 내용은 '최성근, "상법, 자본시장법 및 조세법상 주식평가방법의 정합성 제고에 관한 시론적 연구", 한양법학, 제34권 제1집, 2023'을 참고할 것.

벤처기업법은 주식매수선택권의 행사가격 설정에 필요한 주식의 시가와 주식매수선택권을 행사한 날을 기준으로 한 주식의 시가는 상증세법 제60조 및 동법 시행령 제49조를 준용하여 평가하도록 규정하고 있다(벤처기업법 령 제11조의3 제2항). 2022년 벤처기업법 시행령 개정 전에는 비상장주식의 시가 평가 시 상증세법 시행령 제54조의 보충적 평가방법만 준용하도록 하던 것을 상증세법의 다양한 평가방법을 활용할 수 있도록 변경한 것이다.

II 상법의 비상장주식 평가방법

1. 상법의 규정

상법은 주식평가에 관한 개별규정을 두고 있지 아니하고, '공정한 가격'으로 주식의 가치를 산정하도록 한다는 일반규정만을 두고 있다. 상법상 주식평가에 관한 일반규정을 두고 있는 경우로는 합병 등 반대주주의 주식매수청구권, 소주주주 강제축출 관련 매도청구 및 매수청구(상법 제360조의24 제9항 및 제360조의25 제5항), 주식양도 제한과 관련한 지정된 자의 매도청구권과 주주의 매수청구권(상법 제335조의5 및 제335조의6) 및 불공정한 발행가액으로 주식을 인수한 자의 책임(상법 제424조의2 제1항) 등이 있다.[5] 이들 규정에서는 '공정한 가격'으로 주식의 가치를 산정하여야 한다고 규정하고 있을 뿐이고, '공정한 가격'이 무엇인지에 대해서는 정의하고 있지 아니하고 주식평가방법도 규정하고 있지 아니하다.

5 한편 상법은 현물출자의 목적인 재산이 거래소의 시세 있는 유가증권인 경우의 주식평가와 관련해서는, 직접 평가방법을 규정하고 있지는 아니하지만, 현물출자되는 상장주식에 대한 평가방법을 간접적으로 규정하는 개별규정을 두고 있다(상법 제422조 제1항 및 동법 시행령 제14조 제2항).

2. 상법의 비상장주식 평가방법에 관한 판례

상법상 주식평가와 관련하여 판례는 '객관적인 교환가치가 적정하게 반영된 정상적인 거래의 실례'가 있으면 그 거래가격을 공정한 가액으로 보고 있고,[6] 그러한 거래 실례가 없으면 보편적으로 인정되는 시장가치방식, 순자산가치방식, 수익가치방식, 상대가치방식 등 여러 가지 평가방법을 활용하되, 해당 회사의 상황이나 업종의 특성 등을 종합적으로 고려하여 공정한 가액을 산정하여야 한다고 판시하고 있다.[7] 수익가치방식은 미래에 예상되는 경제적 효익을 현재 시점의 가치로 전환하여 주식의 가치를 측정하는 방법이다. 구체적으로는 영업이익할인법, 순이익할인법, 현금흐름할인법 등이 있는데, 가장 많이 활용되는 방법은 현금흐름할인법이다.[8] 상법상 비상장주식의 평가에 관한 대법원 판례의 대부분은 그 평가방법으로 시장가치, 자산가치, 수익가치 등에 가중치를 부여하는 '델라웨어 가중평균법'을 채택하고 있고, 이 경우 통상 자산가치와 미래 수익가치를 2:3으로 가중평균하여 평가한다.[9]

III 상증세법의 비상장주식 평가방법

1. 상증세법상 자산평가 일반

상증세법은 자산의 평가와 관련하여 시가 평가를 원칙으로 하고 있고(상증세법 제60조), 일정한 요건을 충족하는 매매가액, 수용가액, 경매가액, 공매가액, 감정가액 등을 시가로 보도록 규정하고 있다(상증세법 제60조 제

6 대법원 2005. 4. 29. 선고 2005도856 판결; 대법원 2006. 11. 23. 자 2005마958 결정 등.

7 대법원 2006. 11. 23. 자 2005마958 결정; 대법원 2015. 7. 23. 선고 2013다62278 판결 등.

8 송옥렬, "회사법상 비상장주식 평가의 쟁점과 대안", 서울대학교 법학, 제52권 제3호, 2011, 319면.

9 대법원 2006. 11. 23. 자 2005마958 결정; 대법원 2015. 7. 23. 선고 2013다62278 판결 등.

2항 및 동법 령 제49조). 또한 시가를 산정하기 어려운 경우에는 해당 재산의 종류, 규모, 거래 상황 등을 고려하여 시가를 평가하도록 하는 보충적 평가방법을 채용하고 있다(상증세법 제63조 제1항 제1호 나목 및 령 제54조부터 제56조까지).

상증세법은 제60조 제1항에서 "상속세나 증여세가 부과되는 재산의 가액은 상속개시일 또는 증여일(평가기준일) 현재의 시가에 따른다"라고 규정하여 '시가평가원칙'을 선언하고 있다.

동 조 제2항은 "① 시가는 불특정다수인 사이에 자유로이 거래가 이루어지는 경우에 통상적으로 성립된다고 인정되는 가액으로 하고, ② 수용가격·공매가격 및 감정가격 등 대통령령으로 정하는 바에 따라 시가로 인정되는 것을 포함한다"라고 규정하여, 시가의 개념과 시가로 인정되는 가격의 범위를 정하고 있다. 구체적으로는 평가기준일 전후 6개월(증여의 경우 3개월) 이내의 매매가액, 수용가액, 경매가액, 공매가액, 감정가액 등이 포함된다(상증세법 시행령 제49조 제1항).[10]

동 조 제3항에서는 "시가를 산정하기 어려운 경우에는 해당 재산의 종류, 규모, 거래 상황 등을 고려하여 제61조부터 제65조까지에 규정된 방법으로 평가한 가액을 시가로 본다"라고 하여 시가 산정이 어려운 경우 적용되는 시가의 보충적 평가방법을 규정하고 있다.

2. 상증세법의 비상장주식에 대한 보충적 평가방법

가. 원칙

(1) 시가평가원칙 및 시가로 인정되는 가액의 범위

상속세나 증여세가 부과되는 비상장주식의 가액은 상속개시일 또는

10 이 중 현실적으로는 감정가액이 자산평가방법으로 활용될 여지가 많을 터인데, 상증세법은 주식 등(상증세법 제63조 제1항 제1호에 따른 재산)에 대해서는 그 성격상 감정평가방법이 적절하지 아니하다는 이유로 감정가액의 적용을 배제하고 있다(상증세법 시행령 제49조 제1항 제2호).

증여일(평가기준일) 현재의 시가에 따르되, 비상장주식의 매매가액과 보상가액·경매가액 또는 공매가액은 이를 시가로 본다(상증세법 제60조 제1항, 제2항 및 동법 령 제49조).

(2) 보충적 평가방법: 시가를 산정하기 어려운 경우

비상장주식의 시가를 산정하기 어려운 경우에는 1주당 순손익가치와 1주당 순자산가치를 각각 3과 2의 비율로 가중평균한 가액으로 평가한다(상증세법 제63조 제1항 제1호 나목 및 동법 령 제54조 제1항 본문). 이 경우 상법상 비상장주식의 평가와 크게 다른 점은 순손익가치, 즉 수익가치가 불확정적인 미래의 가치가 아닌 과거의 확정된 가치라는 점이다.[11]

- 1주당 가액 = [(1주당 순손익가치×3)+(1주당 순자산가치×2)]÷5
- 1주당 순손익가치 = 1주당 최근 3년 간의 순손익액의 가중평균액 ÷ 3년 만기 회사채의 유통수익률을 감안하여 기획재정부령으로 정하는 이자율[12]
- 1주당 순자산가치 = 당해 법인의 순자산가액 ÷ 발행주식총수

나. 보충적 평가방법에 대한 예외

(1) 부동산과다보유법인[13]의 경우에는 1주당 순손익가치와 순자산가치의 비율을 각각 2와 3로 가중평균한 금액으로 평가한다(상증세법 령 제54조 제1항 본문).

1주당 가액 = [(1주당 순손익가치×2)+(1주당 순자산가치×3)]÷5

---

11 조세법에서 수익가치를 미래 가치가 아닌 과거 가치로 하는 이유는 다소 실질에 부합하지 않더라도 불확정적인 미래 가치보다는 확정적인 과거 가치를 기준으로 함으로써 조세법률주의 특히 과세요건 명확주의와 조세공평주의를 관철하기 위함이라고 여겨진다.

12 현재 기획재정부령에서 정하고 있는 이자율은 연간 100분의 10이다(상증세법 시행규칙 제17조).

13 부동산과다보유법인이란 자산총액 중 부동산 등의 가액의 합계액이 50% 이상인 법인을 말한다(소득세법 제94조 제1항 제4호 다목).

(2) 위의 보충적 평가방법에 따른 가액 또는 예외 ①의 가중평균한 가액이 1주당 순자산가치에 100분의 80을 곱한 금액보다 낮은 경우에는 1주당 순자산가치에 100분의 80을 곱한 금액으로 평가한다(상증세법 령 제54조 제1항 단서).

(3) ① 상속세 및 증여세 과세표준신고기한 이내에 평가대상 법인의 청산절차가 진행 중이거나 사업자의 사망 등으로 인하여 사업의 계속이 곤란하다고 인정되는 법인의 주식, ② 사업개시 전의 법인, 사업개시 후 3년 미만의 법인 또는 휴업·폐업 중인 법인의 주식, ③ 법인의 자산총액 중 부동산 등의 합계액이 차지하는 비율이 100분의 80 이상인 법인의 주식, ④ 법인의 자산총액 중 주식의 가액의 합계액이 차지하는 비율이 100분의 80 이상인 법인의 주식 및 ⑤ 법인의 설립 시 정관에 존속기한이 확정된 법인으로서 평가기준일 현재 잔여 존속기한이 3년 이내인 법인의 주식은 1주당 순자산가치로 평가한다(상증세법 령 제54조 제4항).

다. 순자산가액의 계산방법(상증세법 령 제55조와 제59조)

순자산가액은 평가기준일 현재 당해 법인의 자산을 시가 등[14]에 의하여 평가한 가액에서 부채를 차감한 가액으로 한다. 순자산가액이 0원 이하인 경우에는 0원으로 한다. 이 경우 당해 법인의 자산을 보충적 평가방법(상증세법 제60조 제3항 및 제66조)에 의하여 평가한 가액이 장부가액(취득가액에서 감가상각비를 차감한 가액)보다 적은 경우에는 장부가액으로 하되, 장부가액보다 적은 정당한 사유가 있는 경우에는 그러하지 아니하다.

14 상증세법 제60조부터 제66조까지의 규정에 의한 가액을 말한다.

라. 1주당 최근 3년간 순손익액의 가중평균액 계산방법 (상증세법 령 제56조)

(1) 실제손익자료를 이용하는 경우

1주당 최근 3년간 순손익액의 가중평균액은 다음 계산식에 따라 계산한 가액으로 한다.[15] 그 가액이 음수인 경우에는 영으로 한다(상증세법 령 제56조 제1항).

> 1주당 최근 3년간의 순손익액의 가중평균액 = [(평가기준일 이전 1년이 되는 사업연도의 1주당 순손익액×3)+(평가기준일 이전 2년이 되는 사업연도의 1주당 순손익액×2)+(평가기준일 이전 3년이 되는 사업연도의 1주당 순손익액×1)]÷6

(2) 추정이익자료의 이용이 허용되는 경우

일정한 요건을 모두 갖춘 경우에는 1주당 최근 3년간의 순손익액의 가중평균액을 신용평가전문기관, 회계법인 또는 세무법인 중 둘 이상의 신용평가전문기관, 회계법인 또는 세무법인이 기획재정부령으로 정하는 기준에 따라 산출한 1주당 추정이익의 평균가액으로 할 수 있다(상증세법 령 제56조 제2항).

Ⅳ 벤처기업의 주식매수선택권 및 성과조건부주식 제도와 관련한 주식평가

1. 벤처기업의 주식매수선택권제도와 관련한 주식평가

주식매수선택권과 관련하여, 주식의 평가는 주식매수선택권의 행사가

15 1주당 최근 3년간의 순손익액의 가중평균액을 계산할 때 사업연도가 1년 미만인 경우에는 1년으로 계산한 가액으로 한다(상증세법 시행규칙 제17조의3 제2항).

격과 행사이익에 바로 영향을 미친다. 주식매수선택권의 행사가격은 부여 시의 시가를 기준으로 하고, 주식매수선택권의 행사이익은 행사 시의 시가에서 행사가격을 뺀 나머지이다. 나아가 이사에게 발생하는 주식매수선택권의 행사이익은 이사의 보수를 구성하므로 주식의 평가는 상법상 이사의 보수에 관한 규정의 적용에도 영향을 미친다.

벤처기업법은 동법 시행령 제11조의3 제2항에서 주식매수선택권의 행사가격 결정에 필요한 주식의 시가와 주식매수선택권을 행사한 날을 기준으로 한 주식의 시가는 상증세법 제60조 및 동법 시행령 제49조를 준용하여 평가하도록 규정하고 있다.

전술한 바와 같이 상법상의 시가와 조세법상의 시가는 원칙적으로 구분된다. 조세법, 즉 상증세법상 비상장주식을 평가함에 있어서는 매매가액, 수용가액, 경매가액, 공매가액 등을 우선으로 하지만 보충적 평가방법에 의하는 경우가 대부분인데, 통상적으로 벤처기업은 그 특성상 과거의 수익가치보다 미래의 수익가치가 크기 때문에 상법상 주식평가에 의한 시가가 조세법상의 주식평가에 의한 시가보다 높다.

일반적인 경우라면 문제 된 주식의 시가가 상법상 주식의 평가방법에 의한 시가보다 낮은 가격으로 결정되는 경우에는 이사의 선관주의의무 위반에 의한 손해배상책임 또는 배임죄가 문제 될 수 있겠지만,[16] 벤처기업법 시행령 제11조의3 제2항에 따른 상증세법상 주식의 평가방법에 의한

16 상증세법 시행령 제54조의 평가방법을 적용하여 비상장주식의 시가를 평가한 사안에서 대법원은 "비상장주식을 거래한 경우에 있어서 그 시가는 그에 관한 객관적 교환가치가 적정하게 반영된 정상적인 거래의 실례가 있는 경우에는 그 거래가격을 시가로 보아 주식의 가액을 평가하여야 할 것이나, 만약 그러한 거래사례가 없는 경우에는 보편적으로 인정되는 여러 가지 평가방법들을 고려하되 그러한 평가방법을 규정한 관련 법규들은 각 그 제정 목적에 따라 서로 상이한 기준을 적용하고 있음을 감안할 때 어느 한 가지 평가방법(예컨대, 상속세 및 증여세법 시행령 제54조의 평가방법)이 항상 적용되어야 한다고 단정할 수는 없고, 거래 당시 당해 비상장법인 및 거래당사자의 상황, 당해 업종의 특성 등을 종합적으로 고려하여 합리적으로 판단하여야 할 것이다"라고 판시한 바 있다, 대법원 2008. 5. 29. 선고 2005도4640 판결 등 참조.

시가라면 면책된다고 해석하여야 할 것이다.

2. 벤처기업의 성과조건부주식제도와 관련한 주식평가

성과조건부주식의 평가는 두 가지 측면에서 영향을 미칠 수 있다. 하나는 상법상 이사의 보수 관련이고, 다른 하나는 부여받는 자와 벤처기업의 과세 관련이다. 이사에게 부여되는 주식의 시가는 이사의 보수를 구성하므로 상법상 이사의 보수에 관한 규정의 적용에 영향을 미친다. 조세법상 주식의 평가는 이를 부여받는 임직원의 소득금액과 이를 부여하는 기업의 비용금액에 바로 영향을 미친다.

전술한 바와 같이, 대부분의 벤처기업은 과거의 수익가치보다 미래의 수익가치가 크기 때문에 상법상 주식평가에 의한 시가가 조세법상의 주식평가에 의한 시가보다 높다. 그러므로 이사의 보수 등 상법 이슈와 관련된 사안에 조세법에 따라 평가한 시가를 적용하는 경우에는 이사의 선관주의 의무 위반에 의한 손해배상책임이나 배임죄가 문제 될 수 있다.

개선과제

○ 벤처기업의 주식매수선택권제도와 관련한 주식평가

- 대상 규정의 문언상 문제점 및 개선방안

벤처기업법 시행령 제11조의3 제2항을 보면 '상증세법 제60조 및 동법 시행령 제49조를 준용한다'고 되어 있는데, 이 규정의 문언을 보면 상증세법 제60조를 전면적으로 준용한다는 것인지 아니면 상증세법 제60조 중 동법 시행령 제49조와 관련된 것과 동법 시행령 제49조를 준용한다는 것인지가 명확하지 아니하다. 입법을 추진한 중소벤처기업부의 보도자료에 따르면 상증세법상의 비상장주식 평가방법을 전면적으로 준용하도록 의도한 것이라고 보여지는데, 그러한 의미라면 '상증세법 제60조를 준용한다'고 규정하면 될 것이지 '상증세법 제60조 및 동법령 제49조를 준용한다'고 규정하는 것은 다의적인 해석을 초래할 수 있으므로 문구를 변경하는 것이 바람직하다.

또한 벤처기업법에서 벤처기업 비상장주식의 가치 평가가 현실적으로 어렵다는 점을 감안하여 상증세법상 평가방법을 원용할 수 있도록 예외적으로 허용하는 규정을 두는 것은 불가피하겠지만, 현행법의 경우처럼 '준용한다'고 하여 벤처기업 주식의 평가방법을 상증세법상 주식의 평가방법으로 고정시키는 표현은 재고할 필요가 있다. 주식매수선택권의 행사와 관련한 주식의 평가는 '과세'가 아닌 '거래'의 영역으로서 상법의 규정과 법리에 따른 주식평가방법이 배제될 이유가 없으므로, 동 규정에서 '준용한다'는 표현보다는 '준용할 수 있다'는 표현이 적절하다.

- 대상 규정의 입법형식상 문제점 및 개선방안

벤처기업법상 주식매수선택권 부여 및 행사와 관련한 주식의 평가방법이 법률의 위임 없이 시행령으로 규율되고 있다. 그런 이유로 벤처기업법 시행령 제11조의3 제2항에 따라 상증세법상 주식의 평가방법을 준용하여 주식을 평가하였어도, 그 결과가 상법상 주식의 평가방법에 따른 주식의 실질가치와 차이가 있다면 이사의 선관주의의무 위반에 의한 손해배상책임 또는 배임죄가 면책되지 아니할 개연성이 있다.

벤처기업법에 근거하여 주식매수선택권과 관련하여 상증세법상 평가방법에 따라 주식을 평가한 결과가 상법상 주식의 평가방법에 따른 주식의 실질가치와 차이가 있어 이사의 선관주의의무 위반에 의한 손해배상책임 또는 배임죄가 문제 될 수 있는 상황이더라도 이를 면책받을 수 있도록 하려면 근거규정을 시행령이 아닌 법률에 두어야 할 것이다. 더욱이 주식의 평가방법은 국민의 권리와 의무에 직접 영향을 미치는 사항이므로 그 자체가 법률소관사항이기도 하다.

○ 벤처기업의 성과조건부주식제도와 관련한 주식평가

벤처기업법은 성과조건부주식에 대해서는 주식매수선택권의 경우처럼 주식의 시가를 상증세법 제60조 및 동법 시행령 제49조를 준용하여 평가하도록 하는 규정을 두고 있지 아니하다.

벤처기업의 성과조건부주식제도 이용 활성화를 위해 주식매수선택권 경우와 마찬가지로 상증세법의 비상장주식 평가방법을 준용할 수 있도록 하는 근거규정을 신설할 필요가 있다.

색인

ㅅ

ㅇ

ㅈ

A-Z

저자 약력

손영화

인하대학교 법학전문대학원 원장

한국기업법학회 회장

전) 한국국제문화교류학회 회장

저서: 『인공지능법2』(세창출판사, 2025)(공저) 외

정석호

한국의결권자문(KORPA) 대표이사

한양대학교 공공정책대학원 특임교수

전) 한국IR협의회 회장

전) 한국거래소 청산결제본부장

최성근

영남대학교 법학전문대학원 교수

법제처 법령해석심의위원회 위원

주식회사 싸이몬 사외이사

저서: 『조세법 -이론과 판례-(제2판)』(박영사, 2025) 외

벤처기업의 법과 세제

초판발행 2025년 7월 20일

지은이 손영화·정석호·최성근
펴낸이 안종만·안상준

편 집 박세연
기획/마케팅 장규식
표지디자인 BEN STORY
제 작 고철민·김원표

펴낸곳 (주) 박영사
서울특별시 금천구 가산디지털2로 53, 210호(가산동, 한라시그마밸리)
등록 1959.3.11. 제300-1959-1호(倫)
전 화 02)733-6771
f a x 02)736-4818
e-mail pys@pybook.co.kr
homepage www.pybook.co.kr
ISBN 979-11-303-4998-5 93360

정 가 28,000원